가고 싶다,
피렌체

디테일이 살아 있는 색다른 지식 여행

가고 싶다,
피렌체

1판 2쇄 펴냄 2020년 1월 20일

지은이 신양란(글), 오형권(사진)
펴낸이 정현순
디자인 한기영
인 쇄 (주)한산프린팅

펴낸곳 (주)북핀
등록 제2016–000041호(2016. 6. 3)
주소 서울시 광진구 천호대로 109길 59 1층
연락처 TEL: 02–6401–5510 / FAX: 02–6280–7379

ISBN 979–11–87163–01–5 13920
값 17,500원

색다른
지식 여행
시리즈 ④

글 신양란 · 사진 오형권

가고 싶다, 피렌체

디테일이 살아 있는 색다른 지식 여행

피렌체에서 꼭 가봐야 할 장소를 꼼꼼하게
파헤친 색다른 지식 가이드

지혜정원

'꿈을 이야기했을 때 사람들이 비웃지 않는다면, 그건 너무 작은 것이다.'

이 말을 처음 들었을 때 나는 무릎을 탁 쳤습니다. 이렇게 멋진 말을 듣는 날은 세 끼를 다 굶어도 배고픈 줄을 모릅니다.

이 멋진 명언에 기대어 독자 여러분에게 내 꿈을 발표합니다.

"내 꿈은 세상 모든 도시를 대상으로 '가고 싶다' 시리즈를 쓰는 것입니다. 그래서 여행을 계획하는 사람이라면 누구나 '○○○도 가고 싶다 시리즈로 나왔나?'를 맨 먼저 찾아보는 날이 오도록 하는 것입니다."

이 말에서는 '세상 모든 도시'에 방점이 찍힙니다. 가히 비웃음을 살 만한 꿈이 아닌가요? 그렇다면 다행입니다. 그리 졸렬拙劣한 꿈은 아닐 테니 말입니다. 오늘도 나는 행복한 꿈을 꾸며 원고 쓰기에 매달립니다.

피렌체를 여행한다는 것은, 그 어느 도시를 여행하는 것보다 행복한 일입니다. 그렇게 아담하고 품격 있는 명품 도시를 걷는다는 것은 황홀한 경험이지요. 그 도시에 넘쳐나는 여행자들은 모두 그 사실을 알고 있기에 그곳을 찾았을 것입니다. 필자 또한 그중의 한 명이었답니다.

독자 여러분에게 피렌체의 속살을 보여드리는 것은 보람 있는 일입니다. 아마도 이 책이 여러분의 피렌체 여행을 더 의미 있고 흥미진진하게 해줄 수 있을 것입니다. 그렇게 믿으며 필자는 힘든 작업을 힘든 줄 모르고 해냈답니다.

이 책이 아니어도 여러분은 피렌체를 사랑하게 될 것입니다만, 그래도 이 책이 여러분의 피렌체 사랑에 구체적인 근거를 제시해줄 수 있었으면 좋겠습니다.

독자들께서 양해해 주신다면, 이 책을 대한민국의 수석교사들에게 바치고 싶습니다.

그들은 시시때때로 나를 열등감에 빠뜨리는 미운 사람들입니다. 그들의 유능함과 열정 앞에서 나는 늘 주눅 들곤 합니다. 그래서 고마운 사람들이기도 합니다. 그들이 있어 신발 끈을 고쳐 매고 다시 분발할 수 있기 때문이지요. 그들을 알게 되었다는 것은 행운의 여신 티케가 나를 각별히 사랑한다는 증거라고 굳게 믿으며 살고 있습니다.

그런데 내가 그렇게 좋아하는 사람들이 요 근래 영문도 제대로 모르면서 가시밭길로 내몰려 상처를 입고 있습니다. 내가 입는 상처는 그럭저럭 견딜 만한데, 그런 모진 대접을 받을 이유가 전혀 없는 사람들이 고통당하는 것은 여간 억울한 일이 아닙니다.

밤이 깊으면 새벽이 멀지 않고, 겨울이 깊으면 봄이 멀지 않았다는 의미임을 알기에 우리는 꿋꿋하게 견딥니다만, 그래도 이 어처구니없는 시련의 시간이 빨리 끝났으면 좋겠습니다.

연전에 발표한 '2008년 겨울'이란 작품을 오늘 다시 꺼내 읽으며 씁쓸해했습니다. 틀림없이 웃으며 옛 이야기하는 날이 곧 올 테지만, 지금은 참 마음이 시립니다.

　　벼랑 끝에 선 자가 가장 강한 법이고,

　　칠야漆夜를 꿰뚫는 빛이 가장 부신 법이다.

　　지금 쥔 쭉정이 패를 내팽개치지 마라.

　　가장 낮은 곳에 서야 오를 길이 더욱 높고,

　　가장 거센 바람만이 큰 돛을 밀 수 있다.

　　세상은 헛돌지 않는다. 믿은 만큼 나아간다.

　　입 가진 사람마다 위기를 말하고

　　귀 가진 사람마다 절망을 듣는 요즘

　　그래도 빈말 않는 세상.

　　믿을 밖에

　　믿을 밖에….

　　('2008년 겨울' 전문)

저자 신양란

1장. 시뇨리아 광장과 로자 데이 란치
Piazza della Signoria&Loggia dei Lanzi

2장. 베키오 궁전 Palazzo Vecchio

3장. 우피치 미술관 Galleria degli Uffizi

피렌체의 역사 ❶

이탈리아 중부에 위치한 토스카나 주州의 주도州都인 피렌체는 르네상스의 발상지로서 서양 문명 발달에 지대한 공헌을 했습니다. 규모는 그리 크지 않지만 도시 전체가 보물 상자처럼 값진 문화유산으로 가득 찬 아름답고 기품 있는 곳이랍니다.

피렌체가 도시의 형태를 갖추기 시작한 것은 BC 2세기 무렵, 즉 고대 로마 제국 시대의 일로 보입니다. 피렌체는 로마 제국 당시 중요한 도로의 하나인 카시아 가도街道의 중심지인 데다가 아르노 강을 통해 바다와 쉽게 연결되었으므로 교역과 문물 교류에서 유리했습니다. 그런 까닭에 피렌체는 일찍이 부유한 도시로 알려졌는데, 특히 12세기 무렵부터 모직물 생산이 활발하였고 귀금속 관련 산업도 활기를 띠었으므로 도시는 경제적 번영을 누렸습니다. 상공업의 발달은 무역의 증가를 가져왔고, 이는 자연스럽게 금융업의 발달을 촉진하여 피렌체는 유럽의 상공업·금융업의 중심이 될 수 있었던 것입니다.

르네상스가 이탈리아의 다른 도시가 아닌 피렌체에서 싹트게 된 데에는 메디치 가문이라는 걸출한 문화 예술 애호 가문이 있었기 때문이기도 하지만, 도시 전체에 새로운 문화 현상을 수용할 수 있는 역량이 갖추어져 있었기 때문에 가능한 일이었다고 생각합니다.

그런데 피렌체를 여행하다 보면 '피렌체 공화국Repubblica Fiorentina'이라든지, '피렌체 공국Ducato di Firenze', 혹은 '토스카나 대공국Granducato di Toscana'이라는 말을 자주 듣게 됩니다. 이들은 과연 어떤 차이를 갖는 말일까요. 피렌체의 역사를 이해하기 위해서는 이들을 구별할 수 있어야 합니다. 그래서 여기서는 그 문제에 대해 설명하고자 합니다.

피렌체 공화국이란, 중세 말부터 16세기 초에 피렌체란 도시에 존재했던 공화제 국가를 가리키는 말입니다. 여기에서는 '공화국'이란 말에 방점이 찍히지요.

그런가 하면 피렌체 공국은 1532~1569년에 피렌체에 존재했던 국가 형태를 말하는데, 여기서

피렌체 공화국의 국기

피렌체 공화국의 국장

는 '공국'이란 말에 방점이 찍힙니다.

한편 토스카나 대공국은 이탈리아 통일 전까지 이탈리아 중부 토스카나 지방에 있었던 군주제 국가를 말하는데, 수도가 피렌체였습니다. 여기에서는 '대공국'이라는 말에 관심을 가져야 합니다. 이들에 대해 조금 더 자세하게 알아볼 필요가 있겠군요.

피렌체 공화국은 1115년에 건국되어 1532년까지 유지되었으며 그 후 공화정이 폐지되었습니다. 이때의 국기와 국장이 현재도 피렌체에서 흔히 볼 수 있는 백합 문양이랍니다.

공화국이란 이름에서 알 수 있다시피, 이때의 피렌체는 전제 군주가 다스리는 것이 아니라 시뇨리아라고 불린 의회(9명의 위원으로 구성)가 도시 행정을 관장하였습니다. 시뇨리아는 두 달마다 피렌체의 길드 임원들이 선출한 곤팔로니에레gonfaloniere(명목상의 도시 통치자)가 선정하였지요. 비록 귀족이나 부유한 사람들 중심으로 시뇨리아가 구성되었지만, 그래도 한 사람에 의한 통치나 독재가 불가능한 민주적인 통치 제도를 가졌던 것입니다.

절대 권력을 가진 사람이 없는 피렌체 공화국의 역사는 쿠데타와 역 쿠데타의 반복으로 점철됩니다. 메디치 가문의 세력이 커지자 1434년에 경쟁 가문에서 메디치 가문을 추방하고, 다시 메디치 가문이 돌아와 상대 가문을 억압한 것이 대표적인 예입니다.

메디치 가문은 경쟁 가문을 축출하고 재력과 교황청의 비호를 바탕으로 권력을 잡은 후, 공화제를 폐지하고 피렌체 공국을 세웁니다. 메디치 가문 출신의 교황 클레멘스 7세가 자신의 친척인 알레산드로 데 메디치를 공작公爵으로 임명하면서 '공국公國(공작이 다스리는 나라)'이 탄생한 것입니다. 공작은 세습 귀족이므로, 피렌체가 공국이 되었다는 것은 세습 군주국이 되었다는 의미입니다.

피렌체 공국이 되면서 국기와 국장에는 메디치 가문의 상징이 들어갑니다. 여섯 개의 둥근 공 모양 문양이 메디치 가문의 상징이거든요. 이때부터 피렌체는 메디치 가문의 지배를 받는 도시 국가가 된 것입니다.

피렌체 공화국에서 출발하여 1532년에 피렌체 공국으로 국가의 체제가 바뀌었던 피렌체는

피렌체 공국의 국기

피렌체 공국의 국장

1569년 다시 한 번 큰 변동을 겪게 됩니다. 메디치 가문의 코시모 1세가 대공大公으로 서임되면서 '토스카나 대공국'이 된 것입니다. 피렌체라는 도시에서 벗어나 토스카나 지방을 다스리는 더 큰 국가가 된 것이지요.

여기서 잠깐, 공작과 대공이 무슨 말인지를 구분하여 봅시다. 그 차이가 나라의 차이를 만드니 말입니다.

과거 유럽의 귀족들은 다양한 작위로 나뉘었습니다. 높은 순서부터 차례대로 나열하자면, 공작, 자작, 남작, 후작, 백작 등이 그것이지요. 즉, 공작은 귀족의 작위 중 가장 높은 서열이며, 대공은 공작보다 한 단계 더 높은 것입니다. 왕 아래에 귀족이 있으니 대공은 왕을 제외하고는 제일 높은 신분이며, 공작은 대공 바로 아래의 신분이라고 보면 되겠습니다.

그러니 공작이 다스리는 나라(공국)보다는 대공이 다스리는 나라(대공국)의 지위가 높다고 보면 됩니다. 현재도 유럽에는 공국과 대공국이 있는데, 모나코와 리히텐슈타인은 공국이고 룩셈부르크는 대공국입니다. 그래서인지 모나코(2km²)나 리히텐슈타인(160km²)보다는 룩셈부르크(2,586km²)의 영토가 훨씬 더 넓습니다. 물론 공작보다 높은 대공이라 할지라도 왕보다는 낮은 신분이니, 대공국은 왕이 다스리는 나라(왕국)보다 대체로 규모가 작습니다. 벨기에(30,528km²)와 네덜란드(41,543km²)가 비록 작은 나라이기는 하지만, 룩셈부르크보다는 훨씬 큰 것을 우리는 지도에서 확인할 수 있습니다. 통치자의 신분 서열에 따라 나라의 크기도 달라지는 것이 재미있습니다.

어쨌든 피렌체 공국에서 토스카나 대공국으로 바뀌었다는 것은 단순히 나라의 이름만 바뀐 것

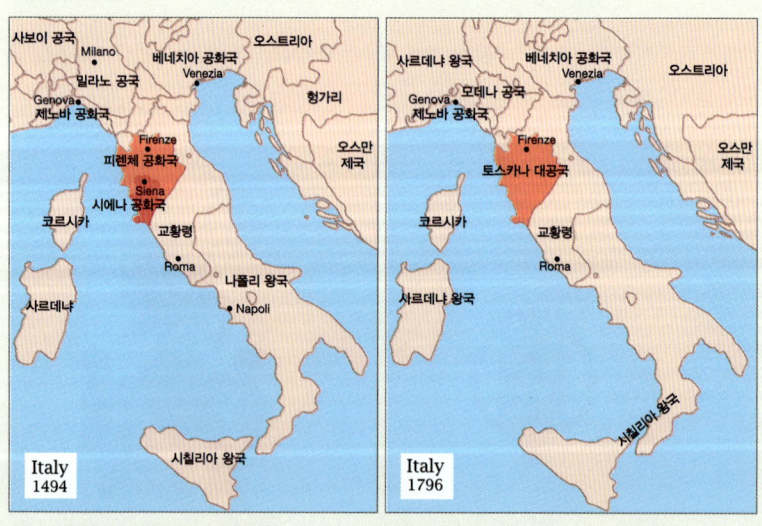

1494년의 피렌체 공화국과 그 주변국들   1796년의 토스카나 대공국과 그 주변국들

토스카나 대공국의 국기

토스카나 대공국의 국장

이 아닙니다. 우선 영토의 크기가 달라졌습니다. 그리고 주변 국가에 대한 영향력도 달라졌지요. 피렌체의 국력이 커졌다는 의미입니다.

그리고 당연한 일이지만 국기와 국장도 달라졌습니다. 피렌체 공국일 때보다 훨씬 국가의 체계를 갖추었다는 것을 알 수 있습니다.

토스카나 대공국은 코시모 1세 이후 정치적 능력이 부족한 후계자들에 의해 간신히 명맥을 유지하다가 1860년 자치권을 갖는 조건으로 이탈리아 왕국에 합병되었습니다. 그러나 이듬해 국민 투표를 통해 자치권을 상실하면서 역사에서 사라지게 되었습니다. 이제 피렌체는 하나의 도시로서만 존재하는 것입니다.

르네상스가 피렌체에서 꽃핀 이유는 ❷

르네상스란, 14~16세기에 서유럽 문명사에 나타난 문화 운동(문예부흥운동)으로 학문, 또는 문화
의 재생·부활을 의미합니다. 고대 그리스·로마 문화를 이상理想으로 생각하여 이들을 부흥시킴
으로써 새로운 문화를 창출해 내려는 운동이라고 간단하게 정리하기도 하지요. 르네상스는 사
상·문학·미술·건축 등 다방면에 걸쳐 이루어졌으며, 이탈리아에서 시작되어 전 유럽으로 전파
되었습니다.

그렇다면 르네상스 이전인 중세 시대의 유럽은 어땠을까요?
5세기에 게르만 민족의 대이동으로 서로마 제국이 멸망한 때를 '야만 시대(암흑기)'의 시작으로
보는 견해가 있습니다. 5세기(서로마 제국 멸망)에서 15세기(동로마 제국 멸망)까지를 중세 시대로
보는 것이지요. 중세를 암흑기라고 말하는 이유는, 신이 인간을 억압한 시대이기 때문입니다. 신
에게는 황금기인지 모르지만, 억압당한 인간에겐 암흑기인 것이지요.
중세의 정치 질서를 한마디로 말하면 '기독교 지배에 의한 국가國家와 법질서法秩序 확립'이라고
할 수 있습니다. 교황과 국왕의 대립 속에서 종교적인 교황권이 세속적인 왕권보다 우월한 것으
로 인정된 것이지요. '카노사의 굴욕(성직 서임권을 둘러싸고 대립하던 신성로마제국 황제 하인리히
4세가 교황 그레고리우스 7세에게 굴복한 사건)'이 대표적인 사례입니다.
중세 문학도 기독교에서 벗어나지 못했습니다. 라틴어로 이루어진 기독교 문학은 성인聖人들의
전기, 신앙 고백, 성서에 바탕을 둔 작품들이었고, 유럽 각 민족의 영웅 서사시(『롤랑의 노래』-이
슬람 세력에 대한 기독교 신앙의 승리), 기사도 문학 및 서정 문학(『아서 왕과 원탁의 기사들』-아리
마테아의 요셉이 원탁, 성배, 성창을 가져왔다는 전설을 바탕으로 함), 중세 문학의 완성인 단테의 작
품(『신곡』-기독교 신앙에 바탕을 둔 죄와 벌, 기다림과 구원에 관한 내용)들도 결국 기독교에 얽매
인 내용들이었습니다.
중세 미술은 어떨까요? 당시의 미술은 신의 권위에 봉사하고 교리를 설명하는 도구로 쓰였습니
다. 중세 미술은 문맹자인 신자들에게 성서의 내용을 설명하는 수단이었기 때문에 교회 내부의
프레스코 벽화, 모자이크화, 스테인드글라스, 교회 벽면의 조각 등을 중심으로 발달했습니다.
중세 건축 또한 마찬가지입니다. 중세 건축을 설명할 때 등장하는 용어들을 살펴보면 그것을 쉽
게 짐작할 수 있습니다. 비잔틴 양식은 6세기 이후 동로마 제국에서 사용되었던 그리스 정교회
의 건축 양식을 말하고, 로마네스크 양식은 11~12세기에 서유럽 각지의 교회 건물에 나타나는
건축 양식을 말하며, 고딕 양식은 12~15세기에 유행한 교회 건축 양식으로 하늘에 닿으려는 기
독교인의 열망을 담은 첨탑이 특징입니다. 모두 교회 건축에서 나온 용어들이지요.

그렇다면 중세는 왜 종말을 고하게 되었을까요?
중세 후기(14~15세기 초)의 유럽은 기근과 흑사병 창궐로 인구의 1/3이 급감했습니다. 이는 신의

권능에 대한 회의를 불러 왔고, 사회적으로도 큰 변화의 요인이 되었습니다. 인구 감소는 사회불안과 폭동의 원인이 되었던 것입니다. 게다가 서방 교회의 분열(로마와 아비뇽에 두 명의 교황이 존재함)은 기독교의 권위 추락을 불러왔습니다. 그리고 십자군 전쟁의 실패로 인한 교황 지지 세력의 몰락도 종교의 영향력을 희석시키는 효과가 있었다고 볼 수 있습니다.

그렇다면 왜 다른 나라, 다른 도시가 아닌 이탈리아의 피렌체에서 르네상스가 시작되었을까요? 14세기 흑사병으로 인한 농민 계급의 몰락과 지주의 파산, 농업의 쇠퇴는 고리대금업자(훗날 은행가로 미화됨)와 상인의 전성기를 가져왔습니다. 특히 지중해를 중심으로 활동하던 피렌체 상인들은 무역을 통해 막대한 부를 축적할 수 있었습니다. 그에 비해 흑사병의 직격탄을 맞은 피렌체 근교의 수도원은 황폐화되고, 수도사들은 감소했습니다. 살아남은 사람들은 일거리를 찾아 피렌체로 몰려들었는데, 수도원과 수도사는 절대적으로 부족하게 되었습니다. 뒤숭숭한 현실에서 종교의 권위는 추락하고 미신과 이단이 출현하게 되었지요. 여기에서 고리대금업자와 교회의 결탁이 이루어집니다. 그들은 서로에게 필요한 것을 줄 수 있는 입장이었거든요.

먼저, 고리대금업자 입장에서 생각해 봅시다. 전통적으로 고리대금업은 교회에서 악덕으로 여겨 죄악시했습니다. 고리대금업자에게는 영성체(성체성사를 받는 일. 가톨릭 신자들은 영성체를 통해 하느님과 일체를 이룬다고 믿는다)와 종부성사(죽음을 앞두고 마지막으로 받는 가톨릭 성사)가 허락되지 않았지요. 중세의 끄트머리에서 기독교적 세계관을 가진 사람들에게 그것은 심각한 불안 요인이었습니다. 고리대금업자들은 죽은 조상의 영혼이 지옥에 떨어졌다고 믿을 수밖에 없었습니다. 그래서 자신이 가진 돈으로 조상의 영혼을 구할 방법을 모색하게 되었지요.

그러면 교회의 입장은 어땠을까요. 가난한 신자들이 피렌체로 몰려드는데 교회와 수도사가 턱없이 부족했습니다. 흑사병이 돌았을 때 공동체 생활을 하던 수도사들이 가장 큰 타격을 입어 기존의 교회와 수도원이 대부분 폐허로 변했기 때문이지요. 이것을 복원하자면 많은 돈이 필요합니다. 그런데 돈은 고리대금업자에게 있습니다. 그러니 고리대금업자로부터 교회 재건에 필요한 지원을 받아야 하는데, 그러기 위해서는 그들이 원하는 것을 주어야 합니다.

고리대금업자들의 요구 사항은 이런 것입니다.

첫째, 조상의 유해를 교회 안에 안치하게 해 달라.

둘째, 조상을 위해 기도할 수 있는 공간(가문의 기도실)을 교회 안에 만들어 달라.

고리대금업자들로서는 절박하면서도 당연한 요구입니다.

그런가 하면 교회의 요구 사항은 이런 것입니다.

첫째, 신의 영광을 드러낼 수 있도록 교회를 장엄하고 화려하게 꾸며 달라.

둘째, 수도사들이 고유 업무에 정진할 수 있도록 안정적인 생활을 보장해 달라.

자, 이렇게 되니 두 집단의 요구 사항이 맞아떨어진 것입니다. 고리대금업자들은 돈을 들여 교회를 치장하고, 교회는 고리대금업자들에게 공간을 내어주는 것입니다.

그러자 피렌체의 부자들은 경쟁하기 시작합니다. 성인·성녀의 묘와 가까운 곳에 조상의 유해 안치하기, 더 중요한 교회 후원하기, 중앙 제단에서 가까운 곳에 가문의 기도실 갖기, 가문의 기도실을 유명한 예술가에 맡겨 장식하기 등이 그것이었습니다.

피렌체의 부자들은 초기에는 기독교 교리에 충실한 장식을 받아들였습니다. 그때까지만 해도 종교 우위의 사회 질서가 영향을 미치던 시기(중세 후기)였고, 부자들이라 해도 기독교의 영향력 하에 있었기 때문입니다.

그런데 시간이 흐르자, 부자들이 욕심을 부리기 시작합니다. 교회를 장식하는 그림에 자신들을 슬쩍 등장시키기 시작한 것입니다. 이때부터 성화聖畵에 부자들의 상징이 등장하고, 더 나아가 부자들이 등장하기 시작합니다. 이는 세속 권력이 종교 권력과 맞설 수 있을 정도로 성장했다는 의미이지요.

당시 화가들은 그림의 내용을 결정할 권한이 없었습니다. 그들은 요즘 우리가 생각하는 예술가 라기보다는 기술자, 혹은 장인에 가까웠습니다. 그래서 화가들이 그림의 주제를 결정하지 못하고 교회와 학자들이 정했는데, 초기에는 그들의 주장이 반영되어 기독교적 주제가 그려졌던 것입니다. 그런데 부자들의 입김이 강해지면서 그림에 부자들이 등장하기 시작했습니다. 신의 억압을 벗어나 인간이 등장하는 르네상스가 시작된 것이지요.

피렌체 메디치 궁전 벽면에 그려진 베노초 고촐리의 '동방박사의 행렬'에는 메디치 가문 사람들이 등장합니다. 젊은 동방박사는 메디치 가문의 어린 후계자 로렌초(훗날의 '위대한 로렌초')를 모델로 하고, 그를 보좌하는 수행원으로 코시모 데 메디치(로렌초의 할아버지)와 피에로 데 메디치(로렌초의 아버지)를 등장시킨 것이 바로 그런 예입니다.

메디치 가문에서 이런 시도를 하자 다른 가문들도 따라 하기 시작하여, 피렌체의 르네상스 시기에 그려진 성화 중에는 후원자 가문의 인물들이 요소요소에 들어간 경우가 많습니다.

이런 추세가 계속되다 보니 이제는 아예 종교적 주제에서 벗어난 미술도 등장합니다. 그리스·로마 신화에서 미술의 주제를 찾는 것이 유행하기 시작한 것이지요. 우리가 잘 아는 보티첼리의 '비너스의 탄생'은 대표적인 예입니다. 그림 속에 성서 속의 인물, 혹은 기독교에서 성인으로 추앙하는 인물이 아닌 신화 속 인물이 나오는 것은 중세의 장막을 걷어내는 획기적인 시도였습니다. 왜냐하면 유일신을 섬기는 기독교에서 가장 터부시한 것이 다신교에 해당하는 그리스 신화였는데, 바로 그 신화 속의 인물들을 그림에 등장시킨다는 것은 단순한 파격의 경지를 넘어서는 것이었기 때문입니다.

우리가 르네상스를 '고대 그리스·로마 문화를 이상理想으로 생각하여 이들을 부흥시킴으로써 새로운 문화를 창출해 내려는 운동'이라고 정의하는 것은 이러한 당시의 상황 때문입니다. 기독교의 억압에서 벗어나 인간 중심의 생각을 하기 시작한 것이 르네상스의 출발점인 것입니다.

피렌체를 걷다 보면 그리스·로마 신화 속에서 튀어나온 것 같은 그림과 조각품들을 많이 만나게 됩니다. 그런 것들이 피렌체에서 발생해 꽃피운 르네상스의 결과물이라고 생각하면서 감상한다면 피렌체와 르네상스를 좀 더 잘 이해할 수 있지 않을까 합니다.

메디치 가문 사람들 ❸

피렌체의 역사에서 메디치 가문은 매우 특별한 위치를 차지합니다. 메디치 가문이 없었다면 피렌체의 현재 모습은 달라져 있을지도 모르니까요. 그렇기 때문에 이 책에서도 메디치 가涨 사람들이 여러 번 등장하는데, 여러 인물들이 등장하다 보니 혼돈이 오기도 합니다. 따라서 본격적으로 피렌체를 여행하기에 앞서 메디치 가문의 중요한 인물들을 가계도와 함께 살펴보도록 하겠습니다.

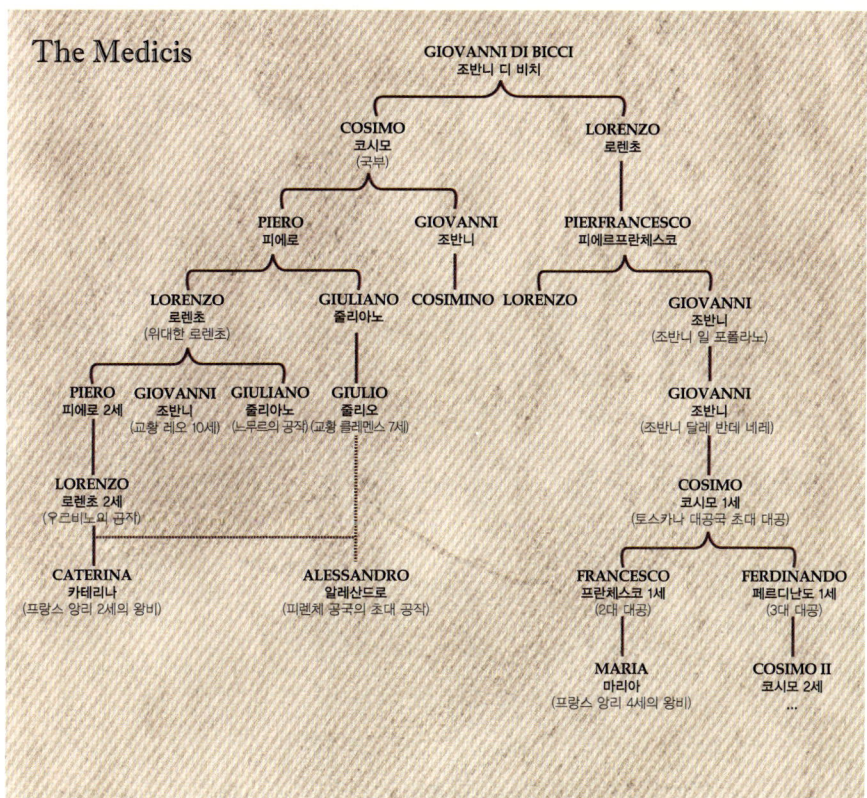

메디치 가계도

✚ 조반니 디 비치 데 메디치Giovanni di Bicci de' Medici(1360~1429)

무젤로 지방에서 올라온 한미한 메디치 가문이 피렌체의 유력한 가문으로 탈바꿈할 수 있었던 것은 조반니 디 비치 데 메디치가 토대를 잘 닦았기 때문입니다. 그래서 메디치 가문에 대한 설명은 늘 그로부터 시작되곤 합니다. 알려진 바에 의하면, 그는 부인이 지참금으로 가져온 돈을 종잣돈 삼아 금융업을 시작하여 큰 재산을 이뤘다고 합니다.

비록 그가 장사 수완이 뛰어나 큰 부자가 되기는 했지만, 그 당대에 메디치 가문이 피렌체에서 명문가로 대접받았던 것은 아닙니다. 피렌체의 기존 귀족들이 보기에 그는 시골뜨기에다 고리대금업으로 재산을 모은 졸부에 불과했습니다. 그러나 그는 세간의 평판에 휘둘리지 않고 착실히 부를 쌓았으며 겸손한 태도로 서민 계층의 지지를 얻어, 그의 아들인 코시모 데 메디치가 피렌체의 지도자로 성장할 수 있는 바탕을 마련했습니다.

✚ 코시모 디 조반니 데 메디치Cosimo di Giovanni de' Medici(1389~1464)

조반니 디 비치 데 메디치가 집을 지을 수 있는 터전을 마련했다면, 그의 장남이었던 코시모 디 조반니 데 메디치(줄여서 코시모 데 메디치)는 그 위에 크고 튼튼한 집을 지은 사람입니다. 메디치 가문의 정치적 번영은 실질적으로 그로부터 비롯됩니다.

그는 아버지의 가르침을 가슴에 새겨 늘 겸손한 태도를 보였지만, 승승장구하는 그의 사업과 정치적 위상은 경쟁 가문의 질시를 불렀습니다. 결국 그는 알비치Albizzi 가문이 주축이 된 기존 귀족들에 의해 정부를 전복시키려 했다는 누명을 쓰고 피렌체 밖으로 추방당하는 신세가 됩니다. 그러나 평소 서민들 편에서 행동했던 그를 피렌체 시민들은 옹호했고, 1년 만에 피렌체로 귀환하여 정계에 복귀할 수 있었습니다. 그는 자신을 추방했던 정적政敵들에게 보복하지 않는 너그러운 태도로 더욱 신망을 얻었습니다.

학문과 예술을 후원하는 메디치 가문의 오랜 전통은 그로부터 비롯되었다고 볼 수 있습니다. 그는 산 마르코 수도원을 재건하면서 프라 안젤리코에게 프레스코 벽화를 맡겼으며, 산 로렌초 성당의 재건 때도 여러 예술가에게 작업을 의뢰했습니다. 성당과 수도원의 재건은 종교적인 의미만을 갖는 것이 아닙니다. 그 안팎을 장식할 수많은 예술품의 제작을 요구하기 때문에 당대의 예술 수준을 한 단계 끌어올리는 역할을 하는 것입니다. 그의 요청을 받고 작업에 참여한 예술가들의 면면을 보면, 미켈로초, 도나텔로, 프라 안젤리코, 기베르티 등 르네상스 초기의 예술가들이 망라되어 있습니다. 코시모 데 메디치의 후원이 르네상스의 발생을 가능하게 했다고 해도 지나치지 않을 것입니다.

그는 죽은 뒤 피렌체 공화국의 발전에 기여한 공을 인정받아 시민들로부터 '국부國父/Pater Patriae'라는 명예로운 칭호를 받았습니다.

조반니 디 비치 데 메디치　　코시모 데 메디치　　　　　　피에로 데 메디치

✚ 피에로 디 코시모 데 메디치 Piero di Cosimo de' Medici(1416~1469)

코시모 데 메디치의 두 아들 중 장남인 피에로 디 코시모 데 메디치는 48세 되던 해인 1464년
에 아버지의 뒤를 이어 피렌체 공화국의 지도자 자리에 올랐습니다. 그러나 그는 어린 시절부
터 '일 고토소 Il Gottoso(통풍에 걸린 자)'라는 별명이 붙을 정도로 병약했으므로 정치적 측면에서
는 큰 업적을 남기지 못했습니다. 지도자의 자리에 있었던 기간도 짧아서 고작 5년에 불과했습
니다.

아버지인 코시모 데 메디치와 비슷한 성향을 보인 그는 1466년에 메디치 가문을 향한 반란이
일어났을 때 처리 과정에서 주동자들에게 관대한 처분을 하였고, 예술가들에 대한 후원에도 인
색하지 않아 보티첼리, 베노초 고촐리 등에게 많은 작품을 의뢰하였습니다.

그는 자신의 업적으로보다는 '위대한 로렌초'의 아버지로서 피렌체의 발전에 기여했다고 볼 수
있습니다.

한 가지 기억할 만한 것은, 그의 세심한 성격에 탄복한 프랑스 국왕 루이 11세가 발루아 가문의
상징인 백합 세 송이를 메디치 가문에서 사용할 수 있도록 허락했다고 하는 것입니다. 메디치
가문의 문장에서 그 사실을 확인할 수 있습니다.

✚ 로렌초 디 피에로 데 메디치
Lorenzo di Piero de' Medici
(1449~1492)

로렌초 데 메디치   줄리아노 데 메디치

메디치 가문의 최전성기는 로렌초 디 피에로 데 메디치(줄여서 로렌초 데 메디치)가 가문의 수장으로 있을 때였으며, 피렌체가 가장 번영을 누린 시기도, 르네상스가 가장 활발한 성과를 이룩한 시기도 모두 그가 지도자의 자리에 있던 때였습니다. 그가 죽은 후 시민들이 그를 일컬어 '위대한 로렌초 Lorenzo il Magnifico'라고 칭송한 데에는 그런 이유가 있는 것입니다.

그는 병약했던 아버지를 대신하여 어려서부터 정치 지도자 수업을 받았으므로 약관의 나이인 15세에 죽은 아버지를 대신하여 정계에 등장했을 때 훌륭하게 소임을 다할 수 있었습니다.

그의 지도력은 피렌체를 정치적·경제적으로 안정시켰으며, 대담한 외교 수완은 피렌체를 전쟁의 위기에서 구해냈습니다. 이와 관련된 설명은 우피치 미술관의 '팔라스와 켄타우로스' 편(188쪽)에서 자세히 하게 되므로 생략합니다.

✚ 줄리아노 디 피에로 데 메디치 Giuliano di Piero de' Medici(1453년~1478년)

로렌초 데 메디치의 동생인 줄리아노 디 피에로 데 메디치는 외모가 수려하고 품성이 온화하여 피렌체 사람들에게 인기가 좋았다고 합니다. 그러나 '파치 가의 음모(파치 가문이 주동이 되어 로렌초와 줄리아노를 암살하려고 한 사건)' 사건 때 25세의 젊은 나이로 목숨을 잃기 때문에 업적 면에서는 언급할 만한 것이 없습니다.

사망 당시 그는 미혼이었지만 줄리오 데 메디치라는 이름의 혼외 아들이 있었습니다. 동생과 우애가 각별했던 로렌초 데 메디치는 조카를 데려다 양자로 삼은 다음 그 아이를 위해 가문의 역량을 동원하여 훗날 그가 교황이 될 수 있는 기반을 마련해 주는데, 그가 바로 클레멘스 7세입니다. 줄리아노 데 메디치는 클레멘스 7세의 아버지로서 종종 언급되는 사람이므로 소개했습니다.

✚ 피에로 디 로렌초 데 메디치 Piero di Lorenzo de' Medici(1472~1503)

메디치 가문의 영광이 최고조에 달한 시기를 '위대한 로렌초' 때로 본다는 말은, 바꾸어 말하면

피에로 데 메디치   조반니 데 메디치(교황 레오 10세)

그의 후계자 때부터 서서히 내리막 길을 걷기 시작했다는 뜻이 됩니다. 바로 로렌초 데 메디치의 아들인 피에로 디 로렌초 데 메디치가 가문의 쇠퇴를 불러온 장본인입니다.

무능했던 그는 아버지로부터 피렌체의 실질적 통치권을 물려받은 지 2년 만에 국외 추방당하는 신세가 됩니다. 1494년에 프랑스 왕 샤를 8세가 나폴리로 진격하기 위해 피렌체를 공격하자 변변한 저항도 못해 보고 항복했기 때문입니다. 이때는 사보나롤라가 메디치 가문을 향해 신

랄한 공격을 퍼붓던 시기인데, 피에로 데 메디치가 프랑스에 항복하자 분노한 시민들이 들고 일어나 그를 추방한 것입니다. 메디치 가문의 권위는 이로써 땅에 떨어지게 되었고, 그 대신 피에로 데 메디치를 추방하는 데 앞장섰던 사보나롤라는 이단으로 몰려 처형당할 때까지 피렌체에서 막강한 영향력을 행사하게 됩니다.

✚ 조반니 디 로렌초 데 메디치/교황 레오 10세 Giovanni di Lorenzo de' Medici (1475~1521)

피에로 데 메디치가 피렌체에서 추방당하면서 메디치 가문의 몰락은 피할 수 없는 일로 여겨질 무렵에 뜻밖의 반전이 일어납니다. 바로 피에로의 동생이자 로렌초 데 메디치의 둘째 아들인 조반니 데 메디치가 교황에 선출된 것입니다. 바로 레오 10세 Leo PP. X 입니다. 그는 메디치 가문이 배출한 첫 번째 교황으로 무너져가던 가문을 일으켜 세우는 데 큰 공헌을 합니다. 아무리 인간 중심의 사상을 담은 르네상스가 새로운 세상을 열었다고 하더라도, 종교의 힘은 여전히 막강한 것이어서 교황을 배출한 가문은 큰 힘을 발휘할 수 있었습니다.

레오 10세는 메디치 가문의 자손답게 문화 예술 분야를 적극 후원하여 로마를 르네상스의 중심지로 만든 공로를 인정할 수 있지만, 사치스러운 생활로 교황청 재정을 파탄 낸 주범으로 꼽힙니다. 특히 성 베드로 대성당 건축 비용을 마련하기 위해 면죄부를 팔아 종교 개혁을 부른 일은 그의 가장 큰 실책이 아닐 수 없습니다.

✚ 로렌초 디 피에로 데 메디치/우르비노의 로렌초Lorenzo di Piero de' Medici (1492~1519)

교황이 된 레오 10세는 우르비노를 공격하여 승리한 다음, 자신의 조카이자 피에로 데 메디치의 아들인 로렌초 데 메디치를 '우르비노의 공작Duke of Urbino'으로 봉합니다. 할아버지인 '위대한 로렌초'와 이름이 같기 때문에 혼동을 피하기 위해 '우르비노의 로렌초' 혹은 '로렌초 2세 데 메디치Lorenzo II de' Medici'라고 부르는 인물인데, 그가 공작에 봉해짐으로써 메디치 가문은 부유한 상인 가문에서 벗어나 세습 귀족의 지위를 얻게 됩니다. 이는 피렌체에도 영향을 미치게 되는데, 우르비노의 로렌초의 혼외 아들 알레산드로 데 메디치(혹은 교황 클레멘스 7세의 사생아라는 설도 있음)가 초대 피렌체 공작이 되면서 피렌체는 공화국에서 공국으로 나라의 체제가 바뀌는 것입니다.

레오 10세 덕에 귀족의 작위를 얻게 된 우르비노의 로렌초는 딸을 프랑스의 왕비로 만드는 성과도 거둡니다. 바로 앙리 2세의 부인이었던 카테리나 데 메디치가 바로 그녀입니다.

✚ 알레산드로 데 메디치Alessandro de' Medici(1510~1537)

알레산드로 데 메디치가 피렌체의 공작으로 봉해지면서 피렌체 공국의 역사가 시작됩니다. 1532년에 권력을 잡은 그는 1537년에 암살당하는 바람에 역사적으로 언급할 만한 업적을 남기지 못했지만, 피렌체의 역사를 이야기할 때 종종 이름이 거론되는 것은 바로 피렌체 공국의 문을 연 사람이기 때문입니다. 메디치 가문의 입장에서 보자면 코시모 데 메디치의 직계 자손으로 혈통이 이어지다가 그의 대에서 후손이 끊김으로써 방계에 해당하는 코시모 1세Cosimo I de' Medici에게 권력이 넘어가게 되는 점도 중요한 변화라고 할 수 있습니다.

로렌초 데 메디치(우르비노의 로렌초)　　　알레산드로 데 메디치　　　　　카테리나 데 메디치

✚ 카테리나 디 로렌초 데 메디치Caterina di Lorenzo de' Medici(1519~1589)

우르비노의 공작 로렌초의 딸로 태어나 프랑스 왕비가 된 카테리나 데 메디치는 메디치 가문으로 보자면 가문의 위상을 높여준 소중한 인물일 수 있습니다. 그녀로 인해 메디치 가문은 왕비를 배출한 가문이 되었기 때문입니다. 그러나 그녀의 삶을 들여다보면 정략결혼으로 인한 불행의 그림자가 짙게 드리워져 있습니다.

메디치 가문이 배출한 두 번째 교황인 클레멘스 7세의 지원을 등에 업고 프랑스 왕실로 시집간 카테리나(혹은 카트린 드 메디시스Catherine de Médicis)는 출발부터 어려움을 겪게 됩니다. 메디치 가문으로부터 거액의 지참금을 받으리라고 기대했던 프랑스 왕실은 클레멘스 7세가 갑자기 사망함으로써 정치적이든 경제적이든 아무런 이득을 보지 못하게 되자 카테리나를 찬밥 취급했기 때문입니다.

게다가 남편인 앙리 2세는 디안 드 푸아티에Diane de Poitiers라는 정부情婦에게 빠져 있었기 때문에 카테리나는 궁정 안에서 외톨이 신세였습니다.

앙리 2세가 사망한 후 그녀의 어린 자식들이 왕위를 이었을 때 섭정으로 정치에 개입하기는 했지만, 여인으로서의 그녀의 일생은 행복했다고 말하기 어렵습니다.

백성들로부터 보잘것없는 상인의 딸이라고 무시당했던 카테리나이지만, 프랑스의 문화사에 큰 역할을 한 점은 아이러니한 일입니다. 그녀는 결혼 당시 이탈리아 요리사들을 데려갔는데, 그들이 전파한 요리법과 식사 예절은 이후 미식으로 이름난 프랑스 요리의 시발점이 되었기 때문입니다.

✚ 줄리오 디 줄리아노 데 메디치/교황 클레멘스 7세Giulio di Giuliano de' Medici (1478~1534)

줄리오 데 메디치(교황 클레멘스 7세)

'파치 가의 음모' 때 목숨을 잃은 줄리아노 데 메디치의 혼외 아들로 태어난 줄리오 데 메디치는 큰아버지인 로렌초 데 메디치의 양자가 되어 그의 보호를 받습니다. 그리고 메디치 가문의 후광을 등에 업고 교황에 선출되어 클레멘스 7세Clemens PP. VII로 불리게 됩니다.

그러나 그는 교황으로서의 능력과 자질이 부족하여 많은 문제를 일으키는데, 당시의 강대국이던 프랑스와 합스부르크 왕가 사이에서 배신과 협력을 반복하다가 로마 대약탈을 부른 일이 가장 큰 실책이라고 할 수 있습니다. 이에 대한 자세한 설명은 '베키오 궁전' 편(102쪽)에서 하게 됩니다.

영국 왕 헨리 8세가 앤 불린과 결혼하기 위해 왕비인 '아라곤의 캐서린'과 이혼하겠다고 했을 때 이를 허가하지 않아 영국이 가톨릭과 등을 돌린 것도 클레멘스 7세 때의 일이었습니다. 클레멘스 7세는 당시 합스부르크 왕가의 카를로스 5세 군대에 의한 로마 대약탈을 겪으며 목숨의 위협을 받은 상태였기 때문에, 그 이혼을 허락하고 싶어도 할 수 없었습니다. 왜냐하면 '아라곤의 캐서린'이 바로 카를로스 5세의 이모였으니 섣불리 결정할 수 없었던 것입니다.

✚ 코시모 디 조반니 데 메디치/코시모 1세Cosimo di Giovanni de' Medici(1519~1574)

피렌체 공작 알레산드로 데 메디치가 아들을 낳지 못한 상태에서 암살당하자 코시모 데 메디치 가문의 후계가 단절됩니다. 그렇게 되자 코시모 데 메디치의 동생인 로렌초 데 메디치 가문의 후손인 코시모 데 메디치(피렌체의 국부였던 코시모 데 메디치와 구별하기 위해 코시모 1세라고 부름)가 정권을 이어받습니다. 그는 뛰어난 용병대장이었던 조반니 달레 반데 네레Giovanni dalle Bande Nere의 아들이었지요.

그가 1569년에 토스카나 대공大公/Grand Duke of Tuscany에 봉작되면서 피렌체 공국은 토스카나 대공국으로 또다시 변화하게 됩니다.

코시모 1세에 대한 자세한 설명은 '시뇨리아 광장' 편(31쪽)에서 이어집니다.

✚ 마리아 디 프란체스코 데 메디치Maria di Francesco de' Medici(1575~1642)

메디치 가문을 일컬어 흔히 '두 명의 프랑스 왕비를 배출한 가문'이라고 합니다. 그중 하나가 앞에서 설명한 카테리나 데 메디치이고, 다른 하나가 바로 마리아 데 메디치(혹은 마리 드 메디시스 Marie de Médicis)입니다.

그녀는 프랑스 앙리 4세의 왕비였습니다. 토스카나 대공 프란체스코 1세의 딸로 태어난 마리아는 메디치 가문의 경제력을 과시하듯 막대한 금액의 지참금을 가지고 프랑스 왕실로 시집갔습니다. 그러나 남편과의 사이는 원만하지 못했다고 하며, 남편이 사망한 후 섭정으로 정치에 개입하면서 아들인 루이 13세와 크게 대립하게 되었고, 나중에는 아들에게 축출당하는 신세가 되었습니다.

루브르 박물관에는 페테르 파울 루벤스가 그린 24점의 연작 그림인 '마리 드 메디시스의 일생'이라는 그림이 전시되어 있는데, 비록 의도적으로 신격화하고 미화한 내용이기는 하지만 그녀의 일생을 짐작하는 데 도움이 된답니다.

코시모 1세(토스카나 대공)　　　마리아 데 메디치

1장

시뇨리아 광장과 로자 데이 란치

Piazza della Signoria & Loggia dei Lanzi

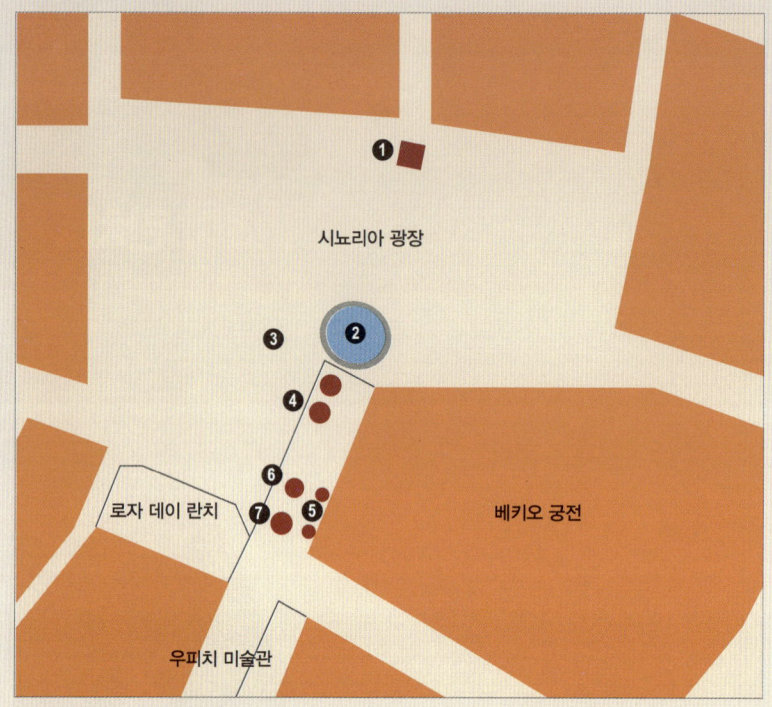

시뇨리아 광장

로자 데이 란치

우피치 미술관

베키오 궁전

❶ 코시모 1세 청동 기마상   ❷ 넵투누스 분수
❸ 사보나롤라 관련 바닥 표지   ❹ 유디트 청동 조각상
❺ 신체의 일부가 가려진 남녀 조각상   ❻ 다비드상
❼ 카쿠스를 죽이는 헤라클레스상

시뇨리아 광장 💬1
Piazza della Signoria

>>>>>>>>>>>

유럽의 도시는 대개 광장을 중심으로 발달했기 때문에 어느 도시든 광장이 도시의 핵심공간이기 마련입니다. 피렌체도 예외는 아니니, 일단 시뇨리아 광장을 찾아갑시다. 피렌체를 찾은 관광객들로 항상 북새통을 이루는 곳이지요.

시뇨리아 광장Piazza della Signoria을 본격적으로 돌아보기 전에 광장의 이름이 된 '시뇨리아'가 무슨 말인지를 먼저 알아봅시다. 이탈리아의 도

시뇨리아 광장과 베키오 궁전, 그리고 로자 데이 란치

시국가에서는 권력을 장악한 지배자를 시뇨레Signore라 하고, 시뇨레에 의해 통치되는 정치 제도를 시뇨리아Signoria라고 했는데, 피렌체에서는 최고행정기관 자체를 시뇨리아라고 불렀지요. 이곳이 시뇨리아 광장인 까닭은, 피렌체의 최고행정기관인 시뇨리아(현재의 베키오 궁전) 앞에 있기 때문이랍니다.

오래된 건물들이 오밀조밀 모여 있는 피렌체 역사지구에 이 정도 넓이의 공간이 도시 한복판에 위치할 수 있었던 데에는 비극적인 이유가 있다고 합니다. 그 내막을 한번 알아볼까요?

13세기 무렵의 이탈리아 도시국가들은 교황을 지지하는 세력(Guelf, 구엘프 당)과 신성로마제국의 황제를 지지하는 세력(Ghibelline, 기벨린 당)으로 나뉘어 치열하게 대립했습니다. 피렌체도 예외는 아니었지요.

구엘프 당과 기벨린 당의 싸움에서 먼저 피렌체를 장악한 것은 기벨린 당이었습니다. 그때 "구엘프 당 사람들이 다시는 재기할 수 없도록 피렌체를 철저히 파괴하자."고 기벨린 당원들이 주장하였지만, 파리나타 데글리 우베르티Farinata degli Uberti(그에 관한 이야기는 256쪽 참조)가 이를 무마시켰다고 합니다.

그런데 나중에 전세戰勢가 역전되어 구엘프 당이 기벨린 당을 몰아내고 피렌체를 접수하자 구엘프 당원들은 기벨린 당원들의 집이 모여 있던 현재의 시뇨리아 광장 일대를 초토화시킨 다음, 그곳에 다시는 건물을 지을 수 없도록 법까지 정했다고 합니다. 정적政敵에 대한 철저한 보복이었던 셈이지요.

그런 까닭에 그 이후로도 시뇨리아 광장 자리에는 건물이 들어설 수 없어 이처럼 널찍한 공간이 유지될 수 있었다고 하니, 그들의 옹졸한 보복 행위에 늦게라도 감사해야 하는 일인지 잘 모르겠습니다.

코시모 1세 청동 기마상

베키오 궁전을 바라보고 선 다음, 왼쪽으로 시선을 돌리면 거기
에 당당한 자세의 청동 기마상이 보입니다. 코시모 대공이라고 불리
는 코시모 1세 데 메디치Cosimo I de' Medici(1519~1574)의 상으로, 잠볼로냐
Giambologna(1529~1608)의 작품입니다.

이 기마상의 주인공인 코시모 1세는 코시모 대공, 혹은 토스카나 대
공Grand Duke of Tuscany이라고도 불립니다. 정치적으로는 알레산드로 데

베키오 궁전 왼쪽에 서 있는 청동 기마상　　　　　　　코시모 1세의 청동 기마상

메디치Alessandro de' Medici의 후계자로서 정권을 물려받았지만, 실제로는 '검은 부대의 조반니'라고 일컬어지는 전설적인 용병대장 조반니 달레 반데 네레Giovanni dalle Bande Nere의 아들이었습니다. 알레산드로 메디치가 아들이 없는 상태에서 암살당했기 때문에 코시모 1세가 후계자가 되었던 것이지요. 이 기마상을 '피렌체의 국부國父'란 칭호를 받았던 코시모 데 메디치Cosimo di Giovanni de' Medici(1389~1464)의 것으로 혼동하는 경우가 있는데, 그들은 전혀 다른 인물입니다. 코시모 데 메디치는 겸손하고 소탈한 사람이라 당나귀를 타고 다녔다고 하지요.

코시모 1세는 인기 있는 정치 지도자는 아니었다고 합니다. 냉혹하고 독재적인 지배자였으며, 시민들에게 과도한 세금을 거둬들여 인심을 잃었다는 것입니다. 광장의 기마상이나 아그놀로 브론치노Agnolo Bronzino가 그린 초상화에 드러난 얼굴 모습을 보면 냉정하고 고집스러운 그의 성격이 엿보입니다.

그러나 그는 군사적으로 몇 가지 주목할 만한 업적을 남겼는데, 용병들을 모아 강한 군대를 조직한 다음 루카Lucca와 시에나Siena 등의 주변 도시국가들을 병합한 것이 그중 하나입니다. 이로써 피렌체는 강력한 군사력을 갖춘 부강한 나라 토스카나 대공국의 수도로 발전할 수 있었습니다. 그리고 레판토 해전에 참전하여 승리에 일조하는 토스카나 해군을 창설한 것도 그의 큰 업적입니다. (레판토 해전 이야기는 바로 뒤 '넵투누스 분수' 편에서 하기로 합니다.)

아그놀로 브론치노, '갑옷을 입은 코시모 1세'

넵투누스 분수

코시모 1세의 청동 기마상에서 몇 걸음만 오른쪽으로 옮기면 넵투누스Neptunus(그리스 신화의 포세이돈) 분수가 있습니다. 이 분수는 1575년에 이탈리아의 조각가인 바르톨로메오 암만나티Bartolommeo Ammannati가 제작한 것으로, 토스카나 대공국이 참전하여 승리한 해전을 기념하기 위해 바다의 신 넵투누스를 주제로 한 것입니다.

바르톨로메오 암만나티, '넵투누스 분수'

1453년 5월 29일, 비잔티움 제국(동로마 제국)이 오스만튀르크의 공격을 받고 무너졌습니다. 서로마 제국이 멸망한 뒤로도 거의 1,000년 동안 명맥을 유지해 온 동로마 제국이 멸망함으로써 로마 제국은 영원히 역사의 뒤안길로 사라진 것입니다.

동로마 제국이 오스만튀르크에 의해 멸망한 것은 유럽 사람들에게 정신적으로 심각한 타격을 주었습니다. 그것은 단순히 한 나라의 멸망이 아니라 서방 세계에 대한 동방 세계의 공격, 더 나아가 기독교에 대한 이슬람교의 공격으로 받아들여졌기 때문입니다.

그들의 불안감은 곧 현실이 되었습니다. 1499년에 베네치아령이었던 키프로스 섬을 오스만튀르크가 공격한 것입니다. 두 차례의 전쟁(1499년, 1500년)에서 베네치아 공화국은 지중해의 새로운 패자覇者로 떠오른 오스만튀르크에게 패하고 맙니다.

혼자 힘으로는 오스만튀르크를 물리칠 수 없다고 판단한 베네치아 공화국은 종교적 일치감에 호소하며 서유럽의 기독교 국가들에게 전쟁에 동참해 줄 것을 요청하기에 이릅니다. 교황청은 베네치아 공화국의 요청을 받아들여 당시의 강대국이었던 스페인과 이탈리아의 도시국가들에게 성전聖戰에 참여할 것을 궐기했습니다. 이때 호응한 이탈리아 도시국가는 피렌체가 속한 토스카나 대공국과 제노바 공화국, 우르비노 공국, 사보이 공국, 몰타 기사단 등이었습니다. 이들 국가를 '기독교권 연합 함대' 혹은 '신성동맹神聖同盟 함대'라고 합니다. 이탈리아 도시국가들이 참전한 것은 종교적 이유도 있었겠지만, 오스만튀르크가 지중해에서 세력을 키워 가면 해상 무역에 의지하는 자신들에게 큰 타격이 될 거라고 생각하여 자의 반 타의 반 나섰을 겁니다.

오스만 제국의 함대와 기독교권 연합 함대는 1571년 10월 코린트 만

'레판토 해전'(작자 미상)

의 레판토 앞바다에서 건곤일척乾坤一擲의 혈투를 벌입니다. 이것을 '레판토 해전Battle of Lepanto'이라고 합니다.

갤리선galley(노를 주로 쓰고 돛을 보조적으로 쓰는 군용 배)이 참전한 마지막 해전이라고 불리는 레판토 해전에서 기독교권 연합 함대가 큰 승리를 거둡니다. 이 전쟁의 결과로 오스만튀르크는 지중해에서의 영향력이 축소되었고, 승전국들은 지중해 무역을 통해 부를 축적할 수 있었습니다. 스페인은 이때의 승리를 바탕으로 아르마다Armada/無敵艦隊를 운영하며 해양 강국으로 발전할 수 있었고, 전쟁의 당사자였던 베네치아 공화국은 지중해 무역의 왕자로 승승장구하는 계기가 되었지요.

피렌체가 속한 토스카나 대공국은 레판토 해전의 실질적 당사자는 아니었으나 자신들이 참전한 해전에서 큰 승리를 거둠으로써 자부심과 자신감을 갖게 되었습니다. 피렌체 시민들이 시뇨리아 광장에 승전을 기리는 넵투누스 분수를 만들어 세운 것은 그런 역사적 배경이 있는 것입니다.

피렌체 사람들이 레판토에서의 승리를 기념하기 위해 분수를 세우기로 하면서 바다의 신인 넵투누스를 떠올린 것은 얼핏 당연한 일처럼 보입니다. 바다에서 일어난 일이므로 넵투누스의 가호 덕분이라고 생각하는 것은 자연스러운 일일 테니까요. 그런데 과연 그것을 당연하고 자연스러운 일이라고 생각하고 넘겨도 될까요?

만약 그보다 200년 전쯤(즉, 중세 시대)에 레판토 해전이 있었다면 시뇨리아 광장의 분수에 넵투누스가 등장할 수 있었을까요? 그 당시 사람들이 승전의 공을 넵투누스에게 돌렸을까요? 아마도 어림없는 일일 것입니다. 틀림없이 그들은 하느님의 가호 아래 승전했다고 믿으며, 뱃사람들의 수호성인을 찾아 분수를 세웠을 것입니다. 이게 무슨 말이냐 하면, 시뇨리아 광장에 넵투누스 분수가 세워졌다는 사실 자체가 그 당시 피렌체에 르네상스의 기운이 넘쳐났다는 것을 의미한다는 뜻입니다. 르네상스를 '고대 그리스·로마 문화를 이상理想으로 생각하여 이들을 부흥시킴으로써 새로운 문화를 창출해 내려는 운동'이라고 간단히 정의한다면, 피렌체에 등장한 넵투누스는 하나의 상징적 의미로 해석할 수 있는 것입니다. 물론 넵투누스 분수 옆에 서 있는 코시모 1세의 동상도 비슷한 의미를 갖는다고 볼 수 있습니다. 중세 시대라면 인간의 동상을 세운다는 것은 우상 숭배로 매도될 수도 있는 일이었을 테니까요.

사보나롤라 관련 바닥 표지

넵투누스 분수 앞쪽으로 광장 바닥에 둥근 표지판이 설치된 것이 보입니다. 이것은 피렌체의 수도사이자 종교 개혁가였던 사보나롤라가 화형당한 장소임을 알려주는 표지입니다.

지롤라모 사보나롤라Girolamo Savonarola(1452~1498)는 마르틴 루터Martin Luther(1483~1546)나 장 칼뱅Jean Calvin(1509~1564)보다 먼저 종교 개혁을 부르짖었던 성직자였습니다.

1452년 이탈리아 북부 페라라에서 태어난 그는 20대에 도미니크회 수도원에 들어가 공부했고, 1491년에 메디치 가문의 요청을 받아 피렌체 산 마르코 수도원의 원장으로 부임했습니다. 메디치 가문은 산타 마

사보나롤라가 화형당한 장소를 알려주는 표지판　　　지롤라모 사보나롤라

리아 노벨라 성당을 중심으로 뭉친 기존 귀족들과 자신들을 차별화하기 위해 산 마르코 수도원을 새로 짓고 후원하고 있었지요.

검소한 생활 태도와 진실한 신앙생활을 통해서만 구원받을 수 있다고 믿는 외골수 수도사인 사보나롤라에게 인간 중심 사상이 싹트기 시작한 르네상스의 도시 피렌체는 악의 온상처럼 비쳐졌을 것입니다. 그는 자신의 목숨을 바쳐서라도 피렌체를 죄악으로부터 구해내어 하느님의 뜻에 맞는 복음 국가로 되돌려놓겠다고 다짐했습니다. 그래서 '허영의 화형식bonfire of vanities'이란 이름으로 온갖 사치스럽고 화려한 것들을 모아놓고 불태워버리는 과격한 이벤트를 벌이기도 했습니다.

메디치 가문의 후원을 받아 수도원장이 되었으면서도 그는 메디치 가문을 통렬하게 비판했습니다. 피렌체의 르네상스가 메디치 가문의 후원으로 만개하였으니, 인간 중심 사상을 불온하게 생각한 사보나롤라에게 메디치 가문은 악의 근원으로 비쳐졌을 테지요.

그뿐만 아니라 그는 교회와 교황청의 부패를 비난했고, 부자와 귀족들

루드비히 폰 랑겐만텔(Ludwig von Langenmantel), '피렌체 사람들의 허영을 꾸짖는 사보나롤라'

의 교만과 사치를 비난했습니다. 그의 거침없는 설교에 피렌체 시민들은 환호를 보냈지만, 교황청은 그를 눈엣가시처럼 생각하게 되었지요.

결국 사보나롤라는 교황청으로부터 파문당한 다음, 피렌체 시민들에 의해 화형당하는 신세가 되고 말았습니다. 의도는 순수했는지 모르지만, 지나치게 극단으로 치달은 그의 종교 개혁 주장이 기존 지배 계층뿐만 아니라 시민들에게서조차 지지를 받지 못했기 때문입니다.

산 마르코 수도원의 미술관에는 1498년 5월 23일에 시뇨리아 광장에서 있었던 그의 화형식 장면을 담은 그림이 보관되어 있습니다.

앞에서 보았던 표지석에 새겨진 문장은 이런 내용이라고 합니다.

1498년 5월 23일, 이곳에서 지롤라모 사보나롤라 수도사가 도메니코 수도사 및 실베스트로 수도사와 함께, 부당한 판결로 교수형을 받은 뒤 화형에 처해졌다. 4세기 후, 추모의 뜻을 담아 이 기념비를 세운다.

'사보나롤라의 화형식'(산 마르코 수도원)

>>>>>>>>>>>>

유디트 청동 조각상

넵투누스 분수의 오른쪽에 그리 크지 않은 규모의 청동 조각상이 세워져 있습니다. 한 여인이 칼을 들고 남자를 윽박지르는 형상의 조각품입니다. 이것은 피렌체 출신의 조각가 도나텔로Donatello가 제작한 '홀로페르네스의 목을 베려는 유디트'입니다. 도나텔로에 대해서는 앞으로 여러 차례 이야기하게 될 것입니다. 브루넬레스키의 건축, 마사초의 회

넵투누스 분수 옆의 청동 조각상

도나텔로, '홀로페르네스의 목을 베려는 유디트'

화와 더불어 도나텔로의 조각은 피렌체 르네상스 예술의 핵심을 이루기 때문입니다.

그런데 이 작품에 등장하는 유디트는 누구이며, 그녀는 왜 홀로페르네스란 남자의 목을 베려고 하는 것일까요? 그리고 왜 사람의 목을 베려는 잔인한 여인의 조각상을 광장에 버젓이 세워둔 것일까요?

유디트Judith는 구약성서에 나오는 인물입니다. 일찍이 남편을 잃고 정절을 지키며 살던 그녀가 역사에 이름을 남기고 여러 미술 작품의 소재가 된 것은, 나라가 위기에 처했을 때 적장의 목을 베어 나라를 구했기 때문입니다. 마치 우리나라의 논개가 적장을 죽임으로써 역사에 이름을 남긴 것과 유사하지요.

그녀의 조국인 유대가 아시리아의 공격을 받아 함락될 위기에 처했을 때, 모두들 항복하자고 했지만 그녀는 결연히 반대하고 나섭니다. 그리곤 홀로 적진으로 들어가 적장 홀로페르네스Holofernes에게 접근하지요. 유디트의 미모에 반한 홀로페르네스는 그녀의 환심을 사기 위해 연회를 열고 술을 나눠 마십니다. 아마도 연약한 여인이기에 경계를 하지 않았을 텐데, 유디트는 계획이 있어 접근한 것이니 술에 취해 곯아떨어진 홀로페르네스의 목숨은 유디트의 손에 맡겨진 것이었지요.

유디트의 담대한 계획 덕분에 유대는 아시리아를 물리칠 수 있었고, 그녀는 유대의 영웅이 됩니다. 그래서 구약성서에 그 이름이 기록된 것이지요. 유대인들은 지금도 유디트를 충성스럽고 고귀한 여성으로 여긴다고 합니다. 잔인한 애국자인 셈이지요.

유디트를 주제로 한 미술 작품은 많은데, 홀로페르네스의 목을 베는 상황을 그린 작품 중 아르테미시아 젠틸레스키Artemisia Gentileschi의 '유디트와 홀로페르네스Judith and Holofernes'는 너무 잔혹하다는 생각이 들 정도

젠틸레스키, '유디트와 홀로페르네스'

티치아노, '세례자 요한의 목을 든 살로메'

구스타프 클림트, '유디트'

벵자멩 콩스탕, '유디트'

로 생생합니다.

　그런데 미술 작품에서 남자의 머리를 들고 있는 여인이라고 하여 반드시 유디트는 아니므로 잘 구별해야 합니다. 때로는 헤로데스 왕에게 세례자 요한의 머리를 요구하였던 살로메(헤로디아의 딸)일 수도 있기 때문입니다.

　한편 젠텔레스키의 작품처럼 적장의 목을 베는 모습이 아닌 다른 모습으로 표현되는 '유디트' 작품도 있습니다. 구스타프 클림트나 벵자멩 콩스탕의 작품들은 유디트를 '팜므 파탈Femme fatale(남성을 파멸로 이끄는, 치명적 매력을 지닌 여자)'의 대표 사례로 보고 있습니다.

　그런데 유디트 조각상을 보고 있자니 이런 의문이 듭니다. 피렌체와는 상관없는 먼 이국의 여인을 – 비록 그녀가 자신의 조국을 위해 영웅적인 일을 했다고 하더라도 – 피렌체 사람들은 왜 시뇨리아 광장에 세워놓았을까요? 뭔가 거기에 담고 싶었던 메시지가 있는 건 아닐까요? 그에 대한 답을 피렌체 사람들은 조각상의 좌대에 새겨놓았습니다.

　"시민들은 민중 구원의 본보기로 이 조각상을 여기에 둔다."

　그들은 유디트에게서 자유를 지키기 위한 용기와 희생을 보았고, 자신들의 공화국을 지키기 위해서는 그런 불굴의 정신이 필요하다는 것을 잊지 않기 위해 유디트를 세워놓은 것입니다.

　참고로 현재 자리에 놓여 있는 작품은 복제품이며, 원본은 베키오 궁전 안에 있답니다.

신체의 일부가 가려진 남녀 조각상

　유디트를 본 다음 오른쪽으로 발걸음을 옮기면 베키오 궁전으로 들어가는 입구가 보입니다. 미켈란젤로의 '다비드' 조각상이 서 있어서 시뇨리아 광장에서는 가장 포토제닉한 장소로 인정받는 곳입니다.

　그런데 여기에 서 있는 다비드상은 잘 알려져 있다시피 복제품입니

베키오 궁전 입구(왼쪽에 '다비드', 오른쪽에 '카쿠스를 죽이는 헤라클레스' 조각상)

다. 훼손을 막기 위해 원본은 아카데미아 미술관으로 옮기고, 복제품을 대신 세워둔 것이지요. 아카데미아 미술관에 가지 않을 사람에게는 이 것이라도 볼 수 있는 게 다행이겠지만, 우리는 아카데미아 미술관의 원 본을 보게 될 것입니다. 그러니 여기에서는 다비드에 대한 설명을 생략 합니다.

베키오 궁전 입구의 왼쪽에는 '다비드'가 서 있고, 오른쪽에는 '카쿠 스를 죽이는 헤라클레스'가 서 있어 균형을 맞춰줍니다. 헤라클레스에 대한 이야기도 흥미진진하지만, 그 얘기를 나누기 전에 잠깐 문 옆에 서 있는 남녀 조각상에 관심을 가져봅시다. 왼쪽에는 남자가, 오른쪽에 는 여자가 자리 잡고 서 있습니다.

베키오 궁전 앞의 남녀 조각상

이 작품을 보면 한 가지 궁금한 점이 생깁니다. 이 조각상은 신체 일부를 나뭇잎으로 가렸는데, 왜 가렸을까, 언제부터 가리게 된 것일까 하는 점이 그것입니다. 조각가가 처음부터 가린 것이라면 왜 그 부분만 다른 색으로 만들었을까 하는 점이 궁금하고, 조각가가 그런 것이 아니라면 누가 왜 원작을 훼손한 걸까 하는 점이 궁금해지는 것입니다.

이 문제에 대한 답은 다른 작품들을 통해 찾을 수 있습니다.

바티칸의 시스티나 예배당 벽면에 그린 미켈란젤로의 '최후의 심판'은 불후의 명작이지만, 맨 처음 일반에 공개했을 때는 사람들이 경악해 마지 않았다고 합니다. 그림 속의 인물들이 나체였기 때문이죠. 신성 모독이라는 비난과 수정하기를 요구하는 목소리가 높았지만, 미켈란젤로는 요지부동이었습니다.

이 그림은 그 뒤로도 숱한 논란에 시달리다가 1564년 1월 트리엔트 공의회Council of Trient에서 "비속한 부분은 모두 가려져야 한다."는 칙령이 발표되면서 생식기 부분에 옷감을 걸치는 방식으로 문제가 해결되었습니다.

이 일화는 인간의 나체를 보는 기독교의 시각을 암시해 줍니다. 기독교에서 나체란 불경스럽고 외설적인 것이었지요.

그러나 신이 아닌 인간 위주로 생각하기 시작한 르네상스인에게 인체의 아름다움을 표현한다는 것은 새로운 예술 세계의 발견이었습니다. 그들은 어떻게 하면 인간의 벗은 몸을 물의를 일으키지 않고 표현할 수 있을까 궁리한 끝에 절묘한 타협점을 찾아냈습니다. 기독교의 성인을 그리되 상체를 벗은 상태로 표현해도 될 만한 인물을 찾아낸 것이지요. 그가 바로 순교자 세바스찬이었습니다.

성 세바스찬은 기독교가 박해받던 시절에 여러 발의 화살을 맞고 순

미켈란젤로, '최후의 심판'

일 소도마(Il Sodoma), '성 세바스찬'   안토넬로 다 메시나(Antonello da Messina), '성 세바스찬'

교한 인물입니다. 그런데 그의 순교 장면을 극적으로 표현하자면 옷을 벗은 상태인 것이 효과적이었습니다. 순교자의 숭고한 죽음을 표현하기 위해 윗몸을 벗은 상태로 표현하는 것은 교회에서도 반대할 이유가 없기 때문에 성 세바스찬의 누드는 허용되었던 것입니다.

이렇게 한번 물꼬가 터진 누드화는 영역을 넓히며 르네상스 시대의 예술가들에게 사랑받는 주제가 되었지만, 교회 입장에서는 여간 거북스러운 것이 아니었을 겁니다. 결국 1564년 트리엔트 공의회에서 정식으로 칙령을 발표하여 기존의 작품까지도 신체의 일부를 가리도록 했는데, 그림의 경우는 옷을 입히는 방식의 덧그림으로, 조각 작품의 경우는 나뭇잎을 덧대는 방식으로 해결했던 것입니다. 그 흔적이 베키오 궁전 앞에 서 있는 조각상에 남아 있기에 설명했습니다.

>>>>>>>>>>>>>

카쿠스를 죽이는 헤라클레스

베키오 궁전 입구의 오른쪽에 서 있는 조각상은 바치오 반디넬리 Baccio Bandinelli의 '카쿠스를 죽이는 헤라클레스'입니다. 이 작품을 주문한 사람은 알레산드로 데 메디치인데, 그가 카쿠스를 박살하는 헤라클레스를 주제로 한 조각상을 주문한 것은, 아마도 괴력의 소유자인 헤라클

레스와 같이 자신(혹은 자신의 가문) 또한 무적의 세력을 가졌음을 시민들에게 과시하고자 한 까닭이 아닐까 생각합니다.

이 작품을 이해하기 위해서는 헤라클레스가 왜 카쿠스Cacus를 죽이는지를 알아야 합니다. 헤라클레스Hercules는 제우스Zeus가 암피트리온Amphitryon의 아내인 인간 알크메네Alcmene와 바람을 피워 낳은 아들이었습니다.

제우스의 바람기를 미워했던 헤라Hera는 헤라클레스를 극심하게 미워했지요. 어린 헤라클레스를 죽이려고 요람 속으로 커다란 뱀 두 마리를 보내기까지 했으니까요. 그러나 아버지 제우스로부터

바치오 반디넬리, '카쿠스를 죽이는 헤라클레스'

각별한 총애와 함께 많은 능력을 받은 헤라클레스는 헤라가 보낸 독사를 죽이고 살아납니다. 그렇게 고비를 넘기기는 했지만, 헤라의 미움은 그것으로 끝난 게 아니었습니다.

성인이 된 헤라클레스는 테베의 공주 메가라Megara와 결혼하여 세 아들을 낳고 잠시 동안이나마 행복하게 살았지만, 헤라가 방해를 합니다. 헤라클레스를 정신착란 상태로 만들어 그가 자신의 처자식을 죽이도록 한 것입니다. 제정신으로 돌아온 뒤 자신이 저지른 끔찍한 일을 알고 헤라클레스는 죄를 씻기 위해 열두 가지 과제를 수행하기 위한 길을 떠납니다.

헤라클레스의 열두 가지 과제 중에서 카쿠스와 관련이 있는 것은 열 번째 과제인 '거인 게리온의 소 떼를 몰아오기'였습니다.

게리온Geryon(혹은 게리오네스)은 머리와 몸이 세 개씩인 괴물로, 머리가 둘 달린 개 오르토로스에게 소 떼를 지키도록 하고 있었지요. 힘이 천하장사였던 헤라클레스는 먼저 오르토로스를 죽인 다음, 게리온도 죽이고 소 떼를 빼앗았습니다. 헤라클레스가 카쿠스를 만난 것은 소 떼를 몰고 돌아올 때의 일입니다. 소 떼를 몰고 아르고스로 가던 헤라클레스는 로마 인근에서 잠시 잠을 자는데, 그때 카쿠스가 헤라클레스의 소 몇 마리를 훔쳤다는 것입니다.

카쿠스는 대장장이 신 헤파이스토스Hephaistos의 아들로 알려져 있으며, 여동생의 이름은 카카Caca입니다. 팔라티노 언덕의 동굴 속에서 살면서 사람들을 잡아먹는 무시무시한 괴물이었던 카쿠스가 헤라클레스가 몰고 오던 소가 탐나 훔친 것입

에리만토스의 멧돼지

니다. 카쿠스는 자신이 한 짓을 들키지 않으려고 속임수를 썼지만, 동굴 속에서 들려오는 소의 울음소리를 들은 헤라클레스가 찾아냈다고도 하고, 헤라클레스에게 한눈에 반한 카카가 오빠가 한 짓을 헤라클레스에게 일러바쳐서 찾아낼 수 있었다고도 합니다.

하여간 거인이자 괴물이었던 카쿠스가 만만한 상대는 아니었지만, 헤라클레스의 무시무시한 괴력을 이길 수는 없었습니다. 목 졸려 죽임을 당했다고 하는데, 시뇨리아 광장에 서 있는 이 조각을 보면 헤라클레스의 몽둥이에 맞아 죽은 것처럼 보입니다.

마지막으로 조각상의 좌대를 보면 사방에 동물의 머리가 새겨져 있는 것을 알 수 있습니다. 정면에서 보면 오른쪽에 개, 왼쪽에 멧돼지의 모습이 보이고, 뒤쪽으로 돌아가서 보면 사자와 황소(혹은 암말?)가 조각되어 있는데 이는 모두 헤라클레스가 열두 가지 과제를 완수하는 과정에서 해치운 괴물들이랍니다. 헤라클레스의 열두 가지 과제에 대한 이야기는 우피치 미술관에서 다시 할 예정입니다.

저승의 개 케르베로스

네메아의 사자

크레타의 미친 황소(혹은 디오메데스의 식인 암말)

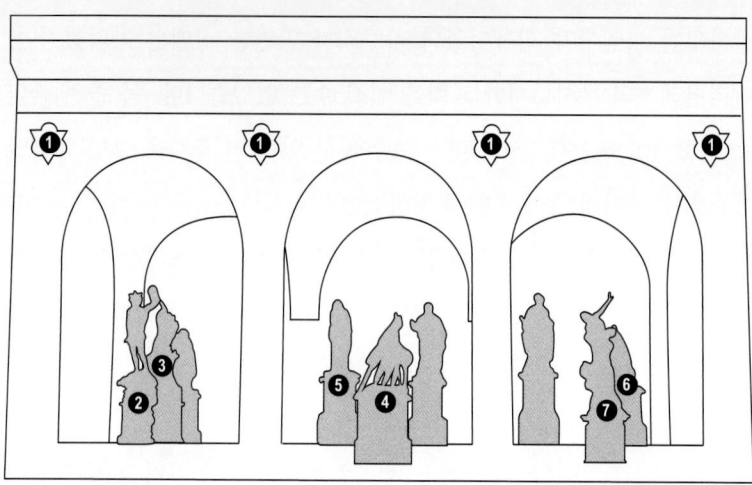

❶ 기독교의 네 가지 덕목을 표현한 트레포일   ❷ 메두사의 목을 벤 페르세우스
❸ 납치당하는 폴릭세나   ❹ 파트로클루스를 부축하는 메넬라우스
❺ 투스넬다   ❻ 네소스를 죽이는 헤라클레스
❼ 사비니 여인의 납치

로자 데이 란치 ②
Loggia dei Lanzi

>>>>>>>>>>>

이제 베키오 궁전 오른쪽에 있는 옥외 박물관 격인 로자 데이 란치 Loggia dei Lanzi를 살펴봅시다. 로자 데이 란치란, 독일 용병을 뜻하는 '란트스크네츠Landsknechts'의 이탈리아어 '란치케네키Lanzichenecchi'가 '란치 Lanzi'로 줄어든 형태로, 메디치 가문에서 고용한 독일 용병 부대가 대기하던 장소라서 이런 이름으로 불렸다고 합니다. 로자란 건축 용어로 '한 쪽 또는 그 이상의 면이 트여 있는 방이나 복도'를 말합니다. 로자 데이 란치는 두 면이 트인 공간이군요.

시뇨리아 광장 한 켠에서 관광객들의 눈길을 끄는 이곳의 여러 조각상들을 차례대로 살펴보겠습니다.

로자 데이 란치

가톨릭의 네 가지 덕목을 표현한 트레포일

먼저 건물 안에 설치된 개별 작품들을 감상하기 전에 로자 데이 란치의 지붕 난간 아래쪽을 살펴봅시다. 거기에는 가톨릭에서 중요하게 생각하는 네 가지 덕목을 의인화한 작은 조각상이 트레포일trefoil로 장식되어 있습니다.

네 가지 덕목이 의인화된 트레포일. 각각 신중함(Prudence), 불굴의 용기(Fortitude), 절제(Temperance), 정의(Justice)

4대 복음서 저자를 상징하는 사엽형 트레포일(바르젤로 미술관 소장)

성 베드로 성당의 알렉산더 7세 기념비
(아래쪽 네 여인이 자비, 진실, 정의,
신중함을 의미한다.)

　트레포일이란 세 잎 클로버 모양으로 이루어진 장식을 말하는데, 이는 기독교에서의 삼위일체三位一體(성부와 성자와 성령은 원래 동일한 위격을 갖는다고 보는 교의)를 상징합니다.

　혹은 네 잎으로 이루어진 것도 있는데, 피렌체에서 볼 수 있는 것은 사엽형四葉形이 대부분으로 이는 4명의 복음서 저자(마태, 마가, 누가, 요한)를 상징합니다. 바르젤로 미술관에 있는 작품들을 자세히 보면 복음서 저자들이 집필 중인 모습과, 그들의 상징(마태의 천사, 마가의 사자, 누가의 소, 요한의 독수리)이 조각되어 있는 것을 확인할 수 있습니다.

　가톨릭에서는 인간이 갖추어야 할 덕목을 의인화하여 표현하는 경우가 많은데, 성 베드로 성당에서 다양한 예를 찾아볼 수 있습니다. 예컨대 교황 알렉산더 7세의 기념비에서는 자비Charity, 진실Truth, 정의Justice, 신중함Prudence을 의인화한 네 명의 여인 모습을 볼 수 있지요.

벤베누토 첼리니, '메두사의 목을 벤 페르세우스'

메두사의 목을 벤 페르세우스

　로자 데이 란치의 여러 조각 작품들 중에서 관람객의 눈길을 가장 많이 빼앗는 작품은 아마도 '메두사의 목을 벤 페르세우스'가 아닐까 합니다. 벤베누토 첼리니Benvenuto Cellini의 작품이지요.

　이 작품을 이해하려면 페르세우스가 누구인가와 그가 메두사의 목을 베게 된 사연이 무엇인가를 알아야겠군요. 먼저, 페르세우스란 인물에 대해 알아봅시다.

　페르세우스Perseus는 제우스의 아들입니다. 제우스가 아르고스Argos의 공주 다나에Danae를 사랑하여 얻은 아들이지요. 바람둥이 제우스는 애인과 사랑을 나눌 때 모습을 바꾸는 경우가 많았는데, 다나에를 만날 때는 황금의 비로 변했습니다. 제우스가 그렇게 몸을 바꾼 까닭은 그녀가 청동 탑 안에 갇혀 있었기 때문입니다. 다나에의 아버지 아크리시오스Akrisios가 외손자의 손에 죽임을 당하리라는 신탁을 듣고 딸을 탑 안에 가뒀거든요. 외손자가 태어나는 일이 없도록 하려고 그런 것이지요.

　하지만 황금의 비로 변한 제우스와 사랑을 나눈 다나에는 아들을 낳게 됩니다. 그가 바로 페르세우스이지요. 이 소식을 들은 아크리시오스는 감히 제우스의 아들을 죽일 수 없어 딸과 외손자를 작은 배에 태워 멀리 떠나보냅니다. 다시 만나지만 않는다면, 외손자의 손에 죽을 일은 없을 거라고 생각하면서 말이지요.

다나에와 페르세우스가 탄 배는 세리포스Serifos 섬에 닿았고, 그들은 그곳의 왕인 폴리데크테스Polydectes의 보호를 받게 됩니다. 폴리데크테스는 아름다운 다나에를 사랑하게 되었는데, 아무래도 어머니의 곁을 지키는 페르세우스가 거슬렸습니다. 그래서 엉뚱한 트집을 잡아 메두사의 목을 베어오라는 명령을 내립니다. 페르세우스를 아주 해치울 생각에서 그런 것입니다.

메두사Medusa는 잘 알려졌다시피 머리카락 한 올 한 올이 뱀으로 변해 혀를 날름거리는 흉측한 모습을 한 괴물입니다. 그 모습을 본 사람은 극심한 충격을 받아 돌로 변했다고 하지요.

사실 메두사는 본디 매우 아름다운 여인이었습니다. 불경스럽게도 바다의 신 포세이돈과 함께 아테나 여신의 신전에서 사랑을 나눈 죄로 아테나의 저주를 받아 그런 흉측한 모습을 하게 된 것이지요.

하여간 페르세우스는 메두사의 목을 베는 데 성공합니다. 그의 성공 뒤에는 여러 신들의 도움이 있었습니다. 아마도 페르세우스의 아버지인 제우스가 아들을 위해 신들을 동원한 것이 아닐까 하는데, 먼저 아테나는 그녀의 방패를 페르세우스에게 빌려주면서 사용 방법까지 친절하게 알려줍니다. 메두사를 원수처럼 미워했던 아테나는 페르세우스의 손을 빌어 그녀를 해치우고 싶어 했던 것 같습니다. 저승의 왕 하데스Hades는 몸을 감출 수 있는 투구를 빌려주었고, 헤르메스Hermes는 천리 길도 단숨에 갈 수 있는 날개 달린 신발과 하르페Harpe라는 칼을 빌려주었습니다.

신들의 도움을 받은 페르세우스는 용감함과 지혜로움을 발휘하여 무사히 메두사의 목을 벱니다. 시뇨리아 광장에 놓인 '메두사의 목을 벤

페르세우스상 아래 좌대. 차례로 벼락을 손에 든 제우스, 날개 달린 모자와 신발을 갖춘 헤르메스, 지혜와 전쟁의 여신 아테나, 아들 페르세우스와 함께 있는 다나에

'페르세우스'는 막 메두사의 목을 벤 페르세우스의 모습을 새긴 조각품입니다.

페르세우스 청동상의 좌대에는 도움을 준 신들의 모습이 새겨져 있습니다. 제우스와 헤르메스, 아테나의 모습이 보입니다. 그리고 어린아이와 함께 있는 여인은 페르세우스의 어머니인 다나에라고 합니다. 그렇다면 꼬마 아이는 어린 시절의 페르세우스겠군요.

그럼, 메두사의 목을 베고 난 이후에 페르세우스는 어떻게 되었을까요? 그의 후일담이 '메두사의 목을 벤 페르세우스' 조각상 좌대에 부조로 나타나 있습니다.

메두사의 머리를 가지고 어머니에게 돌아가는 길에, 페르세우스는 페니키아의 바닷가를 지나게 됩니다. 그곳에서 그는 바위에 묶인 채 바다 괴물의 먹이가 될 처지에 놓인 아름다운 여인을 발견하게 되는데, 바로 에티오피아의 공주 안드로메다Andromeda였어요. 그녀는 교만한 어머니 카시오페이아Cassiopeia를 대신하여 벌을 받게 된 것이었습니다. 카

안드로메다를 구하는 페르세우스

시오페이아가 자신이 바다의 요정인 네레이드Nereid보다 더 아름답다고 떠벌리고 다니자 화가 난 포세이돈이 해일을 일으켜 바닷가 마을을 쓸어버리고, 바다 괴물을 보내어 나라 안을 쑥대밭으로 만든 것입니다.

카시오페이아의 망발에 포세이돈이 화가 날 만도 한 일입니다. 포세이돈의 부인인 암피트리테Amphitrite가 바로 네레이드 중의 하나이며, 포세이돈이 한때 열렬히 좋아했던 여인 테티스Thetis도 네레이드 중 하나였으니 말입니다.

어머니의 신중하지 못한 언행 때문에 대신 목숨을 잃게 된 안드로메다를 페르세우스가 구합니다. 이때 페르세우스가 메두사의 머리를 괴수에게 내보이자 그것을 본 괴수가 돌로 변했다는 설도 있고, 자신의 용맹함으로 괴수를 무찔렀다는 설도 있습니다. 로자 데이 란치의 부조는 후자 쪽을 지지하는 것으로 보입니다.

바다 괴물을 무찌르고 안드로메다를 구한 페르세우스는 그녀를 아내로 맞이한 다음, 어머니가 있는 세리포스 섬에 도착합니다. 그리고는 자신을 사지死地로 몰아넣은 폴리데크테스를 찾아가 메두사의 머리를 보여줍니다. 그것을 본 폴리데크테스의 운명은 익히 짐작할 수 있는 바와 같습니다.

한 가지 후일담을 더 알아봅시다. 앞에서 페르세우스가 메두사의 목을 베러 갈 때 여러 신들로부터 도움을 받았다고 했지요. 다른 신들로부터 받은 물건도 물론 다 돌려주었지만, 아테나의 방패를 돌려줄 때는 메두사의 머리를 붙여서 돌려주었다고 합니다. 그때부터 아테나의 방패는 천하무적의 병기가 됩니다. 그 방패를 보기만 해도 돌로 변하거나 숨이 멎어버리니, 아테나에게 대적할 상대가 없게 된 것이지요.

그럼, 외손자에게 목숨을 잃게 되리라던 아크리시오스의 운명은 어떻게 되었을까요? 페르세우스는 우연한 기회에 원반던지기 대회에 참가하여 원반을 던졌는데, 이 원반이 엉뚱하게도 관중석으로 날아가 그곳에 앉아있던 노인을 맞힙니다. 노인은 그 자리에서 절명하고 마는데, 그가 바로 아크리시오스 왕이었지요. 신탁이란 아무리 피하려 해도 피할 수 없는 것이란 걸 페르세우스의 일만 봐도 알 수 있습니다.

의도한 것은 아니지만 결과적으로 외할아버지를 죽게 만든 페르세우스는 속죄하는 의미로 아르고스를 떠나 티린스로 갔는데, 나중에 그곳의 왕이 되어 나라를 잘 다스렸다고 합니다.

페르세우스가 죽은 다음에는 아버지인 제우스가 그를 하늘나라로 불러 올려 별자리로 만들어주었는데, 그게 바로 페르세우스자리입니다. 그 주변에는 그의 아내인 안드로메다자리가 있고, 장모인 카시오페이아자리도 있어 밤하늘을 아름답게 만들어 준답니다.

피오 페디(Pio Fedi), '납치당하는 폴릭세나'

납치당하는 폴릭세나

'메두사의 목을 벤 페르세우스' 뒤편에 있는 이 작품은 '납치당하는 폴릭세나The Rape of Polyxena'입니다.

폴릭세나Polyxena는 트로이의 마지막 왕 프리아모스Priamos의 딸입니다. 유부녀인 헬레네Helene를 유혹하여 트로이 전쟁의 원인을 만든 파리스Paris, 비록 트로이 전쟁에서 전사하기는 하지만 맹장이었던 헥토르Hektor, 아폴론Apollon의 사랑을 농락한 죄로 저주 받은 예언 능력(옳은 예언을 해도 아무도 믿지 않았으니까요)을 갖게 된 불행한 여자 카산드라Cassandra가 그녀의 형제들입니다.

트로이 전쟁은 어처구니없는 이유로 시작되어 수많은 영웅들을 죽음으로 내몬 뒤 끝난 최초의 세계대전이었습니다. 올림포스의 신들까지 편을 나누어 양쪽 진영을 응원하는 바람에 전쟁은 10년 가까이 승패를 결정짓지 못했지요. 그러는 동안 아까운 영웅들만 숱하게 죽어 나갔습니다. 그래서 혹자는 트로이 전쟁을 '위대한 인간들 때문에 위기감을 느낀 신들이 영웅들을 제거하기 위해 벌인 전쟁'이라고 말하기도 합니다.

여기서는 트로이 전쟁에 관한 이야기 중 폴릭세나와 관련 있는 아킬레우스Achilleus에 대한 이야기를 하도록 하겠습니다.

아킬레우스는 운명적으로 트로이 전쟁과 연결되어 있었습니다. 그의 부모 결혼식에서 있었던 불미스러운 일이 결과적으로 트로이 전쟁을 불렀으니까요.

　제우스와 포세이돈이 함께 반할 정도로 아름다웠던 바다의 요정 테티스는 '그녀가 낳은 아들은 아버지를 능가한다.'는 신탁 때문에 신이 아닌 인간의 아내가 되어야 했습니다. 자신을 능가하는 위험한 존재가 태어나는 것을 어느 신도 원하지 않았으니까요.

　인간 펠레우스Peleus와 결혼한 테티스는 아들을 낳습니다. 그가 바로 아킬레우스이지요. 신탁대로, 아버지 펠레우스를 능가하는 걸출한 영웅이 태어난 것입니다. 그러나 테티스는 자신의 아들이 인간의 피를 받고 태어났기 때문에 유한한 생명을 가진 걸 안타깝게 생각합니다. 그래서 불멸의 생명을 얻을 수 있도록 스틱스Styx 강에다 아들을 담갔는데, 발목을 잡은 채였기 때문에 발목 부분은 강물이 닿지 않았습니다. 그래서 그 부분은 그의 유일한 약점이 됩니다.

페테르 파울 루벤스, '스틱스 강에 아킬레우스를 담그는 테티스'

　트로이 전쟁이 발발하자 그리스 연합군에게는 '아킬레우스가 없이는 전쟁에 승리할 수 없다.'는 신탁이 전해졌고, 테티스에게는 '아킬레우스가 트로이 전쟁에 참전하면 영웅으로 죽을 것이고, 참전하지 않으면 평범한 사람으로 오래 살게 된다.'는 신탁이 전해졌습니다. 그리스 연합군 측에서는 무슨 일이 있어도 아킬레우스를 끌어들여야만 했고, 테티스로서는 어떻게 해서든 아들의 참전을 막아야 했지요. 테티스의 노력에도 불구하고 오디세우스Odysseus의 꾀에 넘어간 아킬레우스는 트로이 전쟁에 참가합니다.

아킬레우스는 전쟁 중에 트로이의 공주 폴릭세나와 사랑에 빠집니다. 그녀는 아킬레우스의 손에 죽은 오빠 헥토르의 무덤가에서 슬피 울고 있었는데, 그 모습을 본 아킬레우스가 반해서 청혼을 했다고 하지요.

폴릭세나와 아킬레우스는 결혼을 약속하고 아폴론 신전에서 만나기로 합니다. 그 사실을 알게 된 폴릭세나의 오빠 파리스가 미리 아폴론 신전으로 가 숨어 있다가 아킬레우스를 죽입니다. 파리스의 화살이 아킬레우스의 유일한 약점인 발목을 꿰뚫은 것이지요.

페테르 파울 루벤스, '아킬레우스의 죽음'

아킬레우스는 죽어가면서 폴릭세나가 자신을 속였다고 생각하였기 때문에, 전쟁이 끝난 뒤에 망령으로 나타나 폴릭세나를 자신의 무덤에 제물로 바쳐달라고 합니다. '납치당하는 폴릭세나'는 그러한 내용을 담고 있는 것입니다. 아마도 폴릭세나를 죽였다고 알려진 아킬레우스의 아들 네오프톨레모스Neoptolemos가 제물이 된 폴릭세나를 죽이기 위해 끌고 가는 장면이 아닌가 합니다.

이 작품에서 폴릭세나를 지키려고 필사적으로 매달리는 여인은 폴릭세나의 어머니인 에쿠바Hécŭba/헤카베이며, 네오프톨레모스의 발아래 쓰러져 있는 이는 파리스라고 합니다. 파리스는 아킬레우스를 죽인 뒤 필록테테스Philoctetes의 독화살(헤라클레스가 죽으면서 필록테테스에게 준 화살)에 맞아 죽었는데, 이 작품에서는 폴릭세나가 제물로 납치당하는 사건의 원인 제공자이기 때문에 함께 조각한 것 같습니다.

파트로클루스를 부축하는 메넬라우스

'파트로클루스를 부축하는 메넬라우스Menelaus supporting the body of Patroclus'라는 작품을 봅시다. 이 작품의 원본은 피티 궁전에 있습니다.

전쟁 중에 죽임을 당해 축 늘어진 사람이 파트로클루스인데, 아킬레우스의 절친한 친구였습니다. 그리고 죽은 그를 부축하고 있는 사람이 메넬라우스로, 그는 스파르타의 왕이자 트로이 전쟁의 원인이 된 헬레네의 남편이지요.

트로이 전쟁에 참전한 그리스 연합군의 장수 중에서는 아가멤논Agamemnon과 아킬레우스가 가장 용맹한 인물이었습니다. 그런데 두 사람은 별로 사이가 안 좋았지요. 전쟁 중에 전리품을 나누는 문제로 갈등을 빚던 두 사람은 결국 크게 다투게 되었

'파트로클루스를 부축하는 메넬라우스'

고, 아킬레우스가 전투에 참여하길 거부하는 사태에까지 이르렀습니다. 그 사실을 알게 된 트로이 측에서 아킬레우스가 빠진 틈을 타 맹공을 퍼부었습니다. 다급해진 그리스 연합군 측에서는 파트로클루스에게 아킬레우스의 갑옷을 입고 전투에 참가하도록 했습니다. 트로이군을 속여서라도 위기를 벗어나고자 함이었지요. 그러나 아킬레우스의 갑옷을 입었다고 하여 아킬레우스와 같은 능력을 가질 수는 없는 일이었습니다. 파트로클루스는 그 전투에서 목숨을 잃게 되니까요.

파트로클루스가 아킬레우스의 갑옷을 입고 싸움에 나서자 트로이군은 진짜 아킬레우스가 나타난 것으로 알고 두려움에 떨며 퇴각하기 시작했습니다. 그런데 헥토르의 후원자인 아폴론이 파트로클루스의 투구를 벗기고 무기를 떨어뜨리게 하여 정체를 드러내게 한 것입니다. 그러자 아킬레우스가 아니란 걸 안 헥토르가 창으로 공격하여 파트로클루스를 죽입니다.

파트로클루스는 자신을 죽이는 헥토르를 향해 이렇게 말했다고 합니다.

"지금은 내가 당신 손에 죽지만, 당신은 곧 아킬레우스의 손에 죽을 것이오."

그 말은 곧 그대로 실현됩니다. 친구의 죽음에 분노한 아킬레우스가 다시 전쟁터로 돌아오고, 헥토르는 아킬레우스의 손에 죽임을 당하니까요.

어쨌든 트로이 전쟁은 메넬라우스의 가정 문제에서 비롯되었고 그 전쟁에서 파트로클루스가 죽었으니, 메넬라우스로서는 굉장히 괴롭고 면목없는 일이었을 겁니다.

투스넬다 조각상

로자 데이 란치의 안쪽 벽면에는 6개의 여인 조각상이 서 있습니다. 그중에서 왼쪽으로부터 세 번째에 서 있는 것이 '투스넬다Thusnelda'라고 도 하고 '바바리안 포로 여인상Status of Barbarian prisoner'이라고도 하는 조각 상인데, '파트로클루스를 부축하는 메넬라우스' 바로 뒤에 있지요. 투스 넬다를 제외한 나머지는 사비니 여인들입니다.

투스넬다는 게르만 민족의 해방자라고 불리는 아르미니우스Arminius 의 아내였습니다. 아르미니우스 는 청년 시절에 로마 시민권과 기사騎士 자격을 얻어 로마군에 복무하면서 공을 세웠지만 나중 에는 고향인 엘바 강 유역으로 돌아가 로마군을 상대로 게르만 족을 지켜낸, 게르만의 민족적 영웅이었습니다. 그러나 내분 으로 동족에게 살해당한 비운의 영웅이지요.

투스넬다는 아르미니우스가 로마를 상대로 전투를 벌이는

'투스넬다'

와중에 포로로 붙잡혀 게르마니쿠스Germánĭcus(게르만족을 정벌한 로마의 장군)의 개선식에 끌려갔습니다. 투스넬다를 바바리안 포로라고 하는 것은 로마인들이 게르만족을 야만스럽다는 의미로 바바리안barbarian(이방인, 야만인이라는 뜻)이라고 했기 때문입니다.

로마에 치욕적인 패배를 안겨주었던 아르미니우스의 아내였기 때문에 그녀를 포로로 잡았다는 것은 로마인들에게 승리의 기쁨을 배가시키는 일이었습니다. 그녀의 조각상을 만들어 세운 것은 그 때문일 것입니다. 현재 로자 데이 란치에 있는 작품은 BC 2세기 무렵의 조각상을 복원한 것으로, 원본은 트라얀Trajan 황제 혹은 하드리안Hadrian 황제 시대의 작품일 것으로 추측됩니다.

'게르마니쿠스의 개선식에 끌려온 투스넬다Thusnelda im Triumphzug des Germanicus'라는 그림이 있는 것으로 보아 그녀의 이야기는 후대 사람들에게도 흥미를 준 듯합니다. 화면 중앙의 흰옷 입은 여인이 투스넬다인데, 마치 여왕처럼 당당한 모습이 포로라기보다는 개선식의 주인공인 듯하여 흥미롭습니다.

칼 폰 필로티(Carl Theodor von Piloty), '게르마니쿠스의 개선식에 끌려온 투스넬다'

잠볼로냐, '네소스를 죽이는 헤라클레스'

네소스를 죽이는 헤라클레스

시뇨리아 광장에는 '카쿠스를 죽이는 헤라클레스'뿐만 아니라, 잠볼로냐의 '네소스를 죽이는 헤라클레스Hercules Slaying the Centaur Nessus'('파트로클루스를 부축하는 메넬라우스' 옆)도 있습니다.

사진을 보면 알겠지만, 네소스는 켄타우로스Kentauros입니다. 상반신은 인간이며, 하반신은 말인 반인반수半人半獸 족인 것입니다. 그런 네소스가 헤라클레스에게 죽임을 당하는 데에는 다음과 같은 사연이 있지요.

헤라클레스의 첫 번째 아내는 '메가라'라는 여인이었습니다. 테베의 공주였지요. 테베를 위해 큰 공을 세운 헤라클레스에게 크레온 왕이 자신의 딸을 준 것입니다. 헤라클레스는 메가라와의 사이에서 아들 셋을 낳고 행복한 시간을 보냈지만, 헤라의 저주 때문에 정신 착란 증세를 일으켜 아내와 자식들을 죽이게 됩니다.

그 죄를 씻기 위해 열두 가지 과제를 떠맡은 헤라클레스는 온갖 역경을 다 겪으며 완수한 다음 데이아네이라Deianeira를 두 번째 아내로 맞이합니다. 그들의 결혼에는 이런 이야기가 전한답니다.

아름다운 처녀 데이아네이라는 오이네우스Oeneus 왕의 딸이었습니다. 그 아름다움이 널리 소문나 청혼하러 몰려든 청년들로 왕국이 들끓을 정도였지요. 오이네우스 왕은 그중에서 한 사람을 사윗감으로 정하면 나머지 사람들이 원한을 품지 않을까 두려워하여, "경합에서 이기는 사람에게 내 딸을 주겠다."고 선언했습니다.

수많은 경쟁자들을 물리치고 최종 후보에 오른 두 사람이 바로 헤라클레스와 강의 신 아켈로오스Acheloos였습니다. 둘은 한 치도 양보 없는 팽팽한 대결을 벌였는데, 아켈로오스가 제우스의 아들이자 천하장사인 헤라클레스를 이길 수는 없었지요. 데이아네이라는 그리하여 헤라클레스의 부인이 됩니다.

그토록 아름다웠던 데이아네이라였던지라, 한 차례 말썽이 생깁니다. 강을 건너다 그녀의 미모에 반한 네소스에게 납치당한 것입니다. 그리스 신화에 의하면 데이아네이라를 납치하여 달아나는 네소스에게 헤라클레스가 화살을 쏘아 죽였다고 하는데, 시뇨리아 광장에 있는 '네소스를 죽이는 헤라클레스'는 몽둥이로 때려죽이는 것으로 표현되어 있습니다. 아마도 박진감 있게 표현하기 위해 그렇게 한 것 같습니다. 멀리 떨어져 있는 상대를 화살로 죽이는 장면은 조각으로 표현하기 어려웠을 테니까요.

헤라클레스의 화살을 맞고 죽어가면서, 네소스는 데이아네이라에게 이렇게 말합니다.

"내 피를 받아두었다가 남편의 사랑이 다른 여인에게로 옮겨가는 것 같으면, 남편의 옷에다 그 피를 묻혀라. 그러면 남편의 사랑

루카 지오다노(Luca Giordano), '화장용 장작더미 위의 헤라클레스'

이 돌아올 것이다."

남편의 사랑을 영원히 붙잡아 놓을 수 있는 비결을 알게 되었다고 생각한 데이아네이라는 네소스의 피를 받아서 간직합니다.

훗날, 헤라클레스가 오이칼리아의 공주 이올레Iole를 포로로 붙잡아 왔을 때, 아름다운 그녀에게 남편을 빼앗길까 두려워진 데이아네이라는 네소스의 피를 생각해 냅니다. 그래서 남편의 옷에 그 피를 묻혀서 주지요. 영문을 모른 채 옷을 입은 헤라클레스는 견딜 수 없는 고통을 느낍니다. 그 피에는 치명적인 독이 들어 있었기 때문이지요.

천하의 영웅 헤라클레스도 아내의 질투가 빚은 육체적 고통을 이겨내지 못합니다. 결국 그는 스스로 장작더미를 쌓아올린 다음, 그 위에서 삶을 마감합니다. 잔혹하기 이를 데 없는 헤라의 저주가 비로소 끝나는 순간이었지요. 여자의 질투가 얼마나 어리석고 위험한 것인지를 알려주는 이야기인 것 같습니다.

'화장용 장작더미 위의 헤라클레스'
(루브르 박물관)

하루도 편할 날 없이 고통스러운 삶을 살았던 헤라클레스를 불쌍하게 여긴 제우스는 그를 올림포스 산으로 불러올립니다. 그때쯤에는 헤라의 분도 다 풀렸던지 순순히 동의했고, 헤라클레스에게 자신의 딸이자 청춘의 여신인 헤베Hebe를 내줍니다. 헤라의 저주로 인간 세상에서는 고통뿐인 삶을 살았지만, 올림포스 산에서는 헤라의 사위가 되어 영원한 삶을 누리게 된 것이지요. 뒤늦게라도 헤라클레스가 행복해져서 다행입니다.

잠볼로냐, '사비니 여인의 납치'

사비니 여인의 납치

잠볼로냐의 '사비니 여인의 납치The Rape of the Sabine Women'(원본은 피렌체 아카데미아 미술관에 소장)를 이해하기 위해서는 '로마에 의한 사비니 여인들의 납치 사건'을 알아야 합니다. 이는 신화 속의 이야기가 아니라, 역사의 영역에 속하는 것입니다. 플루타르코스의 『영웅전』과 시오노 나나미의 『로마인 이야기』에도 언급이 되어 있는 내용이지요.

로물루스Romulus에 의해 건국된 로마는 처음엔 작은 부족국가에 불과했습니다. 나라가 강성해지기 위해서는 인구가 늘어나야 했으므로, 로물루스는 주변 국가로부터 이민을 받아들이는 정책을 폈습니다. 그런데 제 나라를 떠나 남의 나라로 흘러들어오는 사람들은 대개 범죄를 저지르고 도망친 자, 추방된 자, 노예 등 떳떳하지 못한 내력을 지닌 사람들이었습니다. 게다가 주로 남자들이 들어왔으니, 인구를 늘리기 위해서는 여자가 절대적으로 필요했지요.

로물루스는 그 문제를 해결하기 위해 꾀를 냈습니다. 이웃 나라인 사비니Sabini의 여자들을 납치해 오기로 한 것이지요.

로물루스는 수확한 농산물을 저장하기 전에 벌이는 콘수스Consus(고대 로마의 농업신) 축제를 성대하게 열고는 사비니 사람들을 초대했습니다. 예나이제나 축제란 흥성한 잔치이므로, 사비니의 남자들은 축제를 즐기기 위해 로마로 몰려들었지요.

자크 루이 다비드, '사비니 여인들의 중재'(루브르 박물관 소장)

남자들이 로마의 축제를 즐기느라 마을을 비운 사이에, 로마 병사들이 들이닥쳐 여인들을 납치하기 시작했습니다. 이것이 유명한 '로마 병사들에 의한 사비니 여인들의 납치 사건'입니다.

로물루스의 계략대로, 병사들은 수많은 여인들을 납치하여 로마로 데려옵니다. 뒤늦게 그 사실을 깨달은 사비니 남자들은 여자들을 되찾기 위해 여러 차례 전쟁을 벌이지만 성공하지는 못합니다.

로마와 사비니 사이의 전쟁은 사비니 여인들의 중재로 막을 내립니다. 자크 루이 다비드의 그림을 보면, 부모의 나라인 사비니와 남편의 나라인 로마가 서로 싸우는 걸 두고 볼 수 없었던 여인들이 나서서 "제발 전쟁을 그치라."고 호소하는 모습을 볼 수 있습니다.

로마가 비록 사비니 여인들을 납치해 오긴 했지만, 정식으로 결혼하고 인격적으로 대우했기 때문에 사비니 여인들로서는 굳이 고향으로 돌아가고 싶지 않았던 것 같습니다. 그림 속에 어린아이들이 있는 것으로 보아 이미 자식까지 낳은 상태였던 것 같으니까요.

2장

베키오 궁전
Palazzo Vecchio

1228년에 아르놀포 디 캄비오Arnolfo di Cambio가 이 건물을 설계한 것은 도시국가인 피렌체 공화국의 정치 지도자들이 모여서 국정을 의논할 장소가 필요했기 때문이었습니다. 그래서 이 건물의 처음 이름은 팔라초 델라 시뇨리아Palazzo della Signoria(지도자들의 궁전)였지요. 그 당시는 고딕 양식이 유행할 때라서 이 건물도 고딕 양식을 따라 설계되었습니다. 하늘을 찌를 듯 높이 솟은 종탑이 고딕 양식의 특징을 보여줍니다.

아름답고 우아하기보다는 공화국의 힘을 과시하기 위해 요새처럼 거칠게 쌓은 벽면이 건물을 실제보다 더 육중하고 단단해 보이게 합니다.

원래 관공서 용도로 지어져 목적에 맞게 쓰이던 이 건물은 메디치 가문이 피렌체를 지배하게 되면서 메디치 가문의 사저처럼 사용됩니다. 지금도 메디치 가문의 문장이 건물 구석구석에서 발견되는 것은 그 때문입니다.

그러다가 메디치 가문은 메디치 궁전Palazzo Medici(현재의 메디치 리카르디 궁전)을 신축합니다. 1444년에 짓기 시작하여 1460년에 완공된 이 건물은 피렌체의 새로운 정치 중심지로 발돋움하며, 시뇨리아 궁전을 뒤로 밀어냅니다.

피티 궁전Palazzo Pitti도 시뇨리아 궁전을 오래된 건물로 낙인찍는 데 한몫합니다. 피렌체의 은행업자였던 루카 피티Luca Pitti가 메디치 가문에 대한 경쟁심에서 짓기 시작한 피티 궁전은 결국 재정난으로 피티 가문의 손을 떠나 메디치 가문 소유가 됩니다. 토스카나 대공(코시모 1세)은 자신이 살던 시뇨리아 궁전을 아들인 프란체스코 1세 부부에게 물려주고, 부인인 엘레오노라 디 톨레도와 피티 궁전으로 옮겨 가 살았습니다. 15세기에 지어진 피티 궁전에 비하면 13세기에 지어진 시뇨리아 궁전은 오래된 궁전일 수밖에 없었습니다. 그래서 '오래된 궁전'이란 의미로 베키오 궁전이라고 부르기 시작한 것이 이제는 고유명사로 굳어 버린 것입니다.

피렌체가 토스카나 대공국의 수도가 되었을 때 베키오 궁전은 하원 의사당과 외무부 청사로 이용되었고, 1872년부터는 피렌체 시청사가 되어 현재도 시청사로 쓰이고 있답니다. 여행자에게는 피렌체와 메디치 가문의 역사를 알 수 있는 문화유산으로 가득한 박물관으로 의미가 깊은 장소이지요.

베키오 궁전의 원어 표기는 Palazzo Vecchio인데, 고대 로마 제국의 황제들이 사는 집을 팔라티움palatium이라고 하였던 것이 이탈리아에서 는 palazzo(팔라초)로 변했습니다.

원래 왕이나 황제가 사는 궁전을 뜻하던 이 말은 왕족이나 귀족이 사는 집, 대부호가 사는 대저택으로 확대되어 쓰이다가 중세 이탈리아의 도시국가에서는 정부 청사를 가리키는 말로도 사용되었습니다.

피렌체에서 볼 수 있는 팔라초를 베키오 궁전이니 메디치 궁전이니 하고 부르는 것은 적절하지 않은 명칭인지도 모릅니다. 궁전이란 왕이나 황제가 거처하는 왕궁을 일컫는 말인데, 피렌체에는 왕이나 황제가 없었기 때문입니다. 메디치 가문의 지도자가 공작과 대공을 칭하며 피렌체를 통치하기는 했지만, 왕정 국가는 아니었기 때문입니다.

그렇긴 하지만 베키오 시청사(팔라초 베키오), 메디치 가문의 대저택(팔라초 메디치 리카르디), 피티 가문의 대저택(팔라초 피티)이라고 일일이 구별하여 부르는 것도 어색하여 이 책에서는 일반적인 예에 따라 베키오 궁전, 메디치 궁전, 피티 궁전이라고 부르도록 하겠습니다.

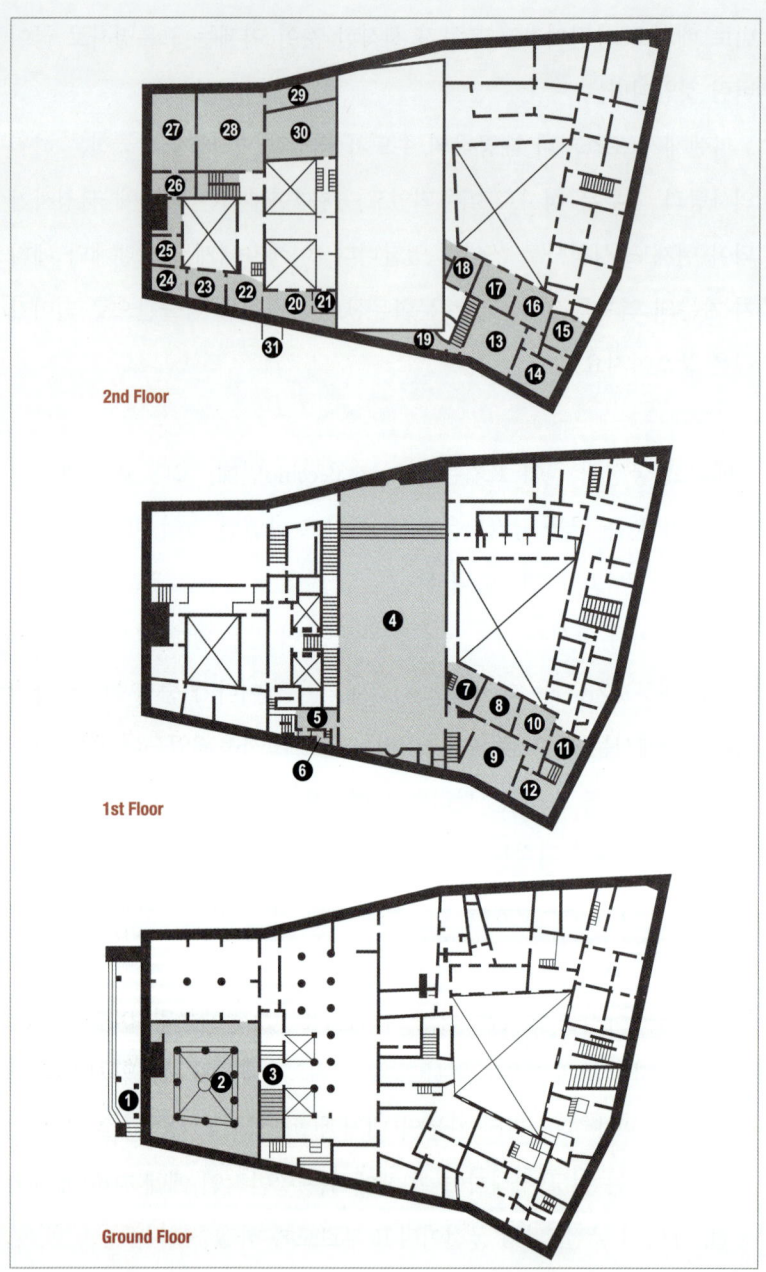

2nd Floor

1st Floor

Ground Floor

베키오 궁전 평면도

Ground Floor
❶ 입구
❷ 첫 번째 안뜰
❸ 올라가는 계단

1st Floor
❹ 500인의 방 Salone dei Cinquecento
❺ 프란체스코 1세의 서재 Studiolo di Francesco I
❻ 코시모 1세의 보물실 Tesoretto di Cosimo I

레오 10세의 아파트먼트 Quartiere di Leone X
❼ 코시모 일 베키오의 방 Sala di Cosimo il Vecchio
❽ 위대한 로렌초의 방 Sala di Lorenzo il Magnifico
❾ 레오 10세의 방 Sala di Leone X
❿ 코시모 1세의 방 Sala di Cosimo I
⓫ 조반니 달레 반데 네레의 방 Sala di Giovanni dalle Bande Nere
⓬ 클레멘스 7세의 방 Sala di Clemente VII

2nd Floor
원소의 아파트먼트 Quartiere degli Elementi
⓭ 원소의 방 Sala degli Elementi
⓮ 사투르누스의 테라스 Terrazzo di Saturno
⓯ 헤라클레스의 방 Sala di Ercole
⓰ 유피테르(주피터)의 방 Sala di Giove
⓱ (풍요의 여신) 오프스의 방 Sala di Opi
⓲ (농업의 여신) 케레스의 방 Sala di Cerere
⓳ 친퀘첸토(16세기의 이탈리아 예술)의 방 Salone dei Cinquecento

엘레오노라의 아파트먼트 Quartiere di Eleonora
⓴ 녹색의 방 Camera Verde
㉑ 엘레오노라의 예배실 Cappella della duchessa Eleonora
㉒ 사비니의 방 Sala delle Sabine
㉓ 에스더의 빙 Sala di Ester
㉔ 페넬로페의 방 Sala di Penelope
㉕ 가구의 방 Sala di Gualdrada

㉖ 예배실
㉗ 접견실 Sala delle Udienze
㉘ 백합의 방 Sala dei Gigli
㉙ 대법관의 방 Sala della Cancelleria
㉚ 지도의 방 Sala delle Carte Geografiche
㉛ 바사리의 통로 시작 지점

첫 번째 안뜰 ①
First Courtyard

>>>>>>>>>>>>

베키오 궁전은 '다비드'와 '카쿠스를 죽이는 헤라클레스' 조각상이 서 있는 곳이 입구입니다.

입구를 통과하여 안으로 들어가면 아담하고 격조 높은 첫 번째 안뜰 First Courtyard이 나옵니다. 베키오 궁전은 1298년에 착공하여 건물 외관은 고딕 양식을 따랐지만, 첫 번째 안뜰은 1453년에 미켈로초 디 바르톨로메오Michelozzo di Bartolommeo에 의해 디자인된 것으로 르네상스 양식

베키오 궁전 입구

의 특징을 보입니다. 특히 열주와 아치 등에서 그런 면모를 찾아볼 수 있지요. 미켈로초가 디자인한 곳이라서 '미켈로초의 중정中庭'이라고 하기도 합니다.

화려한 프레스코화와 디테일한 조각의 기둥이 돋보이는데, 프레스코화는 1565년 코시모 1세의 장남이었던 프란체스코 1세Francesco I de' Medici와 오스트리아 막시밀리안 황제의 누이였던 요안나Joanna의 결혼을 기념하기 위해 그린 것으로 오스트리아 합스부르크 왕가의 영토를 나타내고 있다고 합니다.

이곳에서 눈여겨볼 만한 것으로는 뜰 중앙에 서 있는 '돌고래를 안고 있는 푸토Putto(아기 천사)'입니다. 이 작품은 레오나르도 다 빈치의 스승인 베로키오가 조각한 것으로, 원작은 베키오 궁전의 박물관에 보관되어 있고 안뜰에 있는 것은 복사본이랍니다.

베키오 궁전의 중앙 뜰

베로키오, '돌고래를 안고 있는 푸토'(박물관에 보존된 원작)

500인의 방 ② Salone dei Cinquecento

>>>>>>>>>>>>

베키오 궁전의 안뜰에서 이어지는 계단을 올라 베키오 궁전 박물관The Museum of Palazzo Vecchio에 입장하면 제일 먼저 만나게 되는 공간이 바로 '500인의 방'입니다. 500명이 들어갈 만한 방이라서 그런 이름이 붙었지요. 실제로 대단히 넓은 공간입니다.

피렌체 공화국 시절 메디치 가문이 추방된 후에는 인민대회의장으로 사용되었는데, 그때 500명이 한꺼번에 이곳에 모여 회의를 했다 하여 Cinquecento(이탈리아어로 500을 뜻함)라는 이름이 붙은 것입니다.

메디치 가문이 다시 피렌체로 복귀한 다음에 조르조 바사리Giorgio Vasari(1511~1574)(화가·건축가·미술사가. 메디치 가의 후원 아래 다양한 작품 활동을 하였으며, 특히 르네상스 미술가 2백여 명의 생애를 기록한 저서 『미술가 열전』은 르네상스 예술을 이야기할 때 빼놓을 수 없는 중요한 자료가 되고 있다)가 이 방을 새롭게 장식하는 책임을 맡아 천장에 39장의 그림을 그렸습니다. 그리고 메디치 가문이 토스카나 대공국을 건설하는 과정에서 거둔 위대한 승리들을 벽에 그렸지요. 원래 이 방의 벽에는 미켈란젤로와 레오나르도 다 빈치가 그린 카시나 전투Battle of Cascina와 앙기아리 전투Battle of Anghiari 관련 프레스코화가 있었는데 멸실된 뒤였습니다. 그런 까닭에 우리는 두 천재의 경쟁에 얽힌 이야기를 들을 수 있을 뿐, 500인의 방에서는 조르조 바사리의 솜씨만 볼 수 있습니다.

500인의 방

500인의 방에 있는 벽화. 윗줄 세 개가 왼쪽, 아랫줄 세 개가 오른쪽에 붙어 있는 벽화이다.

벽화

　500인의 방에는 커다란 벽화들이 벽을 장식하고 있는데, 이들 중에서 가장 많은 관심을 받는 작품은 아무래도 '마르시아노 전투The battle of Marciano in Val di Chiana'가 아닐까 합니다. 이 작품은 정면을 바라보았을 때 오른쪽 맨 뒤쪽에 있습니다.

　마르시아노 전투란, 피렌체 공국이 프랑스와 손잡은 시에나 공화국을 상대로 벌인 전투를 말합니다.

'마르시아노 전투'

1554년에 피렌체 공국의 공작 코시모 1세는 자신을 반대하는 피렌체 귀족들이 망명해 있는 시에나 공화국을 정벌하기 위한 전쟁을 벌입니다. 시에나 공화국은 프랑스와 손잡고 피렌체 공국에 위협을 가하는 상황이었지요.

프랑스의 지원을 받은 시에나는 16개월 동안 강력하게 저항했지만, 마르시아노 전투에서 패하면서 결국 항복하고 맙니다. 1555년 4월의 일이었지요.

이때의 승리를 계기로 코시모 1세는 영토를 크게 넓혀 피렌체 공국을 토스카나 대공국으로 키웠으니, 코시모 1세를 신격화한 공간에서 중요한 비중을 차지하는 그림임에 틀림없습니다.

그러나 여행자들이 '마르시아노 전투'에 관심을 두는 것은 이 그림의 뒷면에 레오나르도 다 빈치가 그린 '앙기아리 전투The Battle of Anghiari' 벽화가 있다고 밝혀졌기 때문입니다.

이 이야기를 이해하기 위해서는 시간을 약간 거슬러 올라가야 합니다.

르네상스 시대의 위대한 천재인 레오나르도 다 빈치와 미켈란젤로가 함께 피렌체에서 활동할 때의 일입니다. 피렌체 공화국은 500인의 방벽에 벽화를 그리기로 하고, 두 사람에게 주문을 합니다. 레오나르도 다 빈치에게는 피렌체가 밀라노를 상대로 대승을 거둔 앙기아리 전투 장면을, 미켈란젤로에게는 피사에게 큰 승리를 거둔 카시나 전투 장면을 그리도록 한 것입니다.

두 천재는 라이벌 의식이 강했기 때문에 많은 사람들이 훌륭한 대결이 될 거라고 기대하였지만 결국 작품은 완성되지 못했습니다. 교황의 부름을 받은 미켈란젤로가 로마로 떠나는 바람에 경쟁이 무산되었고, 다 빈치도 그림을 완성하지 못한 채 피렌체를 떠났기 때문입니다.

비록 미완성일지라도 두 천재의 그림이 그려져 있던 벽은 나중에 바사리가 리모델링하는 과정에서 완전히 지워졌고, 후세인後世人의 호기심만 불러일으켰습니다.

그런데 2012년에 다 빈치의 '앙기아리 전투' 장면이 바로 마르시아노 전투 그림 밑에서 발견되었다고 알려진 것입니다. 바사리가 미완성에 그친 '앙기아리 전투' 위에다 그림을 그렸다는 것이지요. 논란의 여지는 많지만 그 뒤로 여행자들은 바사리의 '마르시아노 전투' 앞에 서면 다 빈치의 앙기아리 전투 장면에 대해 상상해 보곤 하는 것입니다.

비록 다 빈치는 '앙기아리 전투'를 완성하지 못했고, 게다가 바사리가 덧칠해 버려 영원히 사라졌지만 그의 스케치를 루벤스가 모사模寫한 작품이 루브르 박물관에 남아 있어 대강은 짐작할 수 있게 한답니다. 모사된 스케치만 보아도 다 빈치의 천재성을 여실히 느낄 수 있습니다.

다 빈치의 스케치를 루벤스가 모사한 '앙기아리 전투'(루브르 박물관)

이제 자리를 옮겨 오른쪽 맨 앞에 걸린 그림을 살펴보겠습니다. 역시 시에나 정복과 관련된 그림인데, '카몰리아 요새의 전투'도 피렌체 역사와 관련하여 주목할 필요가 있습니다.

피렌체와 시에나는 오랜 세월 동안 라이벌이었습니다. 군사적 요충지였던 키안티Chianti 지방을 둘러싼 재미있는 일화를 통해서도 그들의 치열한 대립을 짐작할 수 있습니다.

13세기의 일입니다. 키안티를 차지하기 위해 오랫동안 싸우던 피렌체와 시에나는 전쟁이 아닌 평화로운 방법으로 문제를 해결하기로 약속했습니다. 두 공화국의 기사騎士가 새벽 닭 울음소리에 맞춰 출발하여 달린 뒤, 두 사람이 만나는 곳을 국경선으로 삼기로 한 것입니다. 피렌체 사람들은 검은 수탉을 정해 굶겼고, 시에나 사람들은 흰 수탉을 정해 배불리 먹였습니다. 피렌체 사람들이 닭을 굶긴 것은 배가 고프면

'시에나 카몰리아 요새의 전투(The storming of the fortress near Porta Camollia in Siena)'

일찍 울 거라고 생각해서이고, 시에나 사람들이 배불리 먹인 것은 힘차게 울어서 잠을 깨워주기를 바라서였습니다.

다음 날 새벽, 배가 고픈 피렌체의 닭이 먼저 홰를 쳤습니다. 그러니 당연히 피렌체의 기사는 일찍 출발할 수 있었고, 더 멀리까지 달릴 수 있었습니다. 그렇게 하여 피렌체와 시에나의 중간에 위치한 키안티가 피렌체의 차지가 되었다는 것이며, 이런 전설을 뒷받침하듯 키안티에서 생산되는 와인의 상표에 검은 수탉이 그려져 있습니다.

이런 이야기가 전해질 정도로 팽팽한 맞수이던 시에나는 결국 토스카나 대공국에 편입되었습니다. 피렌체는 시에나를 병합한 뒤 일부러 발전을 저해하는 정책을 펴 지금도 그 여파로 중세의 모습을 고스란히 간직하고 있다고 합니다.

1554년 1월 26일 밤에 카몰리아 문Porta Camollia 근처 요새에서 있었던 공성전攻城戰을 그린 이 그림도 그러한 두 도시의 앙숙 관계를 알고 보아야 제대로 이해가 될 것입니다. 앞서 보았던 마르시아노 전투와 비슷한 시기에 있었던 일로 보입니다.

중세의 모습을 간직하고 있는 시에나

다음엔 1496년에 합스부르크 왕가의 막시밀리안 1세 Emperor Maximilian I가 리보르노Livorno 성을 포위한 채 공격하는 장면을 그린 벽화를 살펴봅시다. 이 그림은 정면을 보았을 때 왼쪽 중앙에 걸려 있습니다.

피사 근처에 있는 리보르노는 피렌체의 관문에 해당하는 곳으로 중세부터 군사적 요충지였으며 메디치 가의 보호 아래 항구도시로서 발전하였습니다.

그런데 이 그림을 보면 한 가지 궁금한 점이 생깁니다. 메디치 가문의 영광을 드러낼 목적으로 베키오 궁전 벽에 그린 벽화에 합스부르크 왕가의 황제가 등장하는 까닭은 무엇일까요.

막시밀리안 1세는 합스부르크 왕가 중흥의 시조로 평가되는 인물입니다. 합스부르크 왕가는 신성로마제국을 건설하여 중세 시대와 근대 시대에 중부 유럽의 대부분을 지배했지요. 이탈리아는 종교적으로는 교황청에 종속되고, 정치적으로는 신성로마제국의 영향을 받았습니다. 그러다 보니 도시국가들은 교황파(바티칸의 교황을 지지하는 세력)와 황제파(신성로마제국의 황제를 지지하는 세력)로 나뉘어 내전에 가까운 권력 다툼을 벌이는 경우도 있었습니다. 기벨린 당(황제파)과 구엘프 당(교황파)이 대립한 피렌체의 역사도 그런 대립의 일환이었지요.

'리보르노 공성(The emperor Massimiliano lifts the siege from Livorno)'

메디치 가문이 지배한 피렌체 공국은 합스부르크 왕가의 신하국을 표방했는데, 이는 거대한 제국과 맞서기에는 피렌체라는 도시국가의 힘이 미약하기 때문에 고육지책으로 선택한 것으로 보입니다. 500인의 방에 그려진 막시밀리안 1세 관련 벽화는 그렇게 이해하면 되겠습니다.

　시에나가 피렌체와 막상막하의 라이벌 관계였다면, 피사 또한 마찬가지였습니다. 피사에 거둔 승리를 그린 벽화는 1505년에 피렌체 군대가 피사의 성 빈센초 탑 근처에서 피사의 군대를 궤멸시키고 거둔 승리를 기리기 위해 그린 왼쪽 벽 맨 뒤쪽의 '산 빈센초 탑 근처에서 피사를 궤멸시킴', 1499년에 피사의 스탐파체 요새를 공격하는 모습을 담은 왼쪽 맨 앞의 그림인 '피사의 스탐파체 요새를 공격함', 1555년 4월 21일에 있은 전투를 그린 오른쪽 중앙의 '포르토 에르콜레의 함락'이 있습니다.

　피사는 BC 180년에 로마 제국의 식민지가 되었고, 중세 시대에는 바다를 끼고 있는 지리적 이점을 활용하여 무역으로 강성한 도시국가를

'산 빈센초 탑 근처에서 피사를 궤멸시킴(The rout of the Pisans at Torre San Vincenzo)'

만들었으나, 이웃 나라인 피렌체 공화국과 팽팽한 맞수로서 자주 충돌 했습니다. 피렌체 입장에서도 피사와의 장기 전쟁은 사회 불안의 원인 이 되었고, 전쟁에 필요한 비용을 조달하기 위해 과중한 세금을 시민들 에게 부과하다 보니 정치적으로 부담이 매우 컸습니다.

그런 피사를 함락시키고 토스카나 대공국의 일부로 흡수하였으니 피 렌체로서는 대단한 자부심을 느꼈을 것입니다. 그러한 당시 피렌체 사 람들의 인식이 벽화로 표현된 것이지요.

'피사의 스탐파체 요새를 공격함(The storming of the fortress of Stampace in Pisa)'

'포르토 에르콜레의 함락(The Capture of Porto Ercole)'

500인의 방의 천장 그림

천장화

한꺼번에 500명이 들어갈 정도로 넓은 공간이다 보니 이곳의 천장도 굉장히 규모가 큽니다. 두 개 층을 터서 방을 만들다 보니 천장까지는 거리가 멀어 자세히 보기 어려운 데다 조르조 바사리가 그 넓은 공간에 가득 그림을 그려놓았으니 하나하나 꼼꼼히 따져보자면 시간이 꽤 걸릴 것입니다. 따라서 여기서는 중요한 몇 장면을 골라 감상하는 것으로 대신하겠습니다.

먼저, 천장 중앙의 '코시모 1세의 신격화Apotheosis of Cosimo 1'란 그림이 눈에 띕니다. 토스카나 대공국의 도시들을 상징하는 문장이 빼곡히 둘

'코시모 1세의 신격화'

러싼 가운데 코시모 1세가 여신으로부터 왕관을 받고 있습니다. 그 모습을 천사들이 둘러서서 보고 있군요. 제목 그대로 코시모 1세를 신격화한 내용입니다. 그의 권력은 하늘로부터 받은 것이라 절대적인 것이라는 주장이 담겨 있는 것입니다.

나머지 그림들은 토스카나 대공국의 영토와 그 안에 있는 중요 도시, 중요 건축물, 중요 사건을 비유적으로 표현한 것들입니다.

산타 마리아 노벨라 성당과 산 조반니 세례당이 보이는 그림Allegories of the Quarters of San Giovanni and Santa Maria Novella에는 두 명의 장수가 방패를 가지고 있는데 왼쪽에는 산타 마리아 노벨라 성당의 파사드에 있는 태양(도미니크 수도회의 상징)이 보이고, 오른쪽에는 산 조반니 세례당 건물이 보입니다.

토스카나 대공국에 속한 도시들을 나타낸 그림들은 대개 강의 신이 등장하고(그 도시의 풍요로움을 상징합니다), 그 도시를 상징하는 문장이 등장하는 공통점이 있습니다. 그리고 멀리 배경으로 그 도시의 풍경이 보입니다. 그러면 중요한 도시 몇 군데를 살펴보겠습니다.

많은 예술가를 배출한 아레초와 포도주 산지로 유명한 키안티입니다. 키안티의 방패에는 앞에서 이야기한 검은 수탉이 그려져 있군요. 피렌체가 키안티를 차지하는데 크게 기여한 일등공신이지요. 그리고 메디치 가문의 고향인 무젤로와 아드리아 해에 접한 로마냐도 보입니다.

토스카나 대공국이 승리한 전쟁에 대한 기록도 있습니다. '카시나 함락Capture of Cascina', '카솔레 함락Capture of Casole', '피사에 승리한 후 개선함Triumph after the victory on Pisa', '시에나에 승리한 후 개선함Triumph for the war against Siena'이 그 예입니다.

이 밖에도 많은 그림들이 저마다의 의미를 갖고 있으니, 관심을 갖고 보면 좋을 것입니다.

산타 마리아 노벨라 성당과 신 조반니 세례당의 알레고리(피렌체)

키안티

아레초

무젤로

로마냐

피사에 승리한 후 개선함

카시나 함락

카솔레 함락

시에나에 승리한 후 개선함

프란체스코 1세

조반니 달레 반데 네레

교황
레오 10세

알레산드로 데 메디치

교황
클레멘스 7세

코시모 1세

500인의 방 정면

교황 레오 10세의 좌상

메디치 가문 출신임을 알려주는 교황의 문장

정면 조각상

500인의 방 정면에는 메디치 가문이 배출한 교황 중의 한 명인 레오 10세Leo PP. X의 좌상坐像이 있습니다. 그리고 그의 머리 윗부분에는 메디치 가문의 문장을 활용한 교황의 문장이 새겨져 있군요.

메디치 가문이 배출한 첫 번째 교황인 레오 10세(재위 기간 1513~1521)는 학예·미술을 장려하여 로마를 르네상스 문화의 중심지로 만들었습니다. 피렌체를 르네상스의 중심지로 만들었던 선대 조상들의 피가 그에게도 흘렀던 것이지요. 그러나 문제는 대부호 집안에서 태어나 사치스러운 생활이 몸에 밴 그가 교황이 되어서도 돈을 흥청망청 썼다는 점입니다. 더구나 그의 전임자였던 율리우스 2세가 성 베드로 성당 건축을 시작해 놓고 세상을 떠났기 때문에 그 일을 떠맡은 레오 10세는 재정적으로 더욱 궁지에 몰리게 되었습니다. 재정 압박을 견디다 못한 그가 면죄부를 팔아서 성당 건축비를 대려고 하다가 마르틴 루터의 저항을 받아 종교 개혁이 시작된 것은 유명한 역사적 사건입니다.

어쨌거나 미켈란젤로Michelangelo, 라파엘로Raffaello 등 미술 대가들에게 많은 예술작품을 의뢰하여 명작을 많이 남긴 것은 레오 10세의 공적으로 손꼽히기도 합니다.

사실 그는 아버지인 '위대한 로렌초'에 비하면 성품이나 역량 면에서 부족한 부분이 있는 것이 사실이었습니다. 그렇지만 기독교가 세상을 지배하던 시기에 그가 가톨릭의 수장 자리에 올랐다는 것은 메디치 가문으로서는 무척 중요한 일이었습니다. 몰락의 길을 걷던 메디치 가문이 그가 교황이 된 것을 계기로 피렌체에서 영향력을 되찾은 것도 사실입니다. 그렇기 때문에 메디치 가문 사람들에게 그는 무척 자랑스럽고 중요한 인물이었지요. 500인의 방에 그의 좌상이 놓여 있고, 베키오 궁전 1층(평면도 상의 9번 방)에 그의 활약상을 그린 그림으로 도배가 된 '레오 10세의 방'이 있는 것은 그런 까닭에서랍니다.

　레오 10세의 좌상을 바라보는 입장에서 오른쪽 모서리에 교황 클레멘스 7세Clemens VII가 신성로마제국의 카를로스 5세Carlos V 황제에게 왕관을 씌워주고 있는 조각상이 있습니다. 클레멘스 7세는 1530년에 볼로냐에서 카를로스 5세에게 신성로마제국 황제의 왕관을 주었습니다.

레오 10세의 방

카를로스 5세는 교황이 주최한 대관식을 통해 왕위를 인정받은 마지막 황제이지요.

메디치 가문으로서는 신성로마제국의 황제에게 왕관을 씌워준 교황의 위상이 더 높다고 생각하여 자랑스러운 마음으로 조각상을 만들어 놓은 것 같습니다. 교황 앞에 다소곳이 무릎을 꿇은 카를로스 5세는 마치 교황의 아랫사람처럼 보입니다. 그러나 사실을 알고 보면 그렇게 단순한 문제가 아닙니다.

우선 클레멘스 7세가 누구인지부터 알아봅시다.

'위대한 로렌초(로렌초 데 메디치)'에게는 줄리아노 데 메디치Giuliano de' Medici라는 동생이 있었습니다. 두 사람은 피렌체 공화국의 공동 통치자였습니다. 그런데 '파치 가의 음모' 사건 때 로렌초는 간신히 목숨을 구하지만, 25세의 젊은 줄리아노는 그 자리에서 목숨을 잃었습니다.

당시 줄리아노는 법적으로 미혼이었지만, 줄리오 데 메디치Giulio de' Medici라는 사생아를 두고 있었습니다. 로렌초는 비명에 간 동생을 위해 줄리오를 양자로 들인 다음 친자식처럼 키웠습니다.

로렌초의 차남이 앞에서 살펴본 교황 레오 10세인데, 로렌초의 후원을 받은 줄리오는 교황인 사촌 형의 권세에 힘입어 추기경이 되었고, 나중에는 교황의 자리에 올랐습니다. 그가 바로 클레멘스 7세로, 본인의 능력이나 인품으로 오른

신성로마제국의 황제 카를로스 5세에게 왕관을 씌워주는 교황 클레멘스 7세

것이 아니라 메디치 가문의 재력財力이 억지를 부려 만들어낸 자리였습니다.

무능력한 데다 권모술수에 능했던 클레멘스 7세는 외교면에서 우왕좌왕하다가 결국 로마 대약탈Sacco di Roma(1527년) 사건을 자초합니다.

여기서 잠깐, 로마 대약탈에 대해 간략하게나마 알아보고 갑시다. 교황 클레멘스 7세가 재위한 시기는 영국의 헨리 8세, 프랑스의 프랑수아 1세, 신성로마제국의 카를로스 5세가 각축을 벌이던 때입니다. 클레멘스 7세는 이들 사이에서 살아남기 위해 끊임없이 이간질하고, 연합과 배신을 반복합니다. 카를로스 5세와 조약을 맺고 프랑스를 침공하였다가 금세 프랑수아 1세와 손잡고 신성로마제국을 공격하는가 하면 또다시 카를로스 5세와 협력하는 식이었습니다. 그러다가 1526년에 프랑스와 동맹을 맺고 신성로마제국을 상대로 전쟁을 벌이는데, 이를 코냑 동

Francisco Javier Amérigo y Aparici, '로마 대약탈'

맹League of Cognac이라고 합니다.

프랑스가 주축이 된 코냑 동맹 측과 카를로스 5세의 신성로마제국 측은 전투를 벌인 끝에 신성로마제국 측이 승리하지만, 문제는 병사들이 약속된 대가를 받지 못해 불만이 팽배해진 것입니다. 이들의 불만을 무마하지 못하면 위험해질 수 있으므로 병사들에게 로마로 진격하라는 명령이 내려집니다. 부유한 도시인 로마를 약탈하여 병사들의 요구를 들어주겠다는 의도였지요.

신성로마제국 군대에 의한 로마 약탈은 단순히 재물을 빼앗는 수준이 아니라 도시 전체를 파괴할 정도로 참혹했는데, 그 이유를 종교적인 측면에서 해석하기도 합니다. 즉, 당시 신성로마제국의 군대에는 독일인 용병들이 많았는데, 이들은 마르틴 루터의 종교 개혁 사상에 심취한 나머지 부패한 교황청을 타도하겠다는 열망을 가졌었다는 것입니다. 그래서인지 교황청의 많은 성직자들이 이때 학살되었다고 합니다.

클레멘스 7세는 천사의 성Castel Sant'Angelo으로 대피하여 겨우 목숨을 구했지만 교황의 호위 부대인 스위스 용병들은 대부분 목숨을 잃었으며, 로마 시내는 신성로마제국 용병들의 약탈로 폐허로 변하고 맙니다. 모든 것이 클레멘스 7세의 무능력 때문에 일어난 불행한 사건이었던 것입니다.

이 일을 겪은 뒤 카를로스 5세의 위력에 놀란 클레멘스 7세는 교황의 권위를 내세우며 그에게 왕관을 씌워주었습니다. 독실한 가톨릭 신자였던 카를로스 5세는 그것을 받아들였지만, 과연 교황의 권위를 인정했을지는 의문입니다. 그 이후로 더 이상 교황이 신성로마제국 황제의 대관식을 주재하지 못했다는 것은 교황의 권위가 땅에 떨어졌기 때문일 것이며, 그 시작은 클레멘스 7세 때부터였던 것입니다.

조반니 달레 반데 네레   알레산드로 데 메디치   코시모 1세   프란체스코 1세

    교황 레오 10세의 양쪽에 서 있는 사람들은 조반니 달레 반데 네레 Giovanni dalle Bande Nere(왼쪽)와 피렌체 초대 공작公爵인 알레산드로 데 메디 치Alessandro de' Medici(오른쪽)입니다. 그리고 좌우 측면 벽에 서 있는 사람 은 오른쪽이 코시모 1세, 왼쪽이 프란체스코 1세입니다. 그들에 대해서 는 뒤에서 따로 이야기하게 되므로 여기서는 생략합니다.

벽면 조각상

500인의 방에는 조각품들이 여러 점 놓여 있습니다. 먼저 사진을 통해 각각의 위치를 파악해 봅시다.

정면을 바라보았을 때 왼쪽 벽을 따라 배치된 네 조각상부터 살펴보겠습니다. 출입문의 왼쪽에 보이는 작품이 '헤라클레스와 카쿠스Hercules and Cacus'이며, 오른쪽은 잠볼로냐의 '피사에 대한 피렌체의 승리Florence

500인의 방 왼쪽 벽면 조각상

헤라클레스와
카쿠스

피사에 대한
피렌체의 승리

헤라클레스와
안타이오스

헤라클레스와
네소스

Victorious over Pisa'입니다. '피사에 대한 피렌체의 승리' 오른쪽으로는 '헤라클레스와 네소스Hercules and Nessus', '헤라클레스와 안타이오스Hercules and Antaeus'가 나란히 놓여 있습니다.

이야기 전개의 편의상, 먼저 헤라클레스와 관련된 조각부터 설명하겠습니다.

'헤라클레스와 카쿠스'는 베키오 궁전 입구에 서 있는 조각상과 같은 인물들이므로 설명을 생략합니다. 카쿠스는 헤라클레스의 소를 훔쳤다가 죽임을 당하는 괴물입니다.

'헤라클레스와 네소스'도 로자 데이 란치에서 이미 설명했습니다. 반인반마의 켄타우로스인 네소스는 헤라클레스의 부인인 데이아네이라

'헤라클레스와 카쿠스'   '헤라클레스와 네소스'

를 납치했다가 헤라클레스에게 죽임을 당했지요.

'헤라클레스와 안타이오스'에 등장하는 안타이오스는 헤라클레스가 열한 번째 과제인 헤스페리데스의 황금 사과를 구하러 갈 때 만난 거인 괴물입니다. 바다의 신 포세이돈과 대지의 여신 가이아 사이에서 태어났는데, 땅에 몸이 붙어 있는 한 누구도 그를 이

'헤라클레스와 안타이오스'

길 수 없었다고 합니다. 어머니인 가이아가 보호하기 때문이었지요. 게다가 땅에 쓰러지면 힘이 더욱 강해지기 때문에 더욱 상대하기 어려웠다고 하지요.

헤라클레스는 안타이오스를 만났을 때 천하장사인 자신의 힘을 믿고 그를 바닥에 내동댕이쳤는데, 그럴수록 힘이 더 강해지기 때문에 곤욕을 치르게 됩니다. 결국 헤라클레스는 그를 공중에 들어 올린 다음 목을 졸라 죽였다고 합니다.

이제 맞은편 벽 쪽에 있는 작품들을 살펴봅시다.

보는 이의 위치에서 가장 오른쪽에 있는 것이 '헤라클레스와 디오메데스'이고, 그 왼쪽으로 '헤라클레스와 에리만토스의 멧돼지', 미켈란젤로의 '승리의 수호신', '헤라클레스와 아마존 여왕 히폴리테'가 순서대로 놓여있습니다.

헤라클레스와 아마존 여왕 히폴리테

승리의 수호신

헤라클레스와 에리만토스의 멧돼지

헤라클레스와 디오메데스

500인의 방 오른쪽 벽면 조각상

먼저 '헤라클레스와 디오메데스'는 헤라클레스가 평생을 두고 수행해야만 했던 열두 가지 과제 중에서 여덟 번째 과제로, 디오메데스의 식인 암말 처치에 관한 것입니다.

트라키아의 왕 디오메데스는 자신이 기르는 말에게 사람을 먹이로 던져주곤 했습니다. 처음에는 나라 안의 범죄자나 사형수를 먹이로 주었으나, 나중에는 먹잇감이 부족해지자 지나가는 여행객에게 시비를 걸거나 씨름을 하자고 제안한 뒤 패한 사람을 먹이로 던져주어 원성이 자자했지요.

식인 암말을 처치하라는 과제를 받은 헤라클레스는 여행객으로 가장하고 트라키아로 간 뒤 디오메데스 왕에게 씨름을 제안합니다. 마침 암말의 먹잇감이 없어 고민하던 차에 잘 되었다고 생각한 디오메데스는 씨름에 응하지만, 그가 천하장사 헤라클레스를 이길 수는 없었습니다. 헤라클레스는 디오메데스에게 승리를 거둔 다음, 그를 말에게 던져주었다고 합니다.

이 작품은 헤라클레스와 디오메데스가 씨름하는 장면을 묘사한 것으로 보입니다.

이 작품의 왼쪽에 놓여 있는 '헤라클레스와 에리만토스의 멧돼지'는 헤라클레스가 받은 네 번째 과제인 에리만토스의 사나운 멧돼지를 생포하는 일에 관한 것입니다. 이 멧돼지는 어찌나 덩치가 크고 사나운지, 농작물을 파헤치고 사람들을 해치는 등 피해가 극심했습니다. 그러나 누구도 없앨 엄두를 내지 못하고 있었지요.

'헤라클레스와 디오메데스'   '헤라클레스와 에리만토스의 멧돼지'

과제를 받은 헤라클레스는 1년 동안 추격한 끝에 지쳐서 쓰러진 멧돼지를 생포할 수 있었다고 합니다.

신화 속의 멧돼지 사냥과 관련된 그림이나 조각이 많은데, 한 사람이 멧돼지를 해치우면 에리만토스의 멧돼지를 사냥하는 헤라클레스로 보고, 여러 명이 멧돼지를 사냥하면 그것은 칼리돈의 멧돼지를 사냥(195쪽 참조)하는 영웅들로 보면 됩니다.

그 왼쪽에 있는 미켈란젤로의 '승리의 수호신'에 대한 설명은 뒤에서 하기로 하고, 맨 왼쪽에 있는 마지막 작품 '헤라클레스와 아마존 여왕 히폴리테'를 먼저 설명하겠습니다. 이것 역시 헤라클레스의 열두 가지 과제와 관련이 있으며, 아홉 번째 과제인 '히폴리테의 허리띠 훔쳐오기'를 다룬 것입니다.

여전사 부족인 아마존족은 남자아이를 낳으면 버리고 여자아이만을 용맹한 무사로 키웠다는 전설 속 존재입니다. 아마존의 여왕인 히폴리테Hippolyte는 전쟁의 신 아레스로부터 받은 황금 허리띠를 가지고 있었는데, 이것은 그녀가 가장 용맹한 사람이라는 상징이었지요. 그런데 아마존 왕국에 들어가서 그 허리띠를 가져오라는 것이 헤라클레스에게 주어진 과제였던 것입니다.

자신을 찾아온 헤라클레스로부터 사정 설명을 들은 히폴리테는 뜻밖에도 순순히 허리띠를 주겠다고 약속합

'헤라클레스와 아마존 여왕 히폴리테'

니다. 그녀는 헤라클레스의 남성다운 매력에 반했던 것입니다.

열두 가지 과제 중에서 가장 싱겁게 끝날 수도 있었던 이 과제는 헤라의 농간으로 일이 꼬여버립니다. 열두 가지 과제 자체가 헤라클레스를 괴롭히기 위한 헤라의 계략이었는데, 아무런 고생도 없이 과제를 이루는 걸 헤라는 참을 수 없었던 것입니다. 결국 헤라의 모략으로 헤라클레스를 오해하게 된 아마존의 여전사들이 헤라클레스를 죽이려고 하자 싸움이 일어났고, 그 와중에 헤라클레스는 헤폴리테를 죽이게 됩니다.

이 조각상은 헤라클레스가 헤폴리테를 죽이는 장면으로 보입니다.

자, 이제는 잠볼로냐의 작품 '피사에 대한 피렌체의 승리'와 미켈란젤로의 '승리의 수호신'을 감상하여 봅시다. 사실 500인의 방에 설치된 조각상들 중에서 그 의미를 따지자면, 피렌체의 자랑스러운 역사를 담고 있는 이 작품들이 가장 중요하지 않을까 합니다.

잠볼로냐, '피사에 대한 피렌체의 승리'

500인의 방에 있는 다른 작품들이 모두 대리석으로 조각된 것과는 달리, 잠볼로냐의 '피사에 대한 피렌체의 승리'는 점토로 만든 뒤 색을 칠한 것입니다. 이것은 최종 완성작이 아니라, 대리석으로 만들기 전에 마지막 모델로 만든 것이라는 의미입니다. 그래도 피렌체가 피사와의 전투를 승리로 이끈 것을 기리기 위해 만든 것이니, 피렌체 사람들의 자부심을 담고 있다는 점에서 중요한 작품이라고 할 수 있습니다.

미켈란젤로, '승리의 수호신'

그리고 '승리의 수호신'이란 작품은 미켈란젤로가 교황 율리우스 2세Pope Julius II의 무덤을 장식하기 위해 제작하기 시작했는데, 미완성에 그치고 말았습니다. 미켈란젤로가 죽을 때까지 그의 작업실에 남아 있던 유일한 작품이라고 합니다.

이 대리석 조각상은 자신이 굴복시킨 턱수염 난 포로의 등 위에 무릎을 올리고 있는 젊은 남자의 모습을 통해 승리를 구체적으로 형상화했는데, 피렌체가 시에나를 상대로 거둔 승리를 상징합니다. 늙은 포로와 대비되는 젊은 청년을 승리의 수호자로 묘사한 것은 승리를 위해서는 힘이 필요하다는 의미일 것입니다.

프란체스코 1세의 서재 ③

Studiolo di Francesco 1

>>>>>>>>>>

　코시모 1세 데 메디치와 엘레오노라 디 톨레도Eleonora di Toledo의 아들로 태어난 프란체스코 1세 데 메디치Francesco I de' Medici는 제2대 토스카나 대공이 되어 1574년부터 1587년까지 토스카나 대공국을 다스렸습니다. 메디치 가문은 의심할 여지 없이 피렌체의 실질적 지배자였지만, 국부 코시모 데 메디치와 그의 손자인 위대한 로렌초 이후로 그들을 능가할 만한 위대한 인물은 나오지 않았습니다.

　프란체스코 1세의 아버지인 코시모 1세의 경우 냉혹하지만 군사적인 역량을 발휘하여 토스카나 대공국을 강한 나라로 만든 공적을 인정받지만, 아들인 프란체스코 1세는 과중한 세금을 거두어들여 경제를 파탄 지경으로 몰고 갔다는 혹평을 받습니다. 그 이후로 메디치 가문은 백성들로부터 점점 멀어지면서 몰락의 길을 걸었다고 보는 것이 옳습니다.

　그러나 예술과 과학을 후원하는 가문의 오랜 전통은 지속되었던 것으로 보입니다. 베키오 궁전 안에 있는 프란체스코 1세의 서재를 보면 예술에 탐닉했던 그들의 취향을 느낄 수 있습니다.

　서재라는 이름이 붙긴 했지만, 현재의 공간 활용으로 보면 오히려 갤러리라고 하는 것이 옳을 듯합니다. 창문이 없어 빛이 들어올 수 없는 폐쇄적 공간인데 사방의 벽과 천장에 온통 그림들이 빼곡합니다. 이 작은 공간은 말 그대로 보물창고요, 보석상자 같습니다.

프란체스코 1세의 서재

　입구 쪽에서 보았을 때 정면 벽 위에 그려진 엘레오노라의 초상화와 맞은편 입구 쪽 벽에 그려진 코시모 1세의 초상화는 아뇰로 브론치노 Agnolo Bronzino의 작품이고, 벽면을 장식하고 있는 청동상(신화 속의 인물들)들은 잠볼로냐와 바르톨로메오 암만나티의 작품입니다.

　프란체스코 1세는 인기 없는 통치자이기는 했지만, 제조업과 과학에 흥미를 가졌고 화학과 연금술에도 관심이 있어 베키오 궁전 안에서 실험을 하기도 했다고 합니다. 그래서인지 프란체스코 1세의 서재 벽에

Jan van der Straet, '연금술 실험실'   Mirabello Fábrica de lanas, '양모 생산 공장'

그려진 그림 중에는 연금술 실험 장면을 담은 것과 양모 생산 공장을 그린 것이 있어 눈길을 끕니다.

그 밖의 그림들은 주로 그리스 신화에서 소재를 가져온 것들인데, 혹자는 이 그림들을 당시 사람들이 세상을 구성하는 네 가지 원소라고 생각한 흙Earth, 물Water, 공기Air, 불Fire과 연관 지어 분류하기도 합니다.

그렇게 분류할 수 있는 작품들도 있고, 별 상관이 없어 보이는 작품들도 있어 단정적으로 말하기는 어렵지만, 여기서는 그 가운데 분야별로 대표적인 작품을 하나씩 골라 신화 속의 이야기를 알아보도록 하겠습니다.

데우칼리온Deucalion과 피라Pyrrha가 돌멩이로 인간을 만들었다고 하는 신화 속의 이야기는 아무래도 땅(흙)과 관련이 깊어 보입니다. 그들에게는 어떤 이야기가 있을까요.

데우칼리온은 프로메테우스Prometheus(먼저 생각하는 사람)의 아들이며, 피라는 에피메테우스Epimetheus(나중에 생각하는 사람)의 딸로 두 사람은 부부입니다. 프로메테우스와 에피메테우스가 형제간이니, 이들은 사촌 사이인 셈입니다. 그러나 신화 속에서 사촌 간의 결혼은 아무런 문제가 안 됩니다. 제우스와 헤라는 남매인데도 부부가 되었으니까요.

아무튼 이들 부부는 선량한 사람들이었다고 합니다. 그렇기 때문에 제우스가 타락한 인류를 벌하기 위해 큰 홍수를 일으켰을 때, 오직 두 사람만이 살아남을 수 있었지요. 미리 귀띔을 듣고 방주를 만들었다고 하는데. 이 대목은 구약 성서에 나오는 노아를 연상하게 만듭니다.

'데우칼리온과 피라'

홍수가 끝난 후, 이들은 제우스에게 희생제물犧牲祭物을 바치며 감사 드립니다. 그런데 문제는 모든 인류가 다 죽고 늙은 두 사람만 살아남았기 때문에 인류가 멸종될 상황이 된 것입니다. 두 사람은 다시 제우스에게 새로운 사람들이 태어날 수 있게 해달라고 간청했습니다.

그러자 제우스는 "어머니의 뼈를 등 뒤로 던지라."고 알려주었습니다. 두 사람은 그게 무슨 말인지 몰라서 한동안 고심한 끝에 '어머니는 대지를 뜻하고, 어머니의 뼈는 대지 속에 박혀 있는 돌을 말하는 게 아닐까.' 하는 결론을 내리고 돌을 등 뒤로 던졌다고 합니다.

그러자 데우칼리온이 던진 돌은 남자로 변하고, 피라가 던진 돌은 여자로 변했습니다. 이들은 많은 인간들이 있어야 세상이 번성할 거라고 생각해 온 힘을 다해 인간을 만들었다고 합니다. 결국 신화의 해석에 의하면 현재의 인류는 모두 데우칼리온과 피라가 돌을 던져 만든 인간의 후예인 셈입니다.

헤르메스의 도움으로 키르케의 마법을 물리치는 오디세우스를 그린 그림은 물과 관련지어 생각합니다. 포세이돈의 저주를 받은 오디세우스가 바다를 떠돌아다니다가 아이아이에Aiaie라는 섬에 사는 마녀 키르케Circe를 만나 벌어진 일을 소재로 했기 때문입니다.

오디세우스는 트로이 전쟁에서 목마를 이용해 트로이 성을 함락시키고 그리스 연합군이 승리하도록 만든 대단한 지략가였습니다. 그러니 전쟁이 끝난 후 사랑

'헤르메스의 도움으로 키르케의 마법을 물리치는 오디세우스'

하는 가족이 있는 고국으로 금의환향했어야 하는데, 10년 동안 온갖 고생을 겪으며 떠돌아다녀야 했습니다. 그러는 동안 그의 아내 페넬로페가 겪은 고충은 뒤에 나오는 '페넬로페의 방'(133쪽)에서 이야기하겠습니다.

오디세우스가 고국으로 돌아가지 못하고 이리저리 떠돌아다니게 된 까닭은, 바다의 신 포세이돈의 아들 폴리페모스Polyphemus의 눈을 멀게 했기 때문이라고 합니다.

오디세우스가 키르케 때문에 겪은 일도 그의 모험담 중의 하나입니다.

오디세우스와 그의 일행이 아이아이에라는 섬에 닿았을 때의 일입니다. 그 섬에는 키르케라고 하는 아름다운 여인이 살고 있었습니다. 그녀는 눈부시게 아름다웠지만, 마법으로 사람을 동물로 만들어버리는 능력을 갖고 있었습니다. 멋모르고 키르케가 권한 술을 마신 오디세우스의 부하들이 돼지로 변하고 만 것입니다.

그 사실을 알게 된 오디세우스가 부하들을 되찾을 방법을 모색할 때 헤르메스가 '몰뤼mōly'라는 약초를 주어 무사히 사람으로 되돌리고 구출했다고 하는데, 이 그림은 그 상황을 묘사하고 있습니다.

등에 날개가 달린 두 사람이 하늘에서 떨어지는 그림은 다이달로스Daidalos와 이카루스Icarus 부자父子를 그린 것입니다. 하늘(공기)과 연관지을 수 있는 그림이지요. 이들이 추락하는 사연을 알아봅시다.

'명장名匠'이라는 뜻을 가진 다이달로스는 그리스 신화에 나오는 인물로, 대장장이 신 헤파이스토스의 후손이라고 합니다. 조상의 솜씨가 대물림되었던지, 다이달로스 역시 못 만드는 물건이 없었습니다. 그는 또한 여신 아테나로부터 기술을 전수받아 건축과 공예 분야에서도 신의 경지에 이르렀습니다.

그런 그가 크레타 섬으로 도망쳐야 했던 것은, 조카인 탈로스를 죽였기 때문입니다. 탈로스의 솜씨를 질투하여 죽였다고 합니다.

크레타 섬으로 간 다이달로스는 괴물 미노타우로스Minotauros를 가둘 미궁labyrinth/迷宮을 건설했는데, 나중에 테세우스가 미궁에 들어가서 미노타우로스를 죽이고 살아나오자 미노스 왕은 그 책임을 물어 그와 그의 아들 이카루스를 미궁에 가두어버립니다. 미궁에 갇힌 다이달로스는 새의 깃털을 모아 날개를 만든 다음, 아들과 함께 미궁에서 탈출합니다.

다이달로스는 아들에게 태양 가까이 가면 위험하다고 주의를 주었지만, 하늘을 날게 된 이카루스는 더 높이 날고 싶어 태양을 향해 날아갔다가 밀랍이 녹아 바다로 떨어져 죽었다고 합니다.

하늘을 날고 싶은 인간의 욕망과 신의 영역에 도전한 인간의 좌절을 말할 때 자주 인용되는 신화 속 이야기입니다.

불과 연관해서는 '불카누스의 대장간'이라는 그림이 있습니다. 불카누스는 그리스 신화의 헤파이스토스를 말합니다. 대장

'추락하는 다이달로스와 이카루스'

장이 신이지요. 불카누스의 영어 이름인 Vulcan은 화산을 뜻하는 단어 volcano를 낳았으니, 그와 불은 떼려야 뗄 수 없는 관계인 것입니다.

그는 제우스와 헤라 사이에서 태어났는데, 부모의 사랑을 받지 못한 자식이었습니다. 얼굴이 못생긴 데다가 다리까지 절어 여신들에게 인기가 없었다고 하지요. 그런데 그가 다리를 다치게 된 까닭을 알고 보면 어렸을 적에 아버지인 제우스가 밉다고 올림포스 산에서 지상으로 내던졌기 때문이라고 하니, 가엾은 캐릭터이기도 합니다.

어쨌거나 그는 주로 대장간에서 생활하면서 금속을 이용해 물건을 만들었는데, 그가 만든 무기와 농기구, 장신구 등은 인류 문명의 발달을 촉진하는 역할을 했습니다.

가장 아름다운 여신인 비너스(그리스 신화의 아프로디테)를 아내로 맞았

'불카누스의 대장간'

지만 늘 대장간에서 물건 만드는 일에만 몰두하다 보니 아내가 전쟁 신 마르스와 바람나 버렸고, 그는 무기를 주문하기 위해 대장간을 찾아온 미네르바(그리스 신화의 아테나)에게 반하여 그녀와의 사이에서 아들을 낳기도 하는 등, 가정사는 좀 복잡한 편이랍니다.

위대한 로렌초의 방 ④

Sala di Lorenzo il Magnifico/
Room of Lorenzo the Magnificent

>>>>>>>>>>>

위대한 로렌초의 방에는 그의 업적을 기리는 그림들이 그려져 있습니다. 조르조 바사리가 그린 벽과 천장의 그림들은 그가, 그리고 그의 가문이, 더 나아가 피렌체 공화국이 얼마나 위대했는지를 과시하고 싶어 하는 마음이 그대로 드러납니다.

'위대한 로렌초가 대사들로부터 공물을 받다'

'위대한 로렌초가 대사들로부터 공물供物을 받다Lorenzo the Magnificent receives the tribute of the ambassadors'라는 제목의 그림도 그런 속내가 잘 표현되어 있습니다. 로렌초를 찾아온 각국의 대표들이 앞다투어 공물을 바치는 그림을 보며 뿌듯해 했겠지요.

참고로, 이 그림 속의 로렌초를 보면 같은 화가가 그린 그의 초상화가 떠오릅니다. 아주 비슷합니다.

조르조 바사리, '위대한 로렌초의 초상'(우피치 미술관 소장)

사르자나 사람들의 항복

크레모나 사람들을 만나는 위대한 로렌초

　이 방에 그려진 그림들, 예컨대 1487년에 제노바와 피렌체가 전쟁을 했는데, 그 와중에 사르자나Sarzana 사람들이 로렌초에게 항복했다고 주장하는 그림이나, 1483년에 있었던 베니스와 페라라의 전쟁 중에 로렌초가 그의 동맹국인 크레모나의 의회 사람들을 만났다고 주장하는 그림은 모두 그의 정치적 영향력을 과시하기 위한 의도에서 그려진 것들입니다.

원소의 방 🔵5

Sala degli Elementi / Room of the Elements

>>>>>>>>>>

'원소元素의 방'이란 이름은 고대인들이 우주를 이루는 네 가지 요소라고 생각한 물, 불, 흙, 공기에 관한 프레스코화가 그려져 있기 때문에 붙은 것입니다. 그림을 그린 이는 역시 조르조 바사리입니다.

먼저, 공기는 어떤 내용으로 표현하고 있을까요? 공기는 하늘을 이루고 있기 때문에 하늘 세계를 지배한 신에 관한 일이 주제가 되고 있습니다. 바로 우라노스Uranus가 아들인 크로노스Cronus에 의해 거세되는 장면인데, 하늘 세계의 일이기 때문에 천장에 그려져 있습니다.

'크로노스에 의해 거세되는 우라노스The Mutilation of Uranus by Saturn'는 그

'크로노스에 의해 거세되는 우라노스'(공기)

리스 신화의 맨 앞부분에 해당되는 에피소드를 담고 있는 그림으로, 제우스 일가의 내력을 설명할 때 단골로 인용되기 때문에 우리에게 익숙한 장면입니다.

우주가 처음 만들어질 때, 제일 먼저 모습을 드러낸 것은 대지의 여신 가이아Gaia였습니다. 가이아는 하늘의 신 우라노스를 배필로 삼아 티탄계 신들을 낳았는데, 갈수록 흉측하고 포악한 자식들이 태어나자 고민에 빠지고 맙니다. 생각다 못한 가이아는 지아비인 우라노스의 생식 능력을 없애기로 마음먹고, 자식들에게 누가 그 일을 맡아줄 것인지를 물었다고 합니다. 모든 자식들이 아버지인 우라노스를 두려워하여 감히 나서지 못하는데, 막내아들인 크로노스가 용감하게 나서서 그 일을 하겠다고 한 것입니다.

가이아는 크로노스에게 커다란 낫을 주었고, 크로노스는 그것으로 아버지인 우라노스의 생식기를 잘라 바다에 버린 다음 아버지의 자리를 빼앗았다는 것이 그리스 신화의 첫 장에 나오는 사건인 것입니다. 조르조 바사리의 그림은 바로 그 엽기적인 사건을 표현한 것입니다.

바사리의 작품이 천구天球를 배경으로 하고 커다란 낫을 휘두르는 것으로 표현되어 방대한 스케일을 느끼게 하는 반면, 같은 주제를 다룬 카라바조의 왼쪽 그림은 다소 코믹해 보입니다. 그렇더라도 아들인 크로노스에 의해 거세당한 뒤 신화 뒤편으로 사라져

카라바조, '우라노스의 거세'

간 우라노스의 비극적 말로를 충분히 짐작할 수 있습니다.

우라노스는 그렇게 신화 속에서 사라졌지만, 그 사건의 여파는 오래도록 남았습니다. 우라노스가 거세될 당시 튄 피는 가이아에게 묻어 복수의 여신 에리뉘에스Erinyes와 거인족인 기간테스Gigantes가 태어났기 때문입니다. 뿐만 아니라 바다에 떨어진 우라노스의 생식기는 거품을 만들었는데 거기서 아름다움의 여신 비너스가 태어납니다.

원소의 방에 그려진 물 관련 그림은 바다에서 이루어진 사건인 비너스의 탄생The Birth of Venus을 다루고 있습니다.

바다 거품에서 탄생한 비너스를 그린 것 중에서 가장 유명한 것은 역시 보티첼리의 작품입니다. 우리는 우피치 미술관에서 그 작품을 보게 될 것이므로, 여기서는 바사리의 작품을 감상하는 것으로 그치겠습니다.

'비너스의 탄생'(물)

이렇게 태어난 아름다운 여신 비너스(아프로디테)의 남편은 얄궂게도 가장 못생긴 남자인 대장장이 신 불카누스(헤파이스토스)였다는 이야기는 이미 앞에서 했지요. 불과 관련해서는 불카누스의 대장간을 그려놓았습니다.

마지막으로, 흙과 관련해서는 누구를 생각할 수 있을까요? 땅이라면 아무래도 농작물의 수확을 떠올리게 되는데, 로마 신화에서 농사와 수확을 관장하는 신은 사투르누스였습니다. 그는 그리스 신화의 크로노스, 즉 아버지를 거세하고 그 자리를 차지했던 바로 그 신입니다. 크로노스는 아버지를 몰아냈지만, 자신 또한 아들 제우스에 의해 쫓겨나지요.

아버지를 쫓아낸 후, 크로노스는 '아들에 의해 쫓겨나게 될 것'이라는 신탁을 듣습니다. 그것을 두려워한 그는 부인인 레아가 자식을 낳을 때마다 삼켜버립니다. 아버지를 쫓아냈지만, 자신은 아들에게 쫓겨나고

'불카누스의 대장간'(불)

싶지 않았던 것입니다.

그러나 자식을 낳는 족족 남편이 삼켜버리자 화가 난 레아는 마지막 자식이 태어나자 커다란 돌멩이를 천에 싸서 크로노스에게 줍니다. 크로노스는 그것이 새로 태어난 자식인 줄 알고 평소처럼 삼켜버렸지요.

어머니 레아에 의해 빼돌려진 제우스는 크로노스의 눈길이 닿지 않는 곳에서 자란 다음, 아버지를 찾아가 계략을 써서 형제들을 다시 토해내게 합니다. 그것으로 크로노스는 자신의 역할을 빼앗기고 신화 속에서 추방됩니다. 아들에 의해 쫓겨나게 될 것이라는 신탁이 들어맞은 것이지요.

그런데 크로노스는 로마 신화로 옮겨가 사투르누스로 부활합니다. 사투르누스는 로마인들에게 농업의 신으로서 추앙받습니다. 바사리가 그린 그림을 보면, 첫 번째 수확한 과일을 사투르누스에게 가져와 바치는 사람들의 모습에서 그에 대한 숭배 풍습을 알 수 있습니다.

'첫 열매를 사투르누스에게 바침'(흙)

엘레오노라의 예배실 ⑥

Cappella della duchessa Eleonora /
Chapel of Eleonora

>>>>>>>>>>>>

　스페인 출신의 엘레오노라Eleonora di Toledo는 토스카나 대공(코시모 1세)과 결혼하여 11명의 자녀를 두었습니다. 두 사람은 금슬이 좋았던 것으로 알려져 있습니다.

　'가톨릭의 장녀'라는 별칭으로 불리기도 하는 가톨릭 국가인 스페인 출신이었으니, 엘레오노라 역시 독실한 신자였을 것입니다. 메디치 궁전 안에 그녀의 예배실이 따로 갖추어져 있는 것을 보면 그런 짐작이 가능합니다.

'엘레오노라와 조반니 데 메디치(아들)의 초상'

　엘레오노라 예배실은 그리 큰 규모는 아닙니다. 그러나 그녀의 깊은 신심을 반영하듯, 매우 아름답게 꾸며져 있습니다. 예배실의 그림은 아뇰로 브론치노가 그렸습니다.

　먼저, 천장을 올려다봅시다. 보통 네 개의 구획으로 이루어진 공간이 있으면 4대 복음서 저자(마

엘레오노라 예배실의 천장화

태, 마가, 누가, 요한)를 그려 넣기 일쑤인데, 이곳은 약간 다릅니다. 한번 살펴봅시다.

이 그림의 가장 위쪽에 있는 사람은 요한복음의 저자 요한으로 보입니다. 손에 책을 들고 있으며, 독수리가 함께 있으니까요. 독수리는 사도 요한의 상징물입니다.

시계방향으로 시선을 돌리면 3시 방향에 사자와 함께 있는 노인이 보입니다. 사자는 마가복음의 저자인 마가의 상징이긴 하지만, 이 그림 속의 인물은 그가 아닙니다. 상체를 벗은 채 손에 돌멩이를 들고 있는 것으로 보아 성 히에로니무스St. Hieronymus(성 제롬)입니다. 그의 곁에 있는 사자는 그가 발에 박힌 가시를 빼 준 후 평생 그를 따라다녔다는 일화가 있는 바로 그 사자입니다.

다시 시선을 아래로 내리면 수도사 복장의 두 사람이 보이며, 9시 방향으로는 악천사를 향해 칼을 휘두르는 성 미카엘이 있습니다.

제단화   중앙 피에타 부분 확대

　　이제 제단화를 살펴봅시다. 성 미카엘의 아래쪽으로 십자가에서 내려진 예수와 그를 안고 슬퍼하는 성모 마리아의 모습이 보입니다. 전형적인 피에타입니다.

　　그 밖에도 예배실의 벽면에는 여러 가지 그림이 그려져 있습니다.
　　먼저 '홍해를 건너다'란 작품은 모세의 인도로 이집트를 벗어나 가나안 땅을 향해 가는 이스라엘 사람들의 고난에 찬 여정을 그렸습니다. 그리고 하늘에서 내린 만나Manna를 거두는 이스라엘 사람들을 그린 '만나가 내리다'는 구약 성서 속의 사건을 표현한 것입니다.
　　그 이야기를 좀 구체적으로 알아봅시다.
　　이집트를 떠난 지 한 달 남짓 되었을 때 식량이 다 떨어진 이스라엘 사람들은 모세를 원망하기 시작했습니다. 광야에서 굶어 죽느니 차라리 파라오의 노예로 사는 게 나을 거라고 떠들어댔어요. 모세는 하느님에게 간절한 마음으로 기도를 했고, 하느님은 양식을 내려주겠다고 약속했습니다. 다만 하루 먹을 만큼만 거두고, 더는 욕심을 내지 말라고 했지요. 오직 여섯째 날만 다음 날 먹을 것을 포함해 이틀 치 거두는 걸 허락한다고 했습니다. 모세는 사람들에게 그 약속을 전달했지요.

다음 날 사람들이 잠에서 깨어 보니 대지에 서리처럼 하얗게 먹을 것이 생겼는데, 사람들이 딱 알맞게 먹을 만큼 내린 것입니다. 그것을 사람들은 '만나'라고 했습니다. 만나는 '이것이 무엇이지?'라는 뜻이라고 합니다.

'홍해를 건너다(The crossing of the Red Sea)'　　　'만나가 내리다(The falling of the Manna)'

'모세의 청동 뱀'

　위 그림 역시 모세의 인도로 가나안 땅을 향해 가던 중에 일어난 사건을 그린 것으로, 황야에서 사람들이 뱀에 물려 고통받을 때, 하느님은 모세에게 청동 뱀을 만들어 걸어두고 그것을 쳐다보는 자는 모두 살게 해주겠다고 약속했으며 과연 그 청동 뱀을 쳐다본 자는 모두 살아났다는 일화를 표현하고 있습니다.

페넬로페의 방 7
Sala di Penelope / Room of Penelope

>>>>>>>>>>>>

'페넬로페의 방'은 천장의 그림 때문에 그런 이름을 얻었습니다. 화려한 장식의 천장이 보는 이를 압도합니다.

그중에서도 천장 가운데에 있는 그림을 눈여겨보아야 합니다. 물레질을 하고, 옷감을 짜고, 바느질을 하는 여인들이 보이는군요. 16세기의 화가 얀 반 데어 스트라트Jan van der Straet의 그림으로 '베 짜는 페넬로페'입니다. 여러 여인들 중에서 베틀에 앉은 사람이 페넬로페인 것 같습니다.

페넬로페 방의 천장   얀 반 데어 스트라트, '베 짜는 페넬로페'

페넬로페는 트로이 전쟁에 참전한 오디세우스Odysseus의 부인이었습니다. 오디세우스는 목마를 만들어 트로이를 함락시킨 그리스 측 영웅입니다.

결혼한 지 1년 만에 오디세우스가 집을 떠나고 10년이 넘도록 돌아오지 않자, 구혼자들이 몰려들었습니다. 남편이 살아 돌아올 것이라고 믿은 페넬로페는 구혼자들을 뿌리쳤지만, 무례하고 집요한 구혼자들은 "우리들 중의 한 사람을 빨리 선택하라."고 윽박지르며 끝없이 괴롭혔습니다.

할 수 없이 페넬로페는 "옷감을 짜서 시아버지의 수의壽衣를 한 벌 짓고 나면 구혼자들 중에서 한 명을 고르겠다."고 약속했습니다.

그녀는 구혼자들의 감시를 받으며 낮에는 열심히 옷감을 짰지만, 밤이 되면 다시 풀었다고 합니다. 그러면서 시간을 벌었던 것이지요. 이 일화에서 '페넬로페의 베 짜기'라는 말이 나왔습니다. 열심히 일을 하는데도 성과가 없는 경우를 가리키는 말이지요. 천장 가운데 그림은 바로 그 장면, 페넬로페가 구혼자들의 눈을 속이기 위해 베를 짜는 모습을 그린 것입니다.

그러면 페넬로페의 운명은 어떻게 되었을까요. 아무리 기다려도 남편은 돌아오지 않고, 구혼자들의 성화는 점점 심해지자 페넬로페는 할 수 없이 구혼자들에게 재주 겨루기 시합을 제안합니다. 일렬로 세워놓은 열두 개의 수레바퀴를 한 개의 화살로 꿰뚫는 사람을 남편으로 선택하겠다고 한 것입니다.

그런데 페넬로페가 내놓은 활은 보통 사람은 화살을 메기기도 어려웠습니다. 누구도 성공하지 못하고 쩔쩔매고 있을 때, 허름한 옷차림으로 자신의 신분을 속인 오디세우스가 나타납니다. 그리고는 자신에게도 기회를 달라고 간청한 다음, 간단하게 성공하지요.

그리고는 왕궁에 모여들어 페넬로페를 괴롭히던 구혼자들을 모두 죽이고, 정절을 지킨 페넬로페와 훌륭하게 성장한 아들 텔레마코스 Telemachus와 함께 행복하게 살았다고 합니다.

존 윌리엄 워터하우스, '페넬로페와 구혼자들'

핀투리키오, '오디세우스의 귀환'

페넬로페와 관련된 그림 두 점을 더 감상하여 봅시다. 구혼자에게 시달리며 페넬로페가 시간을 벌기 위해 베를 짜는 존 윌리엄 워터하우스 John William Waterhouse(신화와 전설 등 고전적인 주제를 추구한 19세기 영국의 화가)의 그림과, 오디세우스가 10년 만에 집으로 돌아온 장면을 표현한 핀투리키오Pinturichio의 그림입니다.

가구의 방 🔴8

Sala di Gualdrada / Room of Gualdrada

>>>>>>>>>>

가구의 방은 메디치 가문 사람들이 사용하던 몇 점의 가구가 놓여 있어 그런 이름이 붙었는데, 그중에서 시선을 사로잡는 물건이 있기에 소개합니다. 바로 사진처럼 생긴 장식장인데, 앞면에 대리석으로 그리스 신화 속의 인물들을 정교하고 아름답게 장식해 놓았습니다.

그리스 신화 속 인물들이 장식된 가구

그림에 대해서는 윗줄에서 아랫줄 순서로 설명하겠습니다.

왼쪽 맨 위 칸에는 잘 생긴 소년이 독수리의 등에 탄 모습이 새겨져 있군요. 독수리로 변한 제우스에게 납치되는 미소년 가니메데Ganymede입니다. 제우스는 신들에게 술을 따르는 일을 하던 청춘의 여신 헤베가 헤라클레스와 결혼하여 더 이상 그 일을 할 수 없게 되자, 독수리로 변신하여 그녀를 대신할 아름다운 젊은이를 납치했는데 그가 바로 가니메데입니다.

납치당하는 가니메데 아래 칸에는 젊은 여인이 소를 타고 바다를 건너고 있습니다. 소로 변신한 제우스에게 납치당하는 에우로페Europe입니다. 이에 관한 이야기를 좀 알아봅시다.

에우로페는 페니키아의 왕 아게노르Agenor의 딸이었습니다. 그녀의 아름다움에 반한 제우스가 해변에서 놀고 있는 에우로페에게 아름다운 황소의 모습으로 둔갑하여 접근하였지요. 그런 사실을 알리 없는 에우로페는 황소에게 다가갔다가 납치되어 크레타 섬까지 갔습니다. 에우로페를 업고 제우스가 돌아다닌 지역을 그녀의 이름을 따서 에우로페Europe라고 했는데, 유럽Europe이란 단어가 거기

'가니메데를 납치하는 제우스'

'에우로페를 납치하는 제우스'

서 나왔습니다.

　가니메데와 에우로페 옆으로 한 남자가 쓰러져 있고, 달아나는 멧돼지를 두 마리 사냥개가 쫓고 있습니다. 이것은 멧돼지로 변한 아레스Ares에게 죽임을 당한 아도니스Adonis를 표현한 것입니다. 아프로디테의 연인이었던 아도니스를, 아레스가 질투심 때문에 죽인 것입니다.

　장식장의 오른쪽 맨 위 칸에는 날개 달린 말 페가수스Pegasus를 탄 남자가 있습니다. 메두사Medusa의 머리가 붙은 아테나의 방패 아이기스

'아도니스의 죽음'

'페가수스를 탄 벨레로폰'

'데이아네이라를 납치하는 네소스'

aegis를 들고 있는 이 사람은 누구일까요. 바로 벨레로폰Bellerophōn입니다.

코린트의 왕자 벨레로폰은 죄를 짓고 아르고스의 왕 프로이토스Proetos에게로 피신을 했습니다. 그런데 잘 생긴 벨레로폰을 보고 아르고스의 왕비 안테이아Anteia가 사랑을 고백합니다. 그가 거절하자 앙심을 품은 왕비는 벨레로폰이 자기를 농락하려 했다고 남편에게 거짓으로 고하였지요. 그 말을 믿은 왕은 벨레로폰에게 '편지를 전달하는 사람을 죽이라.'는 내용이 적힌 편지 심부름을 시킵니다. 벨레로폰은 편지 속에 무슨 내용이 적혀 있는지도 모른 채 리키아의 왕 이오바테스Iobates에게 편지를 전달합니다.

프로이토스의 편지를 받은 이오바테스 역시 고민에 빠집니다. 이오바테스는 자신의 손에 피를 묻히기 싫어, 벨레로폰에게 괴물 키마이라Chimaira를 물리치라는 어려운 과제를 주었습니다.

궁지에 빠진 벨레로폰이 아테나 여신에게 간절하게 기도하자, 아테나는 그를 기특하게 여기고 천마 페가수스와 아이기스를 빌려줍니다. 벨레로폰은 아테나의 도움으로 괴물 키마이라를 물리칠 수 있었지요.

장식장 속의 그림은 바로 그 장면, 벨레로폰이 페가수스를 타고 아이기스를 든 채 키마이라를 물리치러 가는 순간을 묘사한 것으로 보입니다.

'페가수스를 탄 벨레로폰' 아래에 있는 그림을 보니, 반인반마의 켄타우로스가 아름다운 여인을 납치하고 있군요. 로자 데이 란치에서 알아보았던 '데이아네이라를 납치하는 네소스'입니다. 이 이야기는 앞에서 했기 때문에 생략합니다.

장식장의 아래쪽은 세 칸으로 나뉘어 있는데, 그중 맨 왼쪽은 '피라무스와 티스베Pyramus and Thisbe'입니다. 그들은 로미오와 줄리엣을 연상시키는 비극적 사랑의 주인공이지요.

피라무스와 티스베는 오비디우스의 작품 『변신Metamorphoses』에 나오는 인물들인데, 그들의 사연을 알아보겠습니다.

바빌로니아에서 가장 아름다운 청년은 피라무스이고, 가장 아름다운 처녀는 티스베였습니다. 두 사람은 서로 사랑하는 사이가 되어 남몰래 만나곤 했지요.

그러나 양가의 부모는 그들의 만남을 반대했습니다. 부모의 뜻을 꺾을 수 없었던 그들은 함께 도망가기로 약속하고, 뽕나무 밑에서 만나기로 했습니다.

약속 장소에 먼저 도착한 것은 티스베였습니다. 그런데 사자의 울음소리를 들은 티스베는 놀라 달아나다가 스카프를 떨어뜨렸는데, 사자가 그것을 보고는 피 묻은 입으로 갈가리 찢어버렸습니다.

뒤늦게 약속 장소에 도착한 피라무스는 티스베의 피 묻은 스카프를

'피라무스와 티스베'

보고는 사랑하는 여인이 사자 밥이 되었다고 생각했습니다. 슬픔을 이기지 못한 그는 티스베의 뒤를 따르기로 하고 칼로 자신을 찔러 죽음에 이르지요. 뒤늦게 뽕나무 아래로 돌아와 피라무스의 시신을 발견한 티스베도 스스로 목숨을 끊었습니다. 전설에 따르면, 원래 희던 뽕나무 열매가 그들의 피가 스며들어 검게 변했다고 합니다.

장식장의 그림은 피라무스의 죽음을 확인한 티스베가 칼로 스스로를 찌르는 장면입니다.

아래 칸의 중간에 있는 그림은 앞서 달리는 청년이 황금 사과를 떨어뜨리자 뒤따르던 처녀가 그것을 줍는 장면이군요. 히포메네스Hippomenes와 아탈란테Atalante입니다.

아르카디아의 왕 스코이네우스Schoeneus에게는 발이 매우 빠른 아탈란테라는 딸이 있었습니다. 그녀는 결혼에 뜻이 없어 구혼자들을 따돌리기 위해 자신과 달리기 시합을 하여 이기는 사람과 결혼하겠다고 선언했습니다. 그 대신 지는 사람은 목숨을 내놓아야 하는 조건이었지요.

'히포메네스와 아탈란테'

그녀의 아름다움에 반한 청년들이 달리기 시합에 참여했지만, 발이 빠른 아탈란테를 이길 수 없었습니다. 아까운 목숨들만 잃고 말았지요.

히포메네스는 여자를 얻기 위해 목숨을 내놓는 사람들을 어리석다고 비난했지만, 아탈란테를 보고 나서는 자신도 달리기 시합에 나서고 말았습니다. 그는 시합에 참가하기 전에 아프로디테Aphrodite에게 기도했는데, 여신은 그에게 황금 사과 세 개를 주며 시합에서 이길 수 있는 방법을 알려주었지요.

'샘물에 비친 자신의 모습을 바라보는 나르키소스'

히포메네스는 아탈란테가 자신을 앞질러 달리려 할 때마다 황금 사과를 던졌고, 그녀는 반짝이는 사과가 탐이 나 그것을 줍느라고 시간을 지체했어요. 결국 그 날 달리기 시합의 승자는 히포메네스였고, 아탈란테와 결혼할 수 있게 되었답니다.

마지막으로 맨 오른쪽 칸에 있는 것은 샘물에 비친 자신의 모습을 하염없이 바라보는 나르키소스Narkissos입니다.

그리스 신화에 나오는 아름다운 소년 나르키소스는 수많은 처녀와 요정들의 구애를 받았으나 모두 뿌리쳤습니다. 특히 나르키소스를 사랑한 요정 에코의 이야기는 유명하지요.

그에게 거절당한 한 처녀가 복수의 여신 네메시스Nemesis에게 "그도 사랑의 고통을 맛보게 해주세요."라고 기도하자, 나르키소스는 물에 비친 자신의 모습을 사랑하게 되었다고 합니다. 자신을 사랑하게 된 그는 결국 물에 빠져 죽은 뒤 꽃으로 피어났는데 그 꽃이 수선화라고 하지요.

백합의 방
Sala dei Gigli / Hall of Lilies
>>>>>>>>>>>>

이탈리아어로 'Sala'는 방을 말하고 'Gigli'는 백합을 말하니, 이 방의
이름은 '백합의 방'입니다. 방의 이름을 그렇게 지은 까닭은 벽에 온통
백합 문양이 그려져 있기 때문이지요.

여기서는 베키오 궁전에 프랑스 부르봉 왕가의 상징 문양과 동일한

백합의 방   루이 14세의 초상화

백합 문양이 쓰인 이유를 알아봅시다. 태양왕이라고 불렸던 프랑스의 루이 14세 초상화에 그려진 문양과 베키오 궁전 백합의 방에 그려진 문양을 비교해 보세요. 푸른색 바탕에 노란색 백합 문양이 똑같다는 걸 알 수 있습니다.

이 문제를 알아보기 전에 먼저, 메디치 가문의 문장을 살펴봅시다. 메디치 가문의 문장은 방패 모양의 도형 안에 빨간색 둥근 공이 몇 개 나열된 형태입니다. 그런데 시기별로 모양도 다르고, 공의 개수도 다릅니다.

문양에 들어간 공의 기원에 대해서는 해석이 분분합니다. 메디치 가문이 원래 약종상을 했으므로(그래서 Medici란 가문의 성도 medicine에서 왔다고 봅니다), 그들의 가업과 관련 있는 동그란 알약을 문장에 활용했다고 보는 의견이 있습니다. 그런가 하면 메디치 가문이 은행업과 환전업으로 부를 축적하였기 때문에 전통적으로 돈을 의미하던 동그라미를 문장에 넣었다고 보는 견해도 있지요. 마지막으로 샤를마뉴 휘하의 군인 아베라르도가 무젤로 지역(메디치 가문의 조상들이 무젤로 출신이지요) 주민들을 괴롭히던 괴물과 싸울 때 방패에 찍힌 철퇴 자국을 상징하는 것이라는 설도 있습니다. 아무튼 메디치 가문의 문장에 빨간색 둥근 공이 들어가는 건 공통되는데, 어느 순간부터 맨 위에 있는 공의 모양이 달라지는 것입니다. 푸른색 바탕에 노란색 백합 세 송이가 그려진 공이 등장합니다.

이것은 메디치 가문이 막강한 경제력을 바탕으로 유럽의 귀족

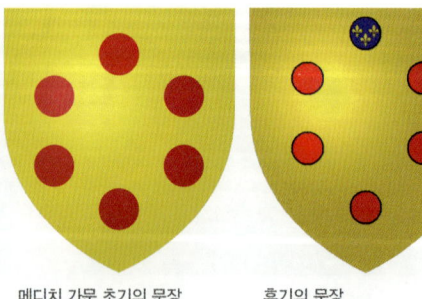

메디치 가문 초기의 문장　　　　후기의 문장

사회에 소개된 후, 프랑스 국왕 루이 11세가 자신의 가문(부르봉 왕조의 전신인 발루아 가문) 문장인 백합 세 송이를 메디치 가문에서 사용할 수 있도록 허락하였기 때문입니다. 메디치 가문으로서는 더할 나위 없는 영광이라고 생각하였던지, 그 이후로는 문장의 맨 위 공에는 항상 백합 세 송이를 그려 넣었습니다.

메디치 가문이 세습적으로 다스린 피렌체 공국과 토스카나 대공국의 국장을 보아도 그렇고, 메디치 가문 출신의 교황들이 사용한 문장을 보아도 그렇습니다.

그런데 피렌체를 돌아다니다 보면 흰 바탕에 붉은색 백합이 그려진 깃발을 종종 볼 수 있습니다. 이것은 피렌체 공화국 시절의 국기에서 유래한 것으로, 메디치 가문이 사용한 백합과는 다릅니다. 현재의 피렌체 사람들은 메디치 가문에서 사용한 부르봉 왕조로부터 허락받은 노란색 백합이 아닌, 피렌체 공화국 시절의 붉은색 백합을 자신들의 상징으로 여기는 것 같습니다.

피렌체 공국의 국장

메디치 가문 출신 교황의 문장

피렌체의 상징인 붉은 백합

바사리의 통로 ⑩

Corridoio Vasariano

>>>>>>>>>>

　베키오 궁전 2층에는 우피치 미술관과 연결되는 출구가 있습니다. 이 출구는 우피치 미술관을 거쳐 아르노 강의 베키오 다리 위를 지나는 통로로 이어지지요. 설계한 사람의 이름을 따서 '바사리의 통로'라고 부르는 이 길은 아르노 강 건너편에 있는 피티 궁전까지 이르는 매우 긴 통로입니다.

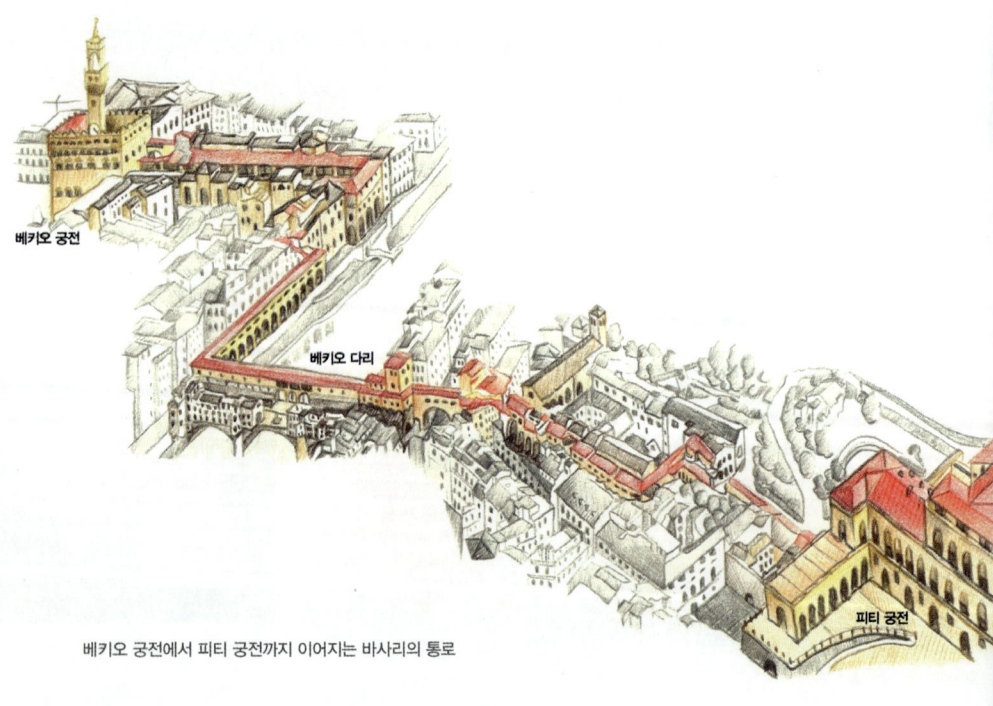

베키오 궁전 · 베키오 다리 · 피티 궁전

베키오 궁전에서 피티 궁전까지 이어지는 바사리의 통로

국부國父로 추앙받는 코시모 데 메디치와 같은 이름을 쓰는 코시모 1세(코시모 대공)는 리더십이 부족한 지도자였습니다. 조상으로부터 물려받은 권력의 달콤한 맛에 취해 황제처럼 군림하면서 민심을 외면했지요. 그러다 보니 자연히 시민들의 저항이 거세졌고, 그는 혹시라도 폭동이 일어나 목숨이 위태로워지는 상황이 올까 봐 걱정하게 되었습니다. 그래서 건축가 바사리를 불러 아들 내외가 사는 베키오 궁전과 자신이 사는 피티 궁전을 잇는 비밀 통로를 만들라고 명령합니다. 무슨 일이 생기면 그 길을 따라 대피하겠다는 속셈이었지요.

베키오 궁전에서 우피치 미술관으로 이어진 통로

바사리의 통로 내부

우피치 미술관을 지나 아르노 강변, 베키오 다리로 이어지는 통로

그러면서 복도 벽에 작은 창을 내어 밖을 내다보며 사람들의 동정을 감시하기까지 했습니다. 안에서는 밖을 내다볼 수 있지만, 밖에서는 안을 볼 수 없는 구조로 되어 있습니다.

지도자가 이렇게 시민을 의심하고 불안해하니 나라가 안정될 까닭이 없습니다. 시민들의 편에서 생각하고, 시민들과 거리감을

바사리 통로에서 내려다본 베키오 다리

두지 않으려고 늘 겸손한 태도를 보였던 메디치 가문이 어리석은 후손을 둔 까닭에 몰락의 길로 치달았던 것입니다. 시민들로부터 거두어들인 세금으로 향락을 즐기며 타락해 가는 동안 민심은 멀어졌고, 결국 메디치 가문의 몰락으로 이어졌다는 사실을 생각하게 만드는 곳이 바로 바사리의 통로입니다.

메디치 가문의 흔적을 찾아서

피렌체를 르네상스의 발상지이자 완성지라고 한다면, 그 공로의 대부분은 메디치 가문에게 돌려야 합니다. 메디치 가문이 없었다면 피렌체란 도시의 품격이 현재와는 퍽 다를지 모른다는 주장도 수긍할 수밖에 없습니다. 그러니 피렌체에서 메디치 가문의 흔적을 찾아보는 것은 당연한 일입니다.

메디치 가문의 흔적을 찾는 여행자의 발걸음은 제일 먼저 메디치 궁전으로 향합니다. 훗날 리카르디 가문에서 사들였기 때문에 '메디치 리카르디 궁전Palazzo Medici Riccardi'이 정식 명칭이지만, 그곳은 어떤 이름으로 부르든지 메디치 가문의 궁전이었기 때문에 중요한 곳입니다.

메디치 궁전은 코시모 데 메디치가 1444년에 미켈로초 디 바르톨로메오에게 설계를 맡겨 1460년에 완공하였습니다. 피렌체에 지어진 최초의 르네상스 양식 건물이었지요. 전하는 바에 의하면 코시모 데 메디치는 처음에 부르넬레스키에게 설계를 맡겼는데, 그가 지나치게 거대하고 화려한 설계를 가져오자 되돌려주고 미켈로초에게 다시 주문했다고 합니다. 그의 겸손하고 소박한 성품을 알 수 있는 일화이지요.

코시모 데 메디치는 의도적이었든 본디 성품 때문이었든 한없이 자신을 낮추며 서민들 편에 서고자 했지만, 이 정도 규모의 궁전을 지을 수 있었다는 자체가 이미 피렌체에서 대단한 위상을 갖게 되었다는 것을 의미하며 메디치 가문의 영화가 이때부터 시작되었다는 것을 알려줍니다.

메디치 궁전에서 가장 중요한 곳은 가족 예배실입니다. 그곳의 벽면에 그려진 베노초 고촐리 Benozzo Gozzoli의 '동방박사의 행렬Procession of the Magi'이 워낙 유명하고 중요한 작품이기 때문입니다.

메디치 궁전   메디치 궁전 내부

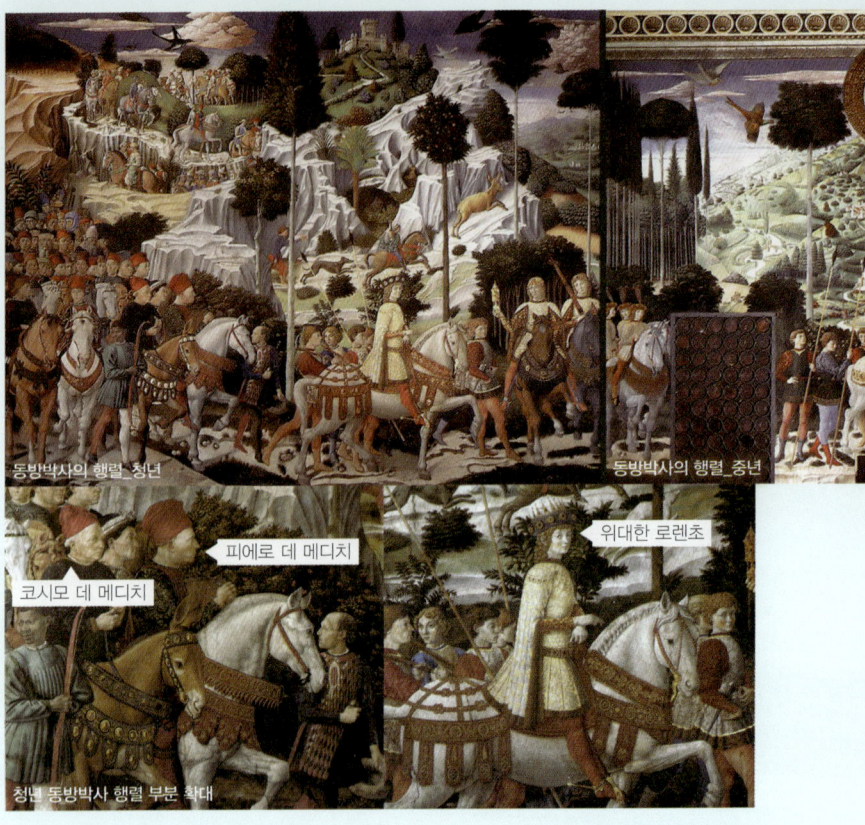

동방박사의 행렬_청년

동방박사의 행렬_중년

피에로 데 메디치

위대한 로렌초

코시모 데 메디치

청년 동방박사 행렬 부분 확대

'동방박사의 행렬'은 메디치 궁전 가족 예배실의 삼면에 그려진 프레스코화입니다. 메시아가 탄생한 것을 알게 된 동방박사 세 사람이 그를 만나기 위해 베들레헴으로 갔다는 성서의 내용을 바탕으로 하고 있지만, 그림은 지나치게 화려하고 웅장하여 도리어 현실감이 떨어집니다. 이 그림은 일반적인 성화처럼 성서의 내용을 전달하기 위해 그렸다기보다는 메디치 가문의 부와 권세를 과시하기 위한 도구로 쓰였습니다. 그림의 핵심이라고 할 수 있는 젊은 동방박사의 행렬을 묘사한 부분을 보면 그 점이 더욱 분명해집니다.

고촐리는 특이하게도 동방박사 세 사람을 청년과 중년. 그리고 노년의 인물로 표현했는데, 중년과 노년의 동방박사 부분은 특이한 점이 별로 없습니다. 많은 인물이 등장하고 그들의 차림새가 지나치게 화려하다는 점을 제외한다면 말입니다.

그러나 젊은 동방박사를 그린 부분을 유심히 살펴보면, 메디치 가문이 왜 많은 돈을 들여 이 그림을 그렸는지 그 의도를 눈치챌 수 있습니다.

동방박사의 행렬 노년

이 그림에는 메디치 가문 사람들이 등장합니다. 이러한 파격이 이 그림의 특징이자 르네상스의 서막을 알리는 징조인 것입니다. 성서 속의 이야기를 담은 그림에 실재 인물이 등장한다는 것은 중세 시대라면 상상할 수조차 없는 일이니까요.

젊은 동방박사는 메디치 가문의 촉망받는 후계자 로렌초(그는 훗날 '위대한 로렌초'라고 불리며, 가문의 전성기를 이끕니다)를 모델로 했습니다. 당시 메디치 가문의 수장은 코시모 데 메디치였지만, 그는 주인공 역할을 마다하고 어린 손자에게 빛나는 그 역할을 맡겼습니다. 가문의 번성을 후대에 당부하는 심정으로 말입니다.

그러면 가문의 어른들인 로렌초의 할아버지와 아버지는 어디 있을까요? 그들은 젊은 동방박사를 수행하는 임무를 맡아 뒤에서 따르고 있습니다. 흰 말을 탄 이가 로렌초의 아버지인 피에로 데 메디치이고, 갈색 당나귀를 탄 이가 할아버지인 코시모 데 메디치입니다.

여기서 잠깐, 코시모 데 메디치가 당나귀를 타고 있는 이유를 생각해 봅시다. 코시모 데 메디치는 그림에서뿐만 아니라 실제로도 말 대신 당나귀를 타고 다녔다고 합니다. 그것은 그의 아버지인 조반니 디 비치가 죽으면서 남긴 이런 내용의 유언 때문이었다고 하지요.

"다른 사람들이 널 주목하게 만들지 말고, 사람들의 시선에서 벗어나라. 만약 사람들 앞에 서야 한다면 꼭 필요한 곳에만 너의 모습을 보여줘라. 대중의 시선에서 멀어지는 것이 중요하다. 그리고 절대로 대중의 뜻에 거슬리게 행동하지 말라."

코시모 데 메디치는 아버지의 유언을 가슴 깊이 새겨 늘 겸손한 지세로 사람들을 대했습니다. 말 대신 당나귀를 타고 다닌 것도 그런 행동의 일환이었지요. 그 결과 그는 서민들에게 인기가 높았고, 기존 귀족들의 질시를 받아 피렌체에서 추방되었을 때도 서민들의 지지를 등에 업고 1년 만에 귀환할 수 있었습니다. 피렌체 정계로 복귀한 뒤에는 정적들에게 관대한 처분을 하여 사람들을 감동시켰는데, 그러한 너그러운 인품이 이후 메디치 가문의 번영을 가져온 바탕이 되었다고 봅니다.

메디치 궁전은 코시모 1세(토스카나 대공)가 1540년에 거처를 베키오 궁전으로 옮길 때까지 약 80년 동안 메디치 가문의 관저로 이용되면서 피렌체 정치 1번지로서의 역할을 했습니다.

메디치 궁전이 정치 명문가로서의 메디치 가문의 출발을 알린 곳이라면, 산 마르코 성당과 수도원Chiesa e Convento di San Marco은 그들이 피렌체의 거물급 정치 가문으로서 날개를 펴기 시작한 곳입니다.

1437년, 코시모 데 메디치는 현재 산 마르코 성당과 수도원이 있는 자리에 서 있던 낡은 건물을 헐고 새로운 성당과 수도원을 짓기로 합니다. 그것은 단순한 신앙심에서 우러나온 것이 아닌, 다분히 정치적인 의도가 개입된 결정이었지요.

당시 피렌체는 산타 마리아 노벨라 성당Basilica di Santa Maria Novella을 중심으로 뭉친 기존 귀족들이 영향력을 독점하고 있는 상태였습니다. 메디치 가문은 이들을 견제할 목적으로 산 마르코 성당과 수도원을 짓고 후원하기로 한 것입니다.

1491년에 지롤라모 사보나롤라가 산 마르코 수도원의 원장으로 부임합니다. 그를 피렌체로 부른 이는 다름 아닌 메디치 가문의 새로운 지도자인 로렌초 데 메디치였습니다. 결과적으로

산 마르코 성당과 수도원(현재는 박물관으로 이용) 입구

프라 안젤리코 '수태고지'

프라 안젤리코 '성모의 대관식'

성당 입구

수도원 입구

사보나롤라를 불러들인 메디치 가문은 절반의 성공을 거둡니다. 피렌체의 종교적 구심점이 산 마르코 성당 쪽으로 이동하면서 기존 귀족을 견제하려던 애초의 목적을 어느 정도 달성했기 때문입니다.

그러나 종교적 열정과 신념에 사로잡힌 사보나롤라는 신이 아닌 인간 중심의 르네상스를 용납할 수 없었고, 르네상스의 후원자인 메디치 가문을 용납할 수 없었습니다. 그래서 그는 가장 신랄하게 메디치 가문을 비난했으므로, 로렌초 데 메디치는 사보나롤라가 처형당할 때까지 믿는 도끼에 발등 찍힌 신세가 되어야만 했지요.

산 마르코 수도원은 메디치 가문과의 연관성과는 별개로, 프라 안젤리코Fra Angelico의 프레스코화가 유명하므로 방문을 권유하는 바입니다.

베키오 궁전도 메디치 가문의 흔적을 찾아볼 수 있는 중요한 장소입니다. 피렌체의 실질적 지배자가 된 메디치 가문에서 베키오 궁전을 관저로 사용했기 때문입니다. 코시모 1세가 피티 궁전을 새로운 거처로 삼은 뒤에도 그의 아들 내외는 여전히 베키오 궁전에서 생활했으며, 두 궁전을 연결하던 바사리의 통로가 현재도 남아 있습니다.

베키오 궁전에 대해서는 이미 자세하게 살펴보았으므로 여기서는 설명을 생략합니다.

피티 궁전Palazzo Pitti은 원래 메디치 가문과 경쟁 관계에 있던 피티 가문에서 신축한 건물입니다. 피티 가문의 수장인 루카 피티Luca Pitti는 부르넬레스키에게 메디치 궁전을 능가하는 규모의 궁전을 지어달라고 의뢰합니다. 그러나 경쟁심 때문에 필요 이상으로 웅장하게 짓다 보니 비용을 감당할 수 없어 결국은 메디치 가문으로 넘어가고 만 비운의 건물이지요. 코시모 1세는 자신이 머물던 베키오 궁전을 아들 내외에게 물려주고, 부인인 엘레오노라 디 톨레도와 함께 새로 구입한 피티 궁전으로 옮겼습니다. 본디 시뇨리아 궁전이라고 불리던 건물이 베키오 궁전('오래된 궁전'이라는 뜻)으로 불리게 된 것은, 새로 지은 피티 궁전과 비교할 때 오래된 건물이었기 때문입니다. 피티 궁전은 현재 박물관과 보볼리 정원이 관람객의 발길을 잡아끄는 곳입니다.

피티 궁전

마지막으로, 산 로렌초 성당Basilica di San Lorenzo과 메디치 예배당Cappelle Medicee을 살펴보아야 합니다. 메디치 가문의 중요한 인물들이 거기에 잠들어 있기 때문입니다.

조토의 종탑에서 내려다보면, 산 로렌초 성당과 메디치 예배당이 보입니다. 파사드가 미완성 상태인 산 로렌초 성당과 지붕이 산타 마리아 델 피오레 성당의 쿠폴라를 닮은 메디치 예배당을 쉽게 알아볼 수 있습니다. 산 로렌초 성당은 393년에 처음 세워졌는데, 세월이 흐르다 보니 너무 낡아서 새로 지어야 하는 상황이 되었습니다. 당시 산 로렌초 성당의 사제들은 메디치 가문에 후원을 요청했고, 코시모 데 메디치의 아버지인 조반니 디 비치가 후원 요청을 받아들여 부르넬레스키에게 설계를 의뢰합니다. 그때가 1421년이었지요. 우여곡절을 겪으며 건축이 진행된 끝에 1446년에 완성되었고, 그 뒤로 메디치 가문의 전속 성당처럼 사용되었습니다. 피렌체 최초의 르네상스 양식 성당이며, 구 성구실이라고 불리는 곳에 조반니 디 비치와 그의 아들 코시모 데 메디치가 묻혀 있지요. 특이하게도 코시모 데 메디치는 조각가 도나텔로를 특별히 총애하여 자신 옆에 묻어주라는 유언을 남겼다고 합니다. 교회

안에 묻힌다는 것이 더없는 영광으로 여겨지던 시대였으니, 메디치 가문 사람들이 예술가를 어떻게 대우했는지 짐작할 수 있게 해주는 훈훈한 이야기입니다.

성당 2층에는 미켈란젤로가 설계한 특별한 도서관이 있습니다. 바로 메디치 가문 출신의 교황 클레멘스 7세가 1만 권에 이르는 고문서를 모아두기 위해 설립한 '라우렌치아나 도서관Biblioteca Laurenziana'으로, 당시 피렌체의 지적知的 재산과 역량이 집약된 곳이었습니다. 메디치 가문이 단순히 돈만 많은 것이 아니라 문화적 소양을 갖춘 지식인 집단이었다는 인식을 심어주는 장소이기도 하지요.

산 로렌초 성당은 파사드가 아직도 미완성으로 남아 있어 눈길을 끄는데, 산타 마리아 델 피오레 대성당의 파사드도 완성 전에는 이와 같았을 겁니다.

메디치 예배당 예배실

토스카나 대공의 석관

위대한
로렌초의 무덤

우르비노의 공작
로렌초의 무덤

신 성구실

로렌초 데 메디치의 무덤

메디치 예배당은 산 로렌초 성당 정면에서 오른쪽으로 돌아간 다음 다시 왼쪽으로 꺾어지면 입구가 나옵니다.

메디치 예배당에는 메디치 가문에서 사용하던 물건들을 전시하는 공간과 메디치 가문 사람들이 잠들어 있는 공간이 있는데, 아무래도 박물관보다는 묘지 쪽이 중요한 의미가 있는 장소로 여겨집니다. 묘지는 다시 두 군데로 나뉘는데, 팔각형의 쿠폴라 아래 공간인 예배실에는 토스카나 대공국 시절 대공들의 웅장하고 화려한 석관들이 놓여 있습니다. 그러나 메디치 가문은 '위대한 로렌초' 이후로는 자질과 능력이 부족한 후계자들 때문에 갈수록 시민들의 신망을 잃으며 쇠퇴의 길을 걸었기 때문에 그곳에 묻혀 있는 사람들에 대한 평가도 그리 좋지는 않습니다.

오히려 신 성구실이라고 불리는 조촐한 공간에 중요한 인물이 묻혀 있습니다. 바로 '위대한 로렌초', 즉 로렌초 데 메디치의 무덤이 그곳에 있는 것입니다. 그러나 그의 무덤은 그의 위대함에 걸맞지 않을 정도로 수수합니다.

우르비노의 공작 로렌초의 무덤(로렌초의 좌상과   느무르의 공작 줄리아노의 무덤(줄리아노의 좌상과
'황혼'과 '여명'을 의인화한 조각상)   '밤'과 '낮'을 의인화한 조각상)

로렌초 데 메디치의 무덤에는 세 개의 조각상이 놓여 있을 뿐, 위대한 인물의 무덤으로 볼 만한
특별한 표시가 없습니다. 다만, 옆의 표지판에 '이 조각상들은 위대한 로렌초와 그의 동생 줄리
아노(파치 가의 음모 사건 때 살해당한)를 기리기 위한 것이다.'라고 적혀 있습니다. 그리고 왼쪽은
성 코스마스Saint Cosmas, 가운데는 성모자, 오른쪽은 싱 다미인Saint Damlan이라고 되어 있습니다.
비록 화려하고 요란한 장식은 없지만, 아니 오히려 그렇기 때문에 더 특별하게 여겨지는 위대한
인물의 무덤입니다.

신 성구실에서 사람들의 관심을 받는 것은 우르비노의 공작 로렌초Lorenzo di Piero de'
Medici(1492~1519)와 느무르의 공작 줄리아노Giuliano di Lorenzo de' Medici(1479~1516)의 무덤입니다.
미켈란젤로의 작품이기 때문입니다. 그중에서 줄리아노는 석고상 줄리앙의 모델이 된 인물이라
더 눈길을 끕니다. '여명', '황혼', '낮', '밤'을 의인화한 조각상은 미켈란젤로 광장의 다비드상에
서도 볼 수 있으니 기억해 두면 좋을 것입니다.

3장

우피치 미술관
Galleria degli Uffizi

우피치 미술관의 작품들 🔴①

>>>>>>>>>>

　피렌체를 여행한다는 것은 르네상스 시대의 예술품들이 소장된 미술관을 방문한다는 뜻이자 가톨릭 관련 성화聖畵·성물聖物이 보존되어 있는 성당과 수도원을 방문한다는 뜻입니다. 만약 피렌체에 그 두 가지가 없다면, 그곳은 옛 건물이 많이 남아 있는 평범한 도시에 불과할 것입니다.

　우피치 미술관은 피렌체의 미술관(박물관) 중에서도 가장 중요한 예술품들이 모여 있는 곳입니다. 미술관 입장에 시간이 많이 걸리니 미리 예약하고 가라는 권고를 받는다는 것은 그만큼 많은 사람들이 방문하는 곳이라는 뜻이고, 그 말은 곧 피렌체에 갔다가 그곳을 빠뜨리면 손해라는 뜻이기도 합니다.

　피렌체를 하루나 이틀 동안에 대충 훑어보고 가는 사람들에게는 우피치 미술관이 그림의 떡일지 모릅니다. 줄 서서 입장을 기다리는 시간도 아깝고, 막상 들어간다 해도 급한 마음에 명화들을 제대로 감상할 수 없을 테니까요.

　그래도 다행인 것은 예전에는 미술관 안에서 사진 촬영을 하지 못하게 했다는데, 현재는 허용되기 때문에 중요한 작품들은 촬영을 해 와서 두고두고 감상할 수 있다는 점입니다.

　우피치 미술관은 잘 알려진 대로, 원래 미술관으로 설계된 건물이 아니었습니다. 이탈리아어로 우피치는 관공서나 사무실을 뜻하며, 영어의 Office에 해당합니다. 과거에는 관청으로 쓰이던 건물이었지요. 코시모 1세가 1560년경에 건축가 조르조 바사리에게 명하여 피렌체의 행정·사법기관을 한 곳에 모을 수 있는 건물을 짓도록 하여 1584년에 완공된 우피치는 두 채의 건물과 이를 잇는 회랑으로 이루어졌는

안나 마리아 루이자 데 메디치의 초상

데, 그래서 외부에서 보면 한글의 디귿 형태로 보입니다.

이곳에는 르네상스 시대의 걸작품이 약 2,500여 점 소장되어 있는데, 1층엔 고문서가, 2층엔 데생과 판화가, 3층엔 회화가 전시되어 있으며, 복도에는 조각품들이 놓여 있습니다. 관람객들은 주로 3층을 중심으로 관람하게 되지요.

메디치 가문의 마지막 상속녀인 안나 마리아 루이자 데 메디치Anna Maria Luisa de' Medici가 작품을 피렌체 밖으로 반출하지 않는다는 조건을 달아 피렌체 시에 기증한 덕분에 르네상스 시대의 최고 걸작품들이 이리저리 흩어지지 않을 수 있었습니다. 피렌체를 문화 도시로 만든 선조들의 뜻에 부합하는 현명하고 거룩한 결정이었습니다.

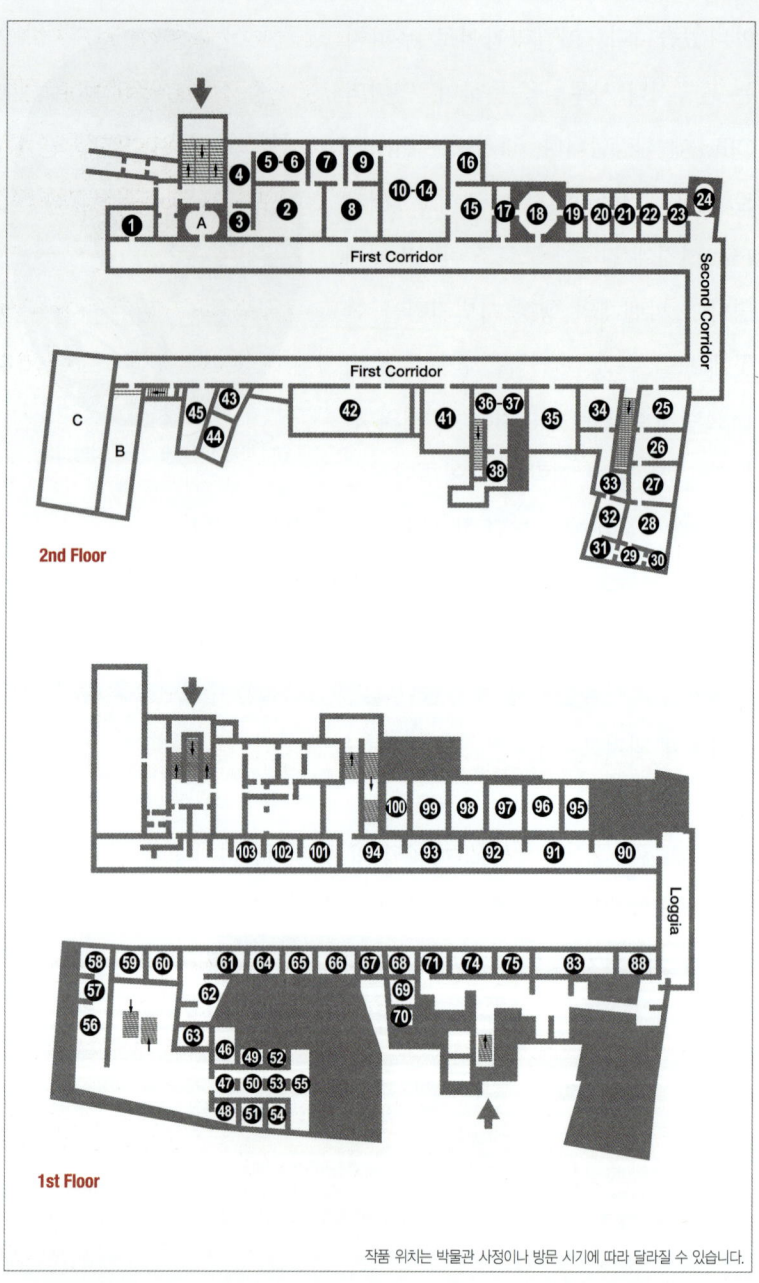

First Corridor

Second Corridor

2nd Floor

First Corridor

Loggia

1st Floor

작품 위치는 박물관 사정이나 방문 시기에 따라 달라질 수 있습니다.

우피치 미술관 평면도

수태고지에 등장하는 사람들
그림 밖

대천사 가브리엘이 마리아에게 나타나 그녀가 성령으로 잉태하게 됨을 알려주는 수태고지에 대해서는 널리 알려져 있습니다. 여기에서는 그 이야기 말고, '성녀 마가레트와 성 안사누스가 함께 한 수태고지 Annunciation with St. Margaret and St. Ansanus'에 등장하는 성 마가레트(오른쪽)와

Simone Martini and Lippo Memmi, '성녀 마가레트와 성 안사누스가 함께 한 수태고지'

성 안사누스(왼쪽)에 대해 알아보겠습니다.

전하는 바에 따르면 성녀 마가레트는 동정을 지키기 위해 순교하였다고 하는군요.

그런데 동정녀로 순교한 그녀를 출산의 수호 성녀로 보는 것이 다소 의아합니다. 거기에는 어떤 사연이 있는 것일까요.

그녀가 기독교인이라는 죄명으로 감옥에 갇혀 있을 때, 사탄이 용의 모습으로 나타나 그녀를 삼켜버렸다고 합니다. 그러자 그녀는 평소 지니고 다니던 십자가를 이용해 용의 배를 가르고 밖으로 나왔는데, 배를 가르고 세상 밖으로 나온 것이 아기가 태어나는 것과 유사한 점이 있어 그때부터 그녀를 출산의 수호 성녀로 본다는 것입니다.

성 안사누스는 로마 태생의 순교 성인으로, 피렌체 근교의 시에나에서 주로 활동했습니다. 12살의 어린 나이에 기독교인이 되어 아버지로부터 신앙을 버리라는 강압을 받았으나 꿋꿋하게 이겨내고, 박해를 피해 시에나로 도피했다고 합니다. 시에나로 가는 도중에 많은 사람들에게 선교를 했다고 전해집니다.

조반니 디 파올로의 '성 안사누스의 세례'는 아마도 그 무렵을 묘사한 것으로 보입니다. 안사누스가 세 사람에게 세례를 주고 있고, 다음 차례인 사람이 세례를 받기 위해 옷을 벗는 한쪽에서는 사람들이 기독교 신앙에 물들지 않게 하려고 안간힘을 쓰고 있는 모습이 보여 재미있습니다.

조반니 디 파올로, '성 안사누스의 세례'
(Christian Museum 소장)

예수와 함께 십자가형을 받은 사람들
5-6번 방

로마의 형법에서 십자가형은 가장 가혹한 처벌이었습니다. 목을 베는 참수형이 끔찍하다고 하지만, 오히려 그것은 죽는 순간의 고통이 짧다는 점에서 덜 잔인한 방법이었습니다. 십자가형은 살아있는 상태에서 손발에 못질하여 매달아 놓기 때문에 죽을 때까지 고통을 겪어야 했습니다. 죽기까지 며칠씩 걸렸다고 하니 얼마나 끔찍한 처형 방법인지를 알 수 있습니다.

그렇다면 아무 죄나 다 십자가형으로 다스리지는 않았을 것입니다. 가장 극악한 죄를 지은 자, 아니면 국가의 기반을 흔드는 반역에 해당하는 죄를 지은 자에게 내리는 처형법이 십자가형이라고 보는 것이 옳을 것입니다.

예수는 그중 어디에 해당되기에 십자가형에 처해졌을까요. 아마도 모반죄나 반역죄에 해당했을 것입니다. 당시 사람들이 예수를 일컬어 '유대의 왕'이라고 했다는데, 예수의 입장에서는 하느님의 분부를 받아 인류를 구원하러 왔으니 유대의 왕이라 불리는 것이 당연했는지 모르지만, 로마 제국이나 유대 총독의 입장에서는 몹시 불쾌했을 것입니다. 그가 유대의 왕이라면 유대 총독은 허수아비가 되는 것이며, 유대를 식민지로 삼은 로마 제국 또한 불법 지배를 하는 것이 됩니다.

당시의 총독이었던 빌라도는 예수에게서 실정법에 저촉되는 죄목을

아놀로 가디, '십자가형'

찾지 못해 석방하려 했다지만, 어쨌든 그로서는 불쾌하고 불편한 일이
었을 것입니다. 그런 터에 군중들이 십자가형에 처하라고 막무가내로
요구하자 슬그머니 응한 것이 아닐까 합니다. 만약 예수의 죄목이 다른
것이었다면 그의 결정이 달라졌을지도 모릅니다.

　십자가에 매달린 예수를 그린 그림은 무척 많습니다. 그런데 우피치
미술관에 있는 아놀로 가디Agnolo Gaddi가 그린 '십자가형Crocifissione' 그림
을 보면 예수의 양 옆에 두 사람이 더 있습니다.
　성서에는 예수의 양옆에서 죽은 죄인들이 강도였다고 기록되어 있습
니다. 그런데 그들은 정말로 강도였던 것일까요? 강도라면, 폭력이나
협박 따위로 남의 재물을 빼앗는 도둑을 말합니다. 몰래 훔치는 것보다

는 죄질이 나쁘지만, 그것이 십자가형에 처할 정도로 흉악한 범죄 행위 인지 의문이 듭니다.

학자들에 따르면 성서의 '강도'란 표현은 헬라어 lestai(레스타이)를 번역한 것이라고 합니다. 그런데 유대의 역사가인 요세푸스에 의하면 이 말은 강도라는 의미도 있지만, '젤롯Zealot당원'을 가리키는 말로도 쓰였다고 합니다. 예수 옆의 두 사람이 십자가형에 처해진 것은 젤롯당원이 었기 때문이라는 것이지요.

젤롯당은 열심당, 혁명당, 시카리당으로도 불리는데, 로마 제국의 통치에 폭력혁명으로 맞설 것을 주장한 유대의 종교적 민족주의 정치 운동 단체라고 합니다. 젤롯당이야말로 로마 제국과 유대 총독의 입장에서는 파괴력을 가진 반정부단체였던 것입니다.

예수와 함께 십자가에 매달린 죄수 중의 한 명은 예수를 향해 "네가 그리스도라 하지 않았느냐? 그렇다면 너와 우리를 구원해 보아라." 하며 격하게 비난하였다고 하고, 다른 한 명은 "우리는 우리가 행한 일에 상당한 보응을 받는 것이니 당연한 일이거니와 이 사람이 행한 것은 옳지 않은 것이 없다."고 차분하게 타일렀다고 합니다.

자신들이 한 일이 십자가형에 해당한다고 말하는 죄수를 통해, 십자가형에 처해지는 것을 죄수 자신이 납득할 수 있는 죄라면 아무래도 체제를 뒤흔들 만큼 과격한 저항 운동을 했던 것이 아닐까 하는 생각이 드는 것입니다.

산 로마노 전투
키언 방

'산 로마노 전투The Battle of San Romano'는 1432년에 피렌체가 밀라노·시에나 연합군을 상대로 산 로마노에서 거둔 승리를 기록한 그림입니다. 이 전투의 승리를 바탕으로 피렌체는 토스카나 지방의 맹주가 될 수 있었으니 피렌체 사람들이 크나큰 자부심을 가졌을 것은 당연한 일입니다.

파올로 우첼로Paolo Uccello(1397~1475경)(초기 르네상스 화가들 중에서 특히 원근법의 대가로 일컬어지며 산타 마리아 델 피오레 성당에 프레스코화를 남겼고 베네치아 산 마르코 대성당의 모자이크화 작업에도 참여한 것으로 알려짐)는 1438년에 피렌체의 부호 리오나르도 바르톨리니Lionardo Bartolini의 의뢰를 받아 산 로마노에서의 승리를 석 장의 연작 그림으로 완성합니다. 리오나르도 바르톨리니는 자신의 궁을 새롭게 꾸미기 위해 주문했는데, 그가 죽은 뒤 후계자들이 상속 문제로 분쟁을 겪을 때 로렌초 데 메디치가 부하들을 시켜 훔쳐낸 것으로 알려졌습니다.

그러는 과정에서 작품의 원형이 훼손되었고, 지금은 연작 그림이 이리저리 흩어져서 피렌체의 우피치 미술관에는 한 점만 남아 있습니다. 나머지 두 점은 내셔널 갤러리(런던)와 루브르 박물관(파리)에 각각 소장되어 있답니다.

연작 그림에서 첫 번째 장면에 해당하는 것이 런던에 있는 작품입니다. 이 그림에서는 중앙에 있는 지휘관 니콜로 다 톨렌티노Niccolò da Tolentino의 주위로 피렌체인들이 정렬해 있는 것으로 묘사되어 있습니다.

우첼로의 서명이 있는 유일한 그림이자 원래 세 작품의 중앙에 위치하였다고 하는, 사건 전개상 두 번째에 해당하는 작품이 현재 우피치 미술관에 걸려 있는 그림입니다.

연작 중 마지막 그림에서는 용병대장 코티뇰라Cotignola 군대가 마침내 등장합니다. 그의 등장으로 전투의 판도는 뒤집히기 시작하였고 승리의 여신이 피렌체 군대를 향해 미소를 보냅니다.

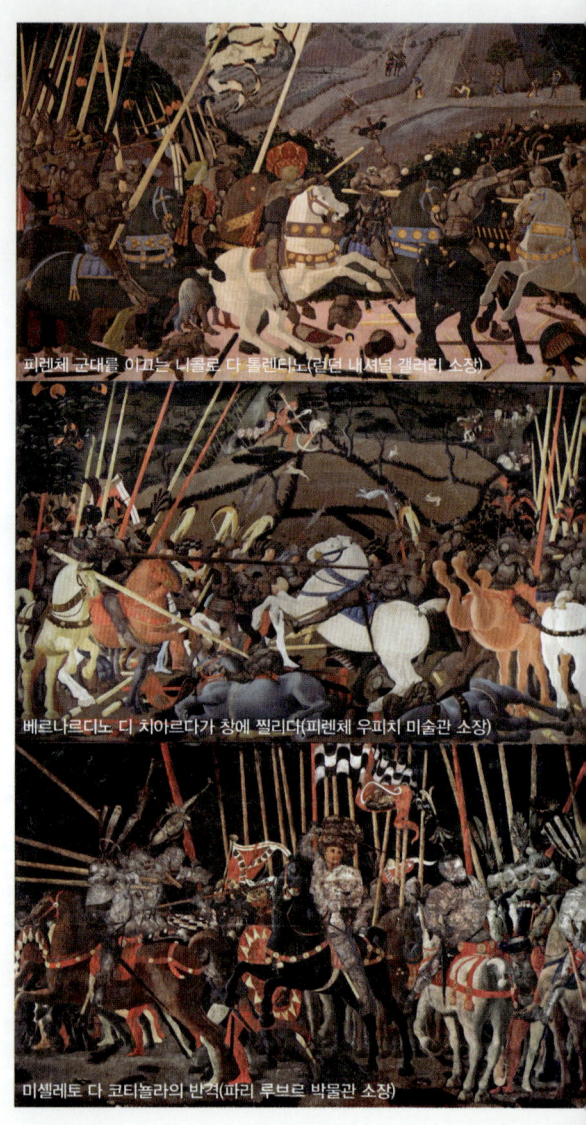

피렌체 군대를 이끄는 니콜로 다 톨렌티노(런던 내셔널 갤러리 소장)

베르나르디노 디 치아르다가 창에 찔리다(피렌체 우피치 미술관 소장)

미셸레토 다 코티뇰라의 반격(파리 루브르 박물관 소장)

헤라클레스와 히드라
9번 방

헤라클레스의 열두 가지 과제 즉, 헤라클레스가 헤라의 미움을 받아 평생을 두고 완수해야만 했던 열두 가지 미션에 대한 이야기는 시뇨리아 광장과 로자 데이 란치에서 이미 이야기했고, 또 베키오 궁전의 500인의 방에서도 했습니다. 그러므로 여기에서는 안토니오 델 폴라이올로Antonio del Pollaiolo의 '헤라클레스와 히드라Hercules and the Hydra'를 대상으로 그의 두 번째 과제였던 히드라 퇴치에 관한 이야기를 알아보겠습니다.

안토니오 델 폴라이올로, '헤라클레스와 히드라'

헤라클레스는 첫 번째 과제였던 네메아의 사자를 무사히 퇴치하고, 이후로 그의 상징물이 되는 사자 가죽과 몽둥이를 얻습니다. 이 그림에서노 사자 가죽을 뒤집어쓰고 몽둥이를 휘두르는 헤라클레스를 볼 수 있지요.

헤라클레스가 해결해야 했던 두 번째 과제인 히드라 퇴치하기는, 이후에 이어지는 과제들에 비하면 쉬운 것이었는지도 모릅니다. 그러나 맹독을 가진 데다가 머리가 아홉 개나 달린 거대한 괴물 뱀을 처치한다는 것은 말처럼 간단한 문제가 아니었습니다.

히드라는 티폰Typhon(하반신이 뱀인 남자 거인)과 에키드나Echidna(하반신이 뱀인 여자 거인)의 자식으로, 아홉 개의 머리를 가졌는데 그중 하나는 죽지 않는 것으로 알려졌습니다. 게다가 히드라의 독은 매우 강력해서 조금만 닿아도 즉사할 정도였다고 합니다.

처음에 헤라클레스는 자신의 힘을 믿고 몽둥이로 때려서 히드라를 죽이려 했습니다. 그러나 머리 하나를 죽이면 그 자리에서 다시 두 개가 돋아나니 점점 더 힘겨운 싸움이 되고 말았습니다. 그때 함께 갔던 조카 이올라우스Iolaus가 꾀를 내어 히드라의 목을 벤 다음 그 자리에서 새로 돋아나기 전에 불로 지져버리자고 제안합니다.

이 방법이 효과를 보아 히드라를 무사히 퇴치할 수 있었는데, 히드라의 독이 문제가 됩니다. 헤라클레스는 히드라의 독이 나중에 필요할지 모른다는 생각을 하고 자신의 화살촉에 발라두는데, 이 맹독이 묻은 화살촉이 훗날 현명한 켄타우로스인 케이론Chiron을 죽음으로 몰고 갑니다. 그는 불사不死의 몸으로 태어났고, 아르고 호의 영웅 이아손Iason, 의술의 천재 아스클레피오스Asklepios, 트로이 전쟁의 영웅 아킬레우스Achilleus 등을 가르친 위대한 스승이었지만, 히드라의 독이 묻은 헤라클레스의 화살에 맞은 다음 너무 고통스러워 죽지 않는 운명을 포기했다고 합니다. 히드라의 독이 그 정도로 무서웠던 것입니다.

헤라클레스의 두 번째 과제는 어쨌든 성공했지만, 헤라는 이올라우스의 도움을 받아 해결했기 때문이라며 인정하지 않았다고 합니다.

>>>>>>>>>>>>

거품에서 태어난 아름다운 여신, 비너스
10-14번 방

10번에서 14번까지의 방은 따로 '보티첼리의 방'이라고 합니다. 주로 산드로 보티첼리Sandro Botticelli의 작품들이 전시되어 있기 때문이지요. 그의 유명세를 증명이라도 하듯이, 우피치 미술관에서 제일 많은 관람객들로 북적이는 방이기도 합니다. 미술책에서 누구나 한 번은 보았을 법한 '비너스의 탄생The Birth of Venus'이 바로 이곳에 있는데, 특히 이 작품 앞에 많은 사람들이 몰려들어 제대로 감상하기 어려울 정도랍니다.

산드로 보티첼리, '비너스의 탄생'

비너스   제피로스와 클로리스

　바다 거품에서 태어난 비너스가 서풍西風의 신 제피로스Zephyros의 도움으로 육지까지 밀려온 뒤, 계절의 여신 호라이Horai로부터 영접을 받는 순간을 그린 이 그림은 크게 세 부분으로 나눌 수 있습니다.

　먼저 화면의 중앙에 서 있는 주인공 비너스입니다. 그녀는 태어난 직후이므로, 아직 알몸 상태입니다. 완전무장하고 태어난 아테나를 제외한다면, 누구나 태어나는 순간에는 알몸이겠지요.

　화면의 왼쪽에 있는 두 명은 제피로스와 그의 애인인 클로리스Chloris로, 클로리스는 봄과 꽃의 요정입니다. 그들 주변에 흩날리는 꽃송이가 그걸 알려주고 있지요.

　그리고 오른쪽에는 비너스에게 입혀줄 옷을 들고 서 있는 여인이 있습니다. 세 명의 호라이 중의 하나인 그녀의 이름은 탈로Thallo(꽃의 계절)입니다. 그런데 어떤 이는 그림 속의 여인이 탈로가 아니라, 삼미신三美神 중의 하나인 탈리아Thalia라고 하기도 합니다.

탈로

이 그림에 등장하는 인물들에 대하여 조금 더 자세하게 알아보는 것도 재미있을 것입니다.

먼저, 비너스에 대해 알아봅시다.

비너스는 로마 신화에서 사용하는 이름으로, 그리스 신화에서는 아프로디테라고 하지요. 그리스 문명을 선망했던 로마는 그리스 신화를 받아들이면서 신들의 이름과 성격을 조금씩 바꾸었는데, 아프로디테는 이름만 비너스로 바뀌었을 뿐 성격이나 역할은 거의 그대로 가져갔습니다.

아프로디테, 즉 비너스가 바다 위를 떠돌아다니던 거품 속에서 태어나게 된 사연은 베키오 궁전의 '원소의 방'(123쪽)에서 했으므로 생략합니다.

아프로디테(비너스)에 대해 이야기하다 보면, 그녀 때문에 인류사 최초의 세계대전이 일어난 일을 빼놓을 수 없습니다.

아름다운 바다의 요정 테티스와 테살리아의 왕 펠레우스가 결혼할 때, 잔치에 초대받지 못해 화가 난 불화의 여신 에리스Eris는 결혼식장에 황금 사과 하나를 던져놓고 사라집니다. '가장 아름다운 여신에게'라는 뜬금없는 글이 새겨진 사과였지요.

'가장 아름다운 여신'이라는 매혹적인 타이틀을 놓고 헤라와 아테나, 그리고 아프로디테가 양보 없는 경쟁을 벌이다가 결국 아프로디테가 그 사과의 주인이 됩니다. 판정을 위임받은 트로이의 왕자 파리스Paris가 그 사과를 아프로디테에게 주었기 때문이지요. 파리스는 가장 큰

권력을 주겠다는 헤라와 가장 높은 지혜를 주겠다는 아테나의 제안보다도, 세상에서 가장 아름다운 여인을 주겠다는 아프로디테의 제안에 더 솔깃했던 겁니다.

루브르 박물관에 있는 조각품은, 파리스로부터 받은 황금 사과를 자랑스럽게 들어 보이는 아프로디테를 표현한 것입니다. '가장 아름다운 여신'의 자

'황금 사과를 들어 보이는 아프로디테'(루브르 박물관 소장)

리에 올랐으니, 당연히 자랑하고 싶었을 테지요.

아프로디테는 약속을 지키기 위해 세상에서 가장 아름다운 여인 헬레네Helene를 파리스에게 소개시켜주었고, 유부녀였던 그녀는 남편을 버리고 파리스를 따라 트로이로 갑니다. 이 일은 10년 동안 계속된 최초의 세계대전인 트로이 전쟁Trojan war의 원인이 되었고, 패망한 트로이가 역사에서 사라지는 원인이 되었지요. 결국 아름다운 아프로디테 때문에 일어난 시끄러운 사건이었던 것입니다.

아프로디테와 관련된 이야기는 이 정도로 하고, 다음으로 제피로스에 관한 이야기를 해볼까요.

제피로스는 바람의 신입니다. 그것도 서쪽에서 불어오는 바람을 담

당한 신이지요. 원래 서쪽에서 불어오는 바람은 거칠고 차가웠습니다. 서쪽은 해가 지는 쪽으로 저승이 있는 곳이며, 북쪽과 가까우니까요. 그런데 제피로스의 이미지는 부드러운 산들바람에 가깝습니다. 그 까닭을 어떻게 설명해야 좋을까요?

거칠고 차가운 성격이던 제피로스가 하루는 풀밭에서 노니는 클로리스라는 요정을 보았는데, 그만 한눈에 반하고 맙니다. 그녀는 꽃과 봄을 담당한 요정이었지요. 화사하고 아름다운 클로리스를 유혹하여 함께 다니다보니 제피로스는 자신의 거칠고 차가운 성격을 시나브로 잃어버립니다. '비너스의 탄생'을 잘 살펴보면 제피로스 주변에 꽃송이들이 흩날리고 있는데, 바로 클로리스를 만나 변한 제피로스의 성격을 상징적으로 나타내주는 장치일 것입니다. 그래서인지 이탈리아에서는 서풍이 불면 봄이 온다고 믿는답니다.

그런 제피로스가 클로리스 말고 사랑한 사람이 있었습니다. 바로 미소년 히아킨토스Hyakintos였지요. 그런데 아폴론도 히아킨토스를 사랑한 것이 문제였습니다. 태양신 아폴론과 서풍의 신 제피로스는 신격神格에 있어 차이가 나니, 아무래도 제피로스 쪽이 불리했을 겁니다. 제피로스는 아폴론을 질투하고, 아폴론의 사랑을 받는 히아킨토스를 질투했지요.

하루는 아폴론과 히아킨토스가 원반던지기를 하면서 즐거운 시간을 갖고 있었습니다. 그것을 본 제피로스는 질투심에 사로잡혀 원반의 방향을 히아킨토스 쪽으로 돌려버립니다. 바람의 신이었으니 충분히 할 수 있는 일이었지요.

히아킨토스는 아폴론이 던진 원반에 이마를 맞고 그 자리에서 절명합니다. 사랑하는 소년의 죽음을 슬퍼한 아폴론은 히아킨토스가 흘린

피에서 꽃이 피어나게 했는데, 그 꽃이 바로
히아신스랍니다.

오른쪽 그림은 히아킨토스의 죽음을 슬퍼
하는 아폴론을 그린 것입니다. 머리에 월계관
을 쓴 이가 아폴론이고, 그 앞에 쓰러져 있는
이가 히아킨토스이지요.

자, 이제는 계절의 여신 탈로에 대해 알아
봅시다. 계절의 여신은 흔히 호라이Horai라고
하는데, 제우스와 이치와 질서를 관장하는 여
신 테미스Themis 사이에서 태어난 딸들입니
다. 호라이는 대개 세 명으로 보는데, 봄의 여

Giovanni Battista Tiepolo, '히아킨토스의 죽음'

신 탈로(꽃을 피우는 자), 여름의 여신 아우쿠스(만물의 생장을 돕는 자), 가
을의 여신 카르포(열매를 맺게 하는 자)가 그들이지요. 계절의 여신은 때
때로 네 명으로 나타나기도 하는데, 이때는 겨울의 여신이 포함됩니다.
루브르 박물관의 천장에 그려진 그림들은 네 명의 호라이를 표현한 것
으로 보입니다. 이 중에서 탈로는 맨 먼저 등장하는 봄의 여신입니다.
그녀가 제피로스에 의해 육지로 밀려온 비너스에게 아름다운 옷을 입

루브르 박물관에서 만난 계절의 여신들

알렉산드로 카바넬, '비너스의 탄생'

혀주지 않았나 생각합니다.

산드로 보티첼리 외에도 '비너스의 탄생'을 주제로 그림을 그린 작가들이 많습니다. 그중 알렉산드로 카바넬Alexandre Cabanel의 '비너스의 탄생'을 같이 감상해 봅시다. 몹시 아름다운 그녀가 바다 거품에서 태어났음을 알 수 있을 것입니다.

보티첼리의 '봄'
10-14번 방

보티첼리의 방에 있는 '봄La Primavera'이란 작품도 함께 감상하여 봅시다.

이 작품은 1482년경에 메디치 가의 별장을 장식하기 위해 그린 것으로 추정됩니다. 우선 그림의 등장인물들을 살펴봅시다.

이 그림의 맨 왼쪽에 있는 인물은 날개 달린 모자(Petasos, 페타소스)와

보티첼리, '봄'

날개 달린 신발(탈라리아)로 미루어볼 때 헤르메스Hermes입니다. 이 두 가지는 헤르메스의 상징물이기 때문이지요. 헤르메스는 제우스의 전령이며, 신화 속에서 다양한 역할을 맡은 까닭에 올림포스 신들 가운데 가장 바쁜 마당발입니다.

헤르메스 옆에 있는 세 명의 여신은 흔히 삼미신三美神이라고 일컬어지는 카리테스Charites입니다. 로마 신화에서는 그라티에Gratiae라고 하는데, 서양 미술에 자주 등장하는 단골손님 같은 존재들입니다. 대개 세 명이 함께 둥글게 서 있는 것으로 묘사되는데, 쾌활하고 아름다운 그녀들의 이름은 에우프로쉬네Euphrosyne(명랑/유쾌), 아글라이아Aglaia(아름다움), 탈리아Thalia(발랄/풍요)입니다. 루브르 박물관에도 삼미신을 표현한 조각품이 있지요.

삼미신(루브르 빅물관 소장)

'봄'에서 삼미신의 옆, 즉 작품의 중앙에 서 있는 여신은 아프로디테입니다. 그녀의 머리 위에서 화살을 쏘려고 하는 어린 아기는 그녀의 아들인 에로스Eros이지요. 삼미신 중의 하나가 에로스의 화살을 맞을 것처럼 보이는데, 그녀는 그 순간 보게 되는 누군가를 무작정 사랑하게 되겠지요. 혹시 헤르메스가 그 상대가 되는 건 아닐까요?

화면의 맨 오른쪽에서 볼을 잔뜩 부풀리고 있는 것은 서풍의 신 제피로스Zephyros이고, 그가 막 붙잡은 여인은 나중에 연인 관계가 되는 꽃의 요정 클로리스Chloris입니다. 이들은 앞에서 본 같은 작가의 작품인 '비너스의 탄생'에도 등장하지요.

클로리스 앞에 선 여인은 꽃의 요정이었던 클로리스가 봄의 여신 플로라Flora로 변한 것을 표현한 것이라는 설명이 있는데, '비너스의 탄생'에 등장하는 여신 탈로(호라이 중의 하나인)로 보아도 무방할 것 같습니다. 작품 '봄'에 등장하는 제피로스의 연인인 클로리스와 그 앞의 여신은 복장 면에서 차이가 있는데, 클로리스 앞의 여신은 '비너스의 탄생'의 봄의 여신 탈로와 매우 흡사하기 때문입니다.

'봄'의 탈로   '비너스의 탄생'의 탈로

어쨌든 그녀는 이 그림의 제목이 '봄'이라는 점을 고려한다면, 주인공에 해당하는 것이지요. 그래서인지 그녀는 미의 여신 아프로디테보다도 더 고운 옷을 입고 있습니다. 그녀가 있기 때문에 화면 전체에 화사한 봄기운이 돕니다.

그런데 이 그림을 정치적 목적이 담긴 것으로 해석하는 견해가 있습니다. 메디치 가문에서 자신들의 정치적 위상 강화를 위해 그림을 이용했다는 것이지요. 무슨 까닭에서 그런 주장을 하는지 한번 알아봅시다.

먼저, 헤르메스의 존재입니다. 잘 알려져 있다시피 헤르메스는 상업의 신, 장사꾼들의 수호신입니다. 태어나던 날 아폴론의 소를 훔치고,

전령신 헤르메스(바르젤로 미술관)　　　　상업의 신 헤르메스(바티칸 박물관)

그것을 돌려주기 싫어서 악기를 만들어 훔친 소와 교환하는 순간 그는 상업과 장사꾼을 수호하는 신이 되었습니다. 그의 상징물 중 대표적인 것은 물론 날개 달린 모자와 신발, 그리고 두 마리의 뱀이 감고 있는 지팡이(케리케이온)이기는 하지만, 때로 돈주머니를 든 모습으로 나타나는 이유는 그 때문입니다.

메디치 가문에서 그림 속에 굳이 헤르메스를 넣도록 한 것은 상업으로 부富를 일군 자신들의 가문을 옹호하기 위함이라는 것입니다.

그리고 서풍의 신 제피로스를 등장시킨 것은, 이탈리아에서는 서풍이 불면 봄이 온다고 생각하는데, 봄(이 작품의 제목이기도 하지요)은 피렌체에 새로운 시대가 열리고 있음을 상징하는 것이라는 겁니다. 자신들의 가문이 피렌체에 봄을 가져올 것이라는 선언을 그림에 담았다고 보는 것이지요. 일종의 정치적 선언문인 셈입니다.

아펠레스의 비방
10-14번 방

아펠레스Apelles라는 이름의 화가가 있었습니다. 그가 얼마나 위대한 화가였는지에 대한 설명을 엉뚱하게도 그에 얽힌 스캔들로부터 시작해야겠습니다.

그의 명성을 들은 알렉산더 대왕Alexandros the Great이 궁중으로 불러서 자신의 애첩인 판카스페를 그리도록 했습니다. 사랑하는 여인이 더 늙기 전에 아름다운 모습을 그림으로 남기고 싶었던가 봅니다. 그런데 그림을 그리는 동안 아펠레스가 그만 그녀와 사랑에 빠지고 만 것입니다.

이 소문은 알렉산더 대왕의 귀에까지 들어가고 말았습니다. 왕이 노발대발했을 것은 불을 보듯 뻔한 일이지요. 이제 아펠레스의 목숨은 바람 앞의 등불 신세가 되었습니다.

그런데 알렉산더 대왕은 뜻밖의 결정을 내립니다.

"아름다움을 보는 눈은 나보다 화가인 아펠레스가 더 낫지 않겠는가?"

이렇게 말하고는 애첩을 아펠레스에게 보내주었다는 것입니다. 알렉산더 대왕의 너그러운 배포, 왕의 애첩의 아름다움, 아펠레스의 천재적인 그림 실력 등이 복합적으로 어우러진 한 편의 소설 같은 이야기입니다.

이렇게 천재적인 화가이다 보니 칭송도 들었겠지만, 경쟁자들로부터 시기와 질투도 많이 받았을 법합니다. 한번은 화가 안티필로스가 아펠레스를 역모죄로 고발합니다. 프톨레마이오스 1세(BC 323~BC 285, 마케도니아 출신으로 알렉산더 대왕 휘하에 있다가 훗날 이집트의 왕이 됨)의 암살 음모에 아펠레스가 연루되었다고 주장한 것이지요.

이에 대해 아펠레스는 결백을 주장하는 말 대신 그림 한 점을 왕에게 보냈다고 합니다. 그리고 그 그림을 본 왕은 아펠레스의 무죄를 확신하고 안티필로스를 무고죄로 처벌했다는 것입니다.

아펠레스가 그렸다는 결백을 주장하는 그림은 전해지지 않고, 우피치 미술관에는 산드로 보티첼리가 그린 작품이 보티첼리의 방에 걸려 있습니다. 이 그림을 통해 옛날에 아펠레스가 그렸을 그림을 짐작해 봅시다.

산드로 보티첼리, '아펠레스의 비방(La Calomnie d'Apelle)'

먼저, 화면의 중앙에서 알몸으로 질질 끌려가는 사람이 아펠레스입니다. 그리고 아펠레스의 머리채를 끌고 가는 아름다운 여인은 중상모략Calumny(혹은 비방)입니다. 아펠레스에게 해를 끼치는 직접적인 요인이지요. 그리고 중상모략의 옆에는 계략Fraud(혹은 속임수)과 시기Envy가 있습니다. 이들은 시기심 때문에 속임수를 써서라도 중상모략을 하는 것이지요. 이들이 중상모략을 꾸며주는 모습으로 표현된 것은 그 때문입니다. 그러면 모자 달린 검은 외투를 입은 남자는 무엇일까요. 그의 이름은 증오Hatred입니다. 중상모략이 잔꾀라면, 증오는 바윗돌처럼 견고한 감정입니다. 간교한 속임수와 시기심의 부추김을 받은 중상모략이 더해짐으로써 증오심은 더욱 견고해집니다.

화면의 오른쪽에 앉아 있는 커다란 귀를 가진 남자가 왕이며, 그 옆

'아펠레스의 비방' 중간 부분 확대   '아펠레스의 비방' 오른쪽 부분 확대

에서 왕의 귀에 이야기를 하는 여인들은 무지Ignorance와 의심Suspicion입니다. 팔랑귀를 가진 왕은 지혜롭지 못하여 명확한 판단을 못하는 데다가 주위에서 의심을 부추기니 점점 더 흔들립니다.

이제 왼쪽 화면을 봅시다. 알몸으로 하늘을 가리키는 여인과 눈을 가린 채 그녀를 비스듬히 바라보는 노파가 있습니다. 알몸의 여인은 진실Truth입니다. 아무도 자신을 믿어주지 않는 현실을 부끄러워하며 하늘을 원망하는 듯합니다. 그 옆에 선 눈을 가린 노파는 양심의 가책Remorse입니다. 진실을 제대로 볼 용기가 없어 눈을 가리고, 그렇다고 증오와 중상모략이 판치는 현실을 직시할 수도 없어 외면하면서 양심의 가책을 느낀다는 뜻입니다.

'아펠레스의 비방' 왼쪽 부분 확대

이런 내용의 그림을 보고 왕이 아펠레스의 무죄를 확신했다니 그나마 다행스러운 일입니다. 이처럼 격조 높은 해명이 어디 있겠습니까. 목 놓아 무죄를 주장해도 알아주지 않는 그런 현실도 있는데 말입니다.

>>>>>>>>>>>>

팔라스와 켄타우로스
10-14번 방

그리스 신화에서 팔라스는 두 가지 의미로 쓰입니다. 티탄 신의 하나로 스튁스와 결혼하여 승리의 여신 니케를 낳은 팔라스가 있고, 올림포스 신의 하나로 지혜와 전쟁을 관장하는 여신 아테나를 팔라스라고 합니다. 보티첼리의 방 '비너스의 탄생' 오른쪽에 걸려 있는 이 작품에 등장하는 팔라스는 바로 아테나를 의미합니다.

이 그림의 내용은 단순한 편입니다. 지혜를 상징하는 팔라스(아테나)가 무지를 상징하는 켄타우로스의 머리칼을 부드럽게 거머쥐고 있는데, 이는 '이성이 본능을 제어한다.'는 의미로 해석됩니다. 조금 더 자세하게 설명하여, '깊은 산 속에서 사냥을 하며 살아가는 켄타우로스가 금지구역으로 들어왔기 때문에 팔라스의 저지祖止를 받고 있다.'고 하여도 의미가 단순하기는 마찬가지입니다.

이 그림을 제대로 이해하기 위해서는 이 그림을 주문한 사람의 의도를 먼저 알아야 합니다.

산드로 보티첼리, '팔라스와 켄타우로스
(Pallas and the Centaur)'

이 그림은 메디치 가의 로렌초 디 피에르프란체스코 데 메디치Lorenzo di Pierfrancesco de' Medici가 피렌체에 있는 자신의 궁전을 장식하기 위하여 보티첼리에게 의뢰한 것이라고 합니다. 그렇다면 그는 그림을 주문하면서 어떤 의미가 담기기를 원했을까요.

그는 자신의 가문이 배출한 위대한 인물, 곧 '위대한 로렌초'의 업적을 길이 기억할 수 있는 내용의 그림을 원했습니다. 그렇다면 '위대한 로렌초'의 업적이란 무엇을 말하는 것일까요.

1479년에 교황청과 손을 잡은 나폴리가 피렌체에 전쟁을 선포합니다. 1년 전인 1478년에 메디치 가문을 축출하고자 '파치 가의 음모' 사건을 주도했다가 실패한 교황청이 이번에는 나폴리를 끌어들여 피렌체를 공격하려 한 것입니다.

당시 피렌체는 정치적으로 어수선한 상태이기도 했거니와 군사적으로도 나폴리의 적수가 되지 못했습니다. 피렌체 사람들은 공포에 휩싸였지요. 이때 '위대한 로렌초'는 놀라운 결단을 내립니다. 혈혈단신으로 나폴리의 페린테 왕을 찾아간 것입니다. 적진으로 지도자가 홀로 들어간다는 것은 그의 목숨을 내놓는다는 뜻이고, 나아가 국가의 운명을 담보로 협상에 임한다는 뜻입니다.

누구도 예상하지 못한 그의 과감한 모험은 성공을 거둡니다. 석 달에 걸친 협상 끝에 나폴리의 선전포고를 되돌려놓은 것입니다.

이 놀라운 반전 드라마 앞에 피렌체 사람들은 환호했습니다. 프랑스 작가 스탕달에 의하면, 자유에 대한 열정과 귀족 계층에 대한 뿌리 깊은 반감을 가졌던 피렌체 사람들이 메디치 가문에 복종했던 것은, 메디치 가문이 주는 심미안적 즐거움 때문이었다는 것입니다. 심미안적 즐거움이란 예술을 애호하여 문화적 안목을 높여준 것을 말하지만, 모험

'팔라스와 켄타우로스' 부분 확대

적 외교를 통해 통쾌한 승리를 거둔 로렌초의 업적도 포함된다고 스탕달은 보았습니다. 곧 메디치 가문에 있어 '위대한 로렌초'의 외교적 승리는 당대의 업적에 그치는 것이 아니라, 후손들에게까지 후광을 미친 '가문의 영광'이었던 것입니다.

그러면 '팔라스와 켄타우로스'를 보면서 그러한 역사적 사실이 어떻게 표현되어 있는지를 따져봅시다.

먼저, 화면 뒤쪽으로 산이 보이고, 그 앞바다에 배 한 척이 떠 있는 것이 보입니다. 산의 모습은 나폴리의 베수비오 화산을 닮았습니다. 그리고 바다에 단 한 척의 배만이 떠 있는 것은 '위대한 로렌초'가 혈혈단신으로 나폴리로 갔다는 사실을 떠올리게 합니다.

팔라스가 입고 있는 옷에는 고리 문양이 새겨져 있는데, 이것은 로렌초가 특별히 좋아했던 문양이라고 전해집니다. 즉, 팔라스는 메디치 가문의 사람, 그중에서도 '위대한 로렌초'를 의미하는 것이지요.

그렇다면 팔라스에게 머리채를 붙잡힌 무지한 켄타우로스는 누구일까요? 메디치 가문이 조롱하고자 했던 대상은 아마도 당시의 교황 식스투스 4세Sixtus PP. IV가 아닐까 합니다.

결국 메디치 가문은 한 장의 그림을 통해 자신들이 세상에 알리고 싶어 한 바를 충분히 외쳤으니 홍보전에서 승리한 것입니다.

겟세마네 동산에서의 기도
15번 방

15번 방에는 피에트로 페루지노Pietro Perugino의 '겟세마네Gethsemane 동산에서의 기도'란 작품이 있습니다.

바위 위에 기도하는 자세의 예수가 앉아 있고, 그 아래에는 예수의 세 제자가 잠들어 있으며, 천사가 예수에게 잔을 건네려 합니다. 그리고 뒤쪽에서는 예수를 체포하기 위해 로마 병사들과 군중들이 오고 있습니다. 그들을 앞에서 안내하는 이는 유다입니다. 예수가 체포되기 직전의 상황이 고스란히 담겨 있는 그림입니다.

겟세마네 동산은 예루살렘 동쪽의 올리브 산에 있는 언덕을 이야기합니다. 예수가 최후의 만찬을 마친 다음 세 명의 제자만을 데리고 올라가 마지막 기도를 했으며, 유다가 데리고 온 로마 병정들에게 체

피에트로 페루지노, '겟세마네 동산에서의 기도'

190

포된 장소이기도 합니다. 기독교에서는 무척 중요한 장소이므로 그곳에는 현재 여러 종파에서 세운 교회가 있습니다.

예수의 수난이 본격적으로 시작되는 그 무렵의 사건을 차례대로 재구성하여 봅시다.

예수는 유월절을 보내기 위해 예루살렘으로 입성한 뒤, 성전으로 가서 장사치들을 쫓아냅니다. 이 일은 일부 유대인들과 제사장들에게 불쾌감과 거부감을 주었지요. 이것은 예수의 일생을 주제로 한 산 조반니 세례당의 북쪽 문을 설명할 때 다시 나올 이야기입니다.

그런 다음 제자들과 함께 마지막으로 저녁 식사를 하는데, 우리는 그것을 '최후의 만찬The Last Supper'이라고 합니다. 그때 예수는 제자들에게 "너희들 중에서 한 명이 나를 배신하리라."라고 예언처럼 말하고, 제자들은 스승의 뜬금없는 말에 충격을 받습니다.

저녁 식사를 마친 후, 예수는 수제자 베드로Peter the Apostle, 세베대의 아들 큰 야고보James the Great, 큰 야고보의 동생 요한John the Evangelist만을 데리고 겟세마네 동산으로 올라갑니다. 예수는 그곳에 도착한 뒤 제자들에게 "유혹에 빠지지 않도록 기도하라."고 이른 다음, 자신도 바위 위에 꿇어 엎드려 하느님에게 기도를 합니다. 신의 아들이지만 또한 인간의 아들이기도 했던 예수는 자신의 죽음을 예감하고 인간적인 갈등을 토로합니다. 그는 이렇게 기도했다고 합니다.

"아버지여, 만일 아버지의 뜻이거든 이 잔(하느님의 심판, 세상의 죄를 짊어짐)을 내게서 옮기소서."

그 역시 죽음이 두려웠던 것입니다. 그러나 곧 의연함을 되찾고, "그러나 내 원대로 마옵시고, 아버지의 원대로 하옵소서." 하여 신의 뜻에 복종하겠다는 태도를 보입니다. 예수가 그렇게 애끓는 기도를 드리고

안드레아 만테냐, '겟세마네 동산에서의 기도'　　　　　　　　　　엘 그레코, '겟세마네 동산에서의 기도'

있을 때 제자들은 잠들어 있었고, 오로지 천사들만이 예수의 곁을 지켰다고 합니다. 겟세마네 동산에서의 기도를 다룬 그림을 보면 대부분 그런 내용임을 알 수 있습니다.

기도를 마치고 났을 때는 아직도 어두운 밤이었는데, 유다가 로마 병사들을 이끌고 겟세마네 동산으로 올라옵니다. 어두워서 누가 누구인지를 구별할 수 없을 것에 대비해 유다는 "내가 입을 맞추는 이가 예수다."라고 미리 약속을 정했다고 합니다.

예수는 그곳에서 체포되어 충독 빌라도에게 끌려갔고, 십자가형에 처하라는 군중들의 요구에 굴복한 빌라도가 그에게 십자가형을 선고하는 바람에 골고다 언덕으로 끌려가 십자가 위에서 생을 마치게 되는 것입니다.

'예수의 세례'를 그린 베로키오와 그의 제자 다 빈치

15번 방

피렌체에서 세례자 요한이 예수에게 세례를 베푸는 장면을 그리거나 조각한 미술품을 발견하는 것은 매우 쉬운 일입니다. 어느 박물관이나 성당이든 한두 점은 가지고 있기 때문입니다. 그렇기 때문에 안드레아 델 베로키오Andrea del Verrocchio의 '예수의 세례'를 보면서, 기독교에서의 세례의 의미나 세례자 요한의 역할, 혹은 예수가 받은 세례의 중요성 등에 대해서 설명할 생각은 없습니다. 다른 곳에서 반복적으로 이야기하게 될 주제이기 때문입니다.

안드레아 델 베로키오, '예수의 세례'

여기에서는 이 그림을 그린 베로키오와 그의 공방에서 공부한 레오나르도 다 빈치에 관한 이야기를 할까 합니다.

안드레아 델 베로키오는 화가이자 조각가이며 금세공사로 활동했습니다. 그중에서 회화 관련 활동은 1470~1485년 무렵에만 하였는데, 이 부분이 사람들을 의아하게 합니다. 왜냐하면 그는 15세기 후반에 활동한 피렌체파 화가들 중에서 과학적 탐구를 바탕으로 한 그림을 그린 화가로서 높은 평가를 받았는데, 명성에 비해 활동 기간이 너무 짧기 때문입니다.

그가 왜 그림을 포기하고 조각과 금세공 작업에 치중하게 되었는지를 설명하기 위해 예로 드는 작품이 바로 '예수의 세례'입니다. 이 작품은 베로키오가 주문을 받아 그리기 시작했는데, 제자인 레오나르도 다 빈치를 공동 제작자로 참여시켜 완성했다고 합니다. 그림 대부분은 스승인 베로키오가 그렸고, 세례를 돕는 두 명의 천사 중 왼쪽에 있는 인물이 다 빈치의 솜씨라고 하는군요.

전하는 이야기에 따르면, 그림이 완성된 후 베로키오는 충격을 받았다는 것입니다. 자신이 그린 천사는 표정이 딱딱하고 붓질이 거친 데 반해, 제자인 다 빈치가 그린 천사는 아름다우면서도 자연스러웠기 때문입니다. 그 일이 계기가 되어 베로키오는 붓을 꺾고, 그 뒤로는 조각과 금세공에 치중하게 되었다고 합니다.

하지만 이런 주장은 근거가 없어 보입니다. 그가 '예수의 세례'를 완성한 것은 1472년의 일이고, 제자인 로렌초 디 크레디Lorenzo di Credi와 함께 피스토이아 대성당Pistoia Cathedral의 제단화를 그린 것은 1485년의 일이니까요.

오히려 그가 조각가인 도나텔로로부터 조각을 배웠고, 1470년에 메디치 가의 별장에 놓을 '돌고래를 안은 소년상'을 제작해 명성을 얻었다는 이야기를 보면, 원래 그가 재능을 보인 분야는 그림이 아니라 조각일 가능성이 높습니다. 그 밖에도 분수나 묘비 등을 다수 남긴 것으로 보아 의도적으로 붓을 꺾었다기보다는 자신에게 더 잘 맞는 분야에 집중하다 보니 회화에 상대적으로 소홀했다고 보는 것이 옳을 것 같습니다.

칼리돈의 멧돼지 사냥
34번 방

'칼리돈의 멧돼지 사냥'은 괴물 퇴치와 관련된 영웅들의 활동 이야기인 동시에, 운명의 여신으로부터 불운한 삶을 부여받은 한 인간의 비극적인 인생에 관한 이야기이기도 합니다. 그에 대해 한번 알아봅시다.

멜레아그로스Meleagros는 칼리돈의 왕 오이네우스Oeneus와 그의 아내인 알타이아Althaea 사이에서 태어났습니다. 그런데 그가 태어났을 때 운명의 여신들이 나타나 "이 아이는 장차 칼리돈의 영웅이 되겠지만, 저 난로 속의 장작이 다 타는 순간 죽게 될 것이다."라고 말했습니다.

'칼리돈의 멧돼지 사냥(Calydonian Boar Hunt)'

그 말을 들은 알타이아는 불타고 있는 장작을 꺼내어 불을 끈 다음, 깊은 곳에 꽁꽁 숨겨두었습니다. (그런 까닭에 종종 멜레아그로스는 얼굴이 검은 모습으로 표현되곤 합니다.)

멜레아그로스는 사람들의 칭송을 받는 건장한 청년으로 자랐습니다. 그런데 어느 해 오이네우스 왕이 추수를 마친 다음 신들에게 감사의 제사를 올리면서 아르테미스Arthemis를 깜빡 잊은 일이 있었는데, 이 일로 나라에 재앙이 닥칩니다. 화가 난 아르테미스가 성난 멧돼지를 칼리돈에 보낸 것입니다.

멜레아그로스는 그리스의 영웅들을 불러 모아 '칼리돈의 멧돼지 사냥'이란 행사를 개최하면서 함께 괴물 멧돼지를 처치하자고 합니다. 이때 모여든 사람 중에는 특이하게도 아탈란타Atalanta라고 하는 아리따운 처녀가 있었습니다. 멜레아그로스는 이미 결혼한 몸이었음에도 불구하고 그녀를 보자 한눈에 반하고 맙니다.

멧돼지 사냥은 순탄치 않았습니다. 그러다가 마침내 아탈란타가 쏜 화살이 멧돼지의 귀를 뚫었고, 멜레아그로스의 창이 멧돼지의 몸에 박혔습니다. 멜레아그로스는 창 던지는 솜씨가 그리스 제일이라는 평을 들었는데, 그 솜씨를 제대로 발휘한 것입니다. 결국 아르테미스의 성난 멧돼지는 영웅들의 손에 목숨을 잃었습니다.

멜레아그로스는 멧돼지를 죽이는 데 공이 가장 큰 사람에게 주기로 했던 머리와 가죽을 아탈란타에게 주었습니다. 아탈란타의 화살이 맨 먼저 멧돼지에게 상처를 입혔으니 공이 가장 크다는 것이었지요.

그러나 멜레아그로스의 외삼촌들인 톡세우스Toxeus와 플렉시포스Plexippus가 여자에게 어찌 그처럼 소중한 것을 줄 수 있느냐며 반발합니다. 내심 아탈란타를 좋아하고 있던 멜레아그로스는 분노를 참지 못하고 외삼촌들을 베어버렸습니다.

아들이 멧돼지를 죽였다는 소식을 듣고 기뻐하며 잔치를 준비하던 알타이아는 곧이어 들려온 소식, 즉 아들의 손에 동생들이 죽었다는 소식에 경악했습니다. 동생들을 아끼는 마음이 극진했던 알타이아는 슬픔을 가누지 못하고 오열하였고, 동생들의 원수를 갚는 일과 아들에 대한 사랑 사이에서 고민하다가 결국 아들의 목숨을 빼앗아 동생들의 넋을 위로하기로 마음먹게 됩니다.

그녀는 오래전에 감추어두었던 타다 만 장작을 꺼내 난로에 던져 넣었습니다. 난로에 들어간 장작이 불타오르면서 멜레아그로스는 참을 수 없는 고통을 느꼈고, 난로의 장작이 다 타고 나자 멜레아그로스의 목숨도 공중으로 흩어졌습니다. 아들을 죽음으로 몰아넣은 알타이아는 죄책감을 이기지 못하고 자살했다고 합니다.

이상과 같이 비극적이면서 드라마틱한 멜레아그로스의 이야기는 예술가들의 영감을 자극해서 많은 작품의 소재가 되었습니다.

페테르 파울 루벤스, '칼리돈의 멧돼지 사냥'

'멧돼지 머리와 함께 있는 멜레아그로스'
(바티칸 박물관 소장)

신과 맞서다가 벌을 받는 마르시아스
35번 방 복도

공예의 여신이기도 한 아테나가 피리를 발명했습니다. 그녀는 자신이 만든 피리를 불어 올림포스 산의 연회를 흥겹게 만들곤 했지요. 그런데 개구쟁이 에로스가 피리를 부느라 볼이 빵빵해진 아테나를 보고 우스꽝스럽다며 웃는 것이었습니다. 무안해진 아테나는 피리를 인간 세상으로 내던져버렸지요.

그런데 그것을 주운 이가 사티로스(판)인 마르시아스Marsyas입니다. 그는 우연히 주운 피리를 불어보았는데, 소리가 여간 아름다운 것이 아니었습니다. 마르시아스는 자신의 연주 솜씨를 동네방네 자랑했습니다. 자랑을 하더라도 분수에 맞게 했어야 하는데, 그만 정도를 넘어서 버린 것입니다. 음악의 신 아폴론도 자신만큼 피리를 잘 불지는 못할 거라고 떠벌렸으니 말입니다.

이 가당찮은 떠벌림은 곧 아폴론의 귀에 들어갑니다. 자부심 강한 아폴론이 이런 망발을 한 귀로 듣고 흘려버릴 리가 있나요. 못된 인간의 버릇을 가르치겠다고 나섰지요.

결국 아폴론과 마르시아스는 내기 연주를 하기에 이릅니다. 지는 쪽의 살가죽을 벗기는 조건으로 말입니다.

아홉 명의 뮤즈Muse와 미다스Midas 왕이 심판으로 나선 경연에서 마르시아스는 최선을 다해 피리를 불었지만, 음악의 신 아폴론을 능가할 수는 없었습니다. (뮤즈들이 아폴론 휘하의 요정들이란 점을 생각하면 공정한 심판진은 아니지만) 뮤즈들은 전원 다 아폴론의 승리에 표를 던졌고, 오로지 인간인 미다스 왕만이 마르시아스의 연주가 더 낫다고 판결했습니다. 9대 1로 아폴론이 이겼으니 마르시아스는 살가죽이 벗겨지는 벌을 당할 수밖에 없었지요.

우피치 미술관 35번 방 복도에는 살가죽이 벗겨지기 직전의 마르시아스 조각품이 있습니다. 이것과 똑같은 형태의 작품이 루브르 박물관에도 소장된 것으로 보아 고대의 원작을 복제한 것들이 아닐까 합니다.

그러면 그 날의 내기는 그 정도의 불행만을 남긴 채 끝났을까요? 아닙니다. 불똥이 애꿎은 미다스 왕에게로 튑니다. 마르시아스의 연주가 더 낫다고 판결한 미다스 왕에게 화가 난 아폴론이 그것도 귀라고 달고

우피치 미술관의 '마르시아스'　　　　루브르 박물관의 '마르시아스'

다니느냐며 잡아당겨 당나귀 귀처럼 만들어버린 것입니다. 그 뒤로 그는 커다란 귀를 감추기 위해 모자를 쓰고 다녔고, 그 사실을 아는 유일한 인물인 이발사는 왕의 비밀을 혼자 간직하는 것이 괴로워 갈대숲에 가서 "임금님 귀는 당나귀 귀"라고 외쳤다는 이야기가 전합니다.

　헨드릭 드 클레르크Hendrik de clerck가 그날의 경연을 그림으로 그렸습니다. 중앙의 빛나는 월계관을 쓴 이가 리라를 연주하는 아폴론이고 화면의 오른쪽에 있는 반인반양의 사티로스(판)가 마르시아스입니다. 그리고 마르시아스를 봉으로 가리키고 있는 이가 미다스의 왕인데, 그의 길쭉한 귀가 이후의 불행을 말해줍니다.

헨드릭 드 클레르크, '미다스의 심판'(암스테르담 국립박물관 소장)

>>>>>>>>>>>>>>

승리의 여신 니케
35번 방 복도

    35번 방 앞 복도에서 승리의 여신 니케Nike 조각상을 보았는데, 우피치 미술관을 찾는 관람객들에게 많은 관심을 받는 작품은 아닌 듯 보였습니다. 그러나 유럽을 여행하다 보면 자주 보게 되는 그리스 신화 속의 인물이므로, 간략하게라도 설명하고자 합니다.

니케상

로마 신화에서는 빅토리아Victoria라고 불리는 니케는 티탄Titan 신족의 하나인 팔라스Pallas와 저승을 흐르는 강의 여신 스튁스Styx 사이에서 태어났습니다.

티탄 신들과 올림포스의 신들이 전쟁을 벌일 때, 티탄 신에 속함에도 불구하고 니케는 제우스의 마차를 몰며 올림포스 신들 편에 섰기 때문에 전쟁이 끝난 후 '승리의 여신'이라는 명예로운 직함을 갖게 되었습니다. 그

런던 버킹엄 궁전 앞의 니케　　파리 개선문의 니케　　　　파리 센 강 교각의 니케　　　　룩셈부르크 헌법광장의 니케

녀의 어머니인 스틱스는 되돌릴 수 없을 정도로 중요한 맹세를 할 때 그 이름을 언급하도록 하는 방식으로 절대적인 권위를 보장받았지요.

그런데 앞에서 본 조각상을 니케로 단정할 수 있는 것은 무엇 때문일까요. 그것은 그녀가 오른손에는 월계관을, 왼손에는 종려나무 가지를 들고 있기 때문입니다. 월계관과 종려나무 가지, 그리고 날개는 니케의 상징입니다. 이 세 가지를 모두 갖추고 있는 경우도 많지만, 그중의 한 가지만 지니고 있어도 니케로 볼 수 있을 정도입니다.

세 가지를 모두 갖춘 경우로는 런던 버킹엄 궁전 앞에 서 있는 황금빛 찬란한 니케와 파리 개선문에 새겨진 니케가 있고, 우피치 미술관의 니케는 월계관과 종려나무 가지만 가지고 있으며 파리 센 강의 교각에 새겨진 니케는 월계관이 없습니다. 또한 룩셈부르크의 헌법광장에 있는 니케는 월계관만 들고 있지요.

전쟁이 잦았던 시절에 승리에 대한 간절한 바람을 담아 제작한 니케 관련 작품은 유럽 각지에서 흔하게 발견되므로, 미리 알아두면 좋을 것 같아 설명했습니다.

에로스와 프시케

35번 방 복도

프시케란 소녀가 있었습니다. 아름다운 소녀였지요. 그런데 너무 아름다운 것이 문제였습니다. 아름다움의 여신 아프로디테가 질투할 정도로 아름다웠으니까요.

아프로디테는 사람들이 프시케의 아름다움을 칭송하면서 자신의 신전을 찾지 않자 화가 났습니다. 그래서 아들인 에로스를 불러 프시케를 혼내주라고 분부했지요. 세상에서 가장 혐오스러운 남자의 배필이 되도록 하라는 것이었습니다.

에로스는 어머니의 명을 받고 프시케를 찾아갔다가, 너무나 아름다운 그녀를 보는 순간 깜짝 놀라 실수로 자신의 황금 화살촉에 찔리고 맙니다. 걷잡을 수 없는 사랑에 빠지도록 하는 화살이었지요. 이후로 에로스는 프시케를 깊이 사랑하게 됩니다.

아프로디테의 미움을 받게 된 이후로, 프시케는 결혼 상대를 구할 수 없게 되었습니다. 모두들 그녀의 아름다움을 칭송하기는 했지만, 결혼하겠다며 나서지를 않았기 때문입니다. 그녀의 아버지가 델포이에 있는 아폴론 신전에 사람을 보내 신탁을 물어보니, '이 처녀는 인간의 짝이 될 운명이 아니다. 이 처녀는 산꼭대기에 사는 괴물의 짝이 될 것이다.'라고 하는 답이 나왔습니다.

프시케의 부모는 슬퍼했지만, 그녀는 담담히 자신의 운명을 받아들입니다. 산꼭대기의 괴물에게 시집갈 운명이라면 따르겠다고 마음먹고, 산으로 갑니다. 산으로 간 프시케는 서풍의 신 제피로스의 도움으로 낯선 궁전으로 안내됩니다.

피에르폴 프뤼동(Pierre-Paul Prud'hon), '제피로스에게 실려 가는 프시케'

그곳에서 프시케는 예상과는 달리 행복한 생활을 합니다. 어두워지면 찾아왔다가 날이 새기 전에 떠나는 신랑은 더없이 다정다감했고, 궁전에서의 생활은 쾌적했기 때문입니다. 언니들이 산 위의 괴물한테 시집간 불쌍한 동생을 위로하겠다며 찾아오지만 않았다면, 그녀의 행복은 계속되었을 것입니다.

그런데 언니들이 찾아와 행복해 보이는 동생을 향해 온갖 의혹의 말을 던진 것이 문제가 되었습니다. 언니들은 밤마다 찾아오는 신랑이 괴물이 틀림없다며, 반드시 확인을 해보라고 거듭 당부하고 산을 내려갔습니다.

프시케는 언니들의 말이 자꾸 마음에 걸렸습니다. 그래서 절대로 자신의 얼굴을 보려고 하지 말라는 남편의 말을 무시하고, 깊은 밤에 몰래 등불을 밝혀 남편의 얼굴을 확인합니다. 그런데 뜻밖에도 그녀의 남편은 괴물이 아닌, 사랑의 신이었습니다.

잠에서 깬 에로스는 화를 내며 프시케의 곁을 떠납니다. 의심이 자리 잡은 곳에서는 사랑이 깃들 수 없다는 말을 남기고 말입니다. 뒤늦게 자신의 잘못을 깨달은 프시케는 아프로디테를 찾아가 에로스의 사랑을

페테르 파울 루벤스, '프시케와 에로스'　　　존 로덤 스펜서 스탠호프(John Roddam Spencer Stanhope), '카론과 프시케'

되찾게 해달라고 애원합니다. 그러나 처음부터 프쉬케를 미워했던 아프로디테가 그녀의 소원을 쉽게 들어줄 까닭이 없습니다. 그래도 프시케가 아프로디테의 노여움이 풀릴 때까지 온갖 궂은일을 마다치 않고 묵묵히 수행하자 마음이 조금 누그러진 아프로디테는 마지막으로 한 가지 심부름을 시킵니다. 저승의 여왕 페르세포네를 찾아가 그녀의 화장품을 얻어오라는 것이었습니다.

산 사람이 저승에 다녀올 수는 없는 일이지만, 그녀를 불쌍하게 여긴 알 수 없는 신의 도움으로 무사히 저승에 갈 수 있었습니다. 저승을 흐르는 강을 건너기 위해서는 카론Charon이란 영감의 배를 타야만 하는데, 웬일인지 카론이 산 사람인 프시케가 강을 건널 수 있게 해줍니다.

프시케를 만난 페르세포네는 아프로디테에게 가져다주라며 화장품 상자 하나를 건네줍니다. 그러면서 한 가지 당부를 하지요. 가는 도중

존 윌리엄 워터하우스, '황금 상자를
열어보는 프시케'

안토니오 카노바, '에로스와 프시케'

에 절대로 열어보아서는 안 된다고.

신화든 전설이든 모든 옛이야기에서 공통적으로 발견되는 것은, 절대로 뒤를 돌아보지 말라거나 절대로 열어보지 말라거나 하는 금기는 제대로 지켜지는 예가 없다는 것입니다. 프시케 또한 마찬가지였습니다. 그녀는 이승의 땅을 밟은 뒤, 그 상자 안에 무엇이 들어있는지 도무지 궁금해서 참을 수 없었습니다. 그래서 살짝 열어보았지요. 그 안에 들어있는 것이 죽음보다 깊은 잠이란 걸 그녀는 알 수 없었던 것입니다.

죽음보다 깊은 잠에 빠진 아내를 본 에로스는 마음이 아팠습니다. 여전히 그는 프시케를 진심으로 사랑하고 있었으니까요. 그래서 제우스를 찾아가 호소합니다. 둘의 안타까운 사랑을 알게 된 제우스는 아프로디테에게 프시케를 용서하라고 권하고, 이때쯤에는 아프로디테의 화도

필리포 펠라지오 팔라지(Filippo Pelagio Palagi),
'큐피드와 프시케의 약혼'

우피치 미술관의 '에로스와 프시케'

많이 풀려 둘의 결혼을 허락합니다.

어머니의 허락을 받은 에로스는 프시케를 찾아가 입맞춤으로 그녀의 잠을 깨웁니다. 그 순간을 가장 극적으로 표현한 작품이 루브르 박물관에 있는 안토니오 카노바Antonio Canova의 조각품이 아닐까 합니다.

둘은 제우스의 배려로 올림포스 산에서 살 수 있었으며, 그들 사이에서 볼푸타스(기쁨)가 태어났다고 합니다.

참으로 파란만장한 두 사람의 사랑 이야기를 길게 한 까닭은, 우피치 미술관에 에로스와 프시케의 조각상이 서 있기 때문입니다. 프시케란 말은 그리스어로 '나비', '영혼'이라는 뜻인데, 조각상을 보면 프시케의 등에 나비의 날개가 달려 있습니다. 조각가가 그녀의 정체성을 그렇게 표현해 둔 것입니다. 35번 방 앞 복도에서 볼 수 있답니다.

> >>>>>>>>>>>
테세우스에게 버림받은 아리아드네
35번 방

    35번 방에는 잠든 아리아드네Ariadne를 새긴 조각 작품이 전시되어 있습니다. 테세우스Theseus를 도와주고 함께 아테네를 향해 떠났던 아리아드네는 낙소스 섬에 들렀을 때 잠들었다가 테세우스에게 버림받았다고 합니다.

'잠든 아리아드네'

그 이야기를 하자면, 먼저 테세우스에 관한 설명을 해야만 합니다. 그래야 왜 그들이 만나게 되었는지를 알 수 있으니까요.

테세우스는 아테네의 왕 아이게우스Aigeus의 아들입니다. 아버지 아이게우스가 신탁을 들으러 델포이에 갔다가 돌아오는 길에 트로이젠에 잠시 들렀는데, 그때 트로이젠의 공주인 아이트라Aithra와 동침하여 낳은 것입니다.

아이게우스는 트로이젠을 떠나며 아이트라에게 이렇게 말했다고 합니다.

"궁궐 안의 커다란 바위 밑에 몇 가지 신표를 넣어두었으니, 만약 아들을 낳아 그 바윗돌을 들 만큼 성장하거든 그 사실을 알려주시오. 신표를 가지고 날 찾아오면 아들로 인정하겠소."

아이게우스가 떠난 뒤 아이트라는 아들을 낳았고, 이름을 테세우스라고 지었습니다.

성년이 된 테세우스는 어머니로부터 자신의 출생에 얽힌 이야기를 들었고, 아버지가 바윗돌 아래에 감춰둔 신표를 찾아내 아테네로 갑니다. 가는 길에 온갖 위험한 일을 겪었지만 지혜와 용기로써 모두 해결하고 무사히 아버지 아이게우스를 만나 아들로 인정받게 됩니다.

그런데 그 무렵 아테네는 강대국인 크레타로부터 매년 젊은 남녀 각 7명씩을 제물로 바치라는 압력을 받고 있었습니다. 왕은 괴로웠지만, 국력이 약한 나라를 보존하기 위해 어쩔 수 없이 보낼 수밖에 없었습니다.

그 사실을 안 테세우스는 자신도 제물 중의 한 명으로 보내달라고 합니다. 왕은 뒤늦게 얻은 귀한 아들을 죽음으로 몰아넣을 수 없어 일언지하에 거절하지만 테세우스는 죽지 않고 살아서 돌아오겠다고 약속하며 고집을 부립니다. 왕은 어쩔 수 없이 제물로 바쳐질 14명의 남녀에 자신의 아들을 포함시켜 크레타로 보냅니다.

그 무렵 크레타는 파시파에Pasiphae 왕비가 낳은 괴물 소 미노타우로스 Minotauros 때문에 곤혹스러운 상황이었습니다. 파시파에가 소를 사랑하여 아들을 낳았는데, 머리 부분은 소이고 그 아래는 인간인 괴물이었습니다. 더구나 소이면서 풀은 먹지 않고 오직 젊은 남녀만을 먹으려 하니 여간 골칫덩어리가 아니었던 것입니다.

미노스 왕은 자신이 지은 죄로 인해 벌어진 일이기 때문에 왕비를 탓할 수도 없었습니다. 자신이 왕위에 오르기 위해 포세이돈에게 약속한 일이 있는데, 왕이 되고 나서 그 약속을 지키지 않아 포세이돈이 화가 나 일으킨 일이란 걸 그 자신이 더 잘 알았기 때문입니다.

미노스 왕은 손재주가 좋은 다이달로스Daidalos를 불러 미궁labyrinth을 짓도록 하고, 미노타우로스를 그곳에 가두었습니다. 그리고 자신의 왕국에서 제물을 구할 수 없자 애꿎은 약소국 아테네에 압력을 가해 해마다 공물로 사람을 요구했던 것입니다.

그러니 테세우스는 죽음으로 가는 길을 자청하여 나선 셈이었습니다.

크레타에 도착한 인간 제물들을 본 아리아드네는 테세우스를 본 순간, 그만 사랑을 느끼고 맙니다. 그녀는 미노스 왕과 파시파에 왕비 사이에서 태어난 공주였지요.

아리아드네는 그처럼 준수하고 용감해 보이는 청년이 미노타우로스의 먹이로 던져지는 것을 참을 수 없었습니다. 그래서 몰래 그를 찾아가 실꾸리를 건네주며, 미궁에서 되짚어 나오는 방법을 알려줍니다.

용감한 테세우스는 미궁으로 들어가 미노타우로스를 해치우고 아리아드네가 준 실꾸리를 이용해 무사히 밖으로 나옵니다. 그리곤 아리아드네를 데리고 아테네로 돌아오는 배에 오르지요.

그런데 무슨 까닭인지 중간에 쉬기 위해 들른 낙소스 섬에서 잠든 아리아드네를 두고 떠나버립니다. 그녀는 나라를 배신하면서까지 테세우스를 도왔는데 버림받은 것입니다. 우피치 미술관에 있는 잠든 아리아드네 조각상은 그 상황을 표현한 것입니다.

버림받은 채 낙소스 섬에 남겨진 아리아드네를 바쿠스(그리스 신화의 디오니소스)가 발견하여 부인으로 삼았다고 합니다. 티치아노가 그린 '바

티치아노, '바쿠스와 아리아드네'

쿠스와 아리아드네'를 보면, 바쿠스가 아리아드네에게 얼마나 강렬하게 끌렸는지를 알 수 있습니다. 그는 아리아드네와 결혼하면서 7개의 보석이 박힌 금관을 선물하였다고 하지요.

그래서인지 어떤 이는 테세우스가 아리아드네를 버리고 간 것이 아니라, 아리아드네에게 반한 바쿠스가 그에게 조용히 섬을 떠나라고 명령했기 때문에 어쩔 수 없이 몰래 떠난 것이라고 주장하기도 합니다.

아테네로 무사 귀환한 테세우스는 자랑스러웠겠지만, 생각지도 않은 비극이 기다리고 있었습니다. 크레타로 갈 때 아버지를 안심시키기 위해 "반드시 살아서 돌아오겠습니다. 성공하고 오게 되면 흰 깃발을 달겠습니다."라고 약속했는데, 그만 갖은 우여곡절을 겪다 보니 그 약속을 잊어버린 것입니다.

아들이 살아서 돌아오기만을 학수고대하던 왕은 돌아오는 배에 흰 깃발이 보이지 않자 아들이 죽은 것으로 지레짐작하고는 자살하고 말았다고 합니다.

> > > > > > > > > > > >

니오비데가 전시된 방
42번 방

우피치 미술관에는 '니오비데Niobids'가 전시된 독립된 방이 있습니다. 42번 방이 바로 그곳인데, 니오베Niobe의 자식들이 죽어가는 모습을 새긴 조각품들이 전시된 곳입니다. 니오비데란, 그리스 신화에 나오는 니오베의 자식들을 소재로 삼은 조각품을 일컫는 용어이지요.

그리스 신화에는 신 앞에 겸손할 줄 몰랐던 인간들이 파멸로 치닫는 이야기가 여러 군데 나오는데, 그중에서 가장 기혹한 벌을 받은 이는 아마도 니오베가 아닐까 합니다. 어머니로서 열네 명의 아들딸이 죽는 것을 지켜봐야 했으니, 그 슬픔을 어디에 비교할 수 있을까요?

니오베는 리디아의 왕 탄탈로스Tantalos의 딸이면서 테베의 왕 암피온Amphion의 아내였으니 혈통상으로는 누구에게도 꿀리지 않

니오비데가 전시된 방

았습니다. 게다가 아들 일곱에 딸 일곱을 두었으니 세상에 부러울 것이 없는 사람이었지요.

신으로부터 넘치도록 받은 행운 앞에 감사하는 마음을 가졌더라면 좋았을 텐데, 니오베는 그러지를 못했습니다. 아폴론과 아르테미스의 어머니 레토Leto 여신을 숭배하는 사람들 앞에서 이런 말을 내뱉었던 것입니다.

"고작 아들 하나 딸 하나밖에 낳지 못한 여신이 뭐 그리 대단하다고 숭배를 한단 말이냐. 나는 그보다 일곱 배나 많은 자식을 낳았다. 차라리 나를 숭배하는 게 낫지 않겠느냐?"

그 말을 들은 레토 여신은 분해서 어쩔 줄 몰랐지요. 그래서 자식들에게 하소연을 했는데, 그 아들과 딸이 누구입니까? 아들은 태양신이자 궁술의 신인 아폴론이요, 딸은 달의 여신이자 사냥의 여신 아르테미스가 아닙니까? 이 쌍둥이 남매는 어머니를 모욕한 인간을 응징하고자 활시위를 당깁니다. 오만한 인간 니오베의 열네 자식들을 향해서 말이지요. 아폴론의 화살은 니오베의 아들들을 향해 날아갔고, 아르테미스의 화살은 딸들을 향해 날아갔지요.

니오베의 자부심의 근원이었던 아들딸이 모두 죽는 데는 그리 많은 시간이 걸리지 않았습니다.

자식들이 하나둘 죽어가는 것을 보고서야 정신을 차린 니오베는 레토 앞에 무릎을 꿇고 "마지막 남은 막내만이라도 살려 달라."고 애원합니다. 오른쪽 작품이 바로 그 상황을 나타내고 있습니다.

이 이야기의 결말은 두 가지로 전합니다. 하나의 결말은 니오베를 끝내 용서하지 않은 아폴론 남매가 마지막 남은 아이까지 모두 죽이자 니오베는 슬픔을 이기지 못하고 하염없이 울다가 돌로 변했다는 것입니

막내 아이만이라도 살려달라고 애원하는 니오베

다. 돌로 변한 뒤에도 계속 눈물이 흘러 그것을 '니오베의 샘'이라고 했다 합니다. 다른 결말은, 니오베의 자식 가운데 아들 아미클라스와 딸 멜리보이아는 레토에게 어머니의 잘못을 용서해 달라고 빌어 목숨을 건졌는데, 이들은 레토의 신전을 짓고 속죄하는 마음으로 살아 더 이상 화를 입지 않았다는 것입니다.

우피치 미술관에 있는 니오비데는 로마 제국 시절에 복사된 것으로 1583년 로마에서 발견된 것들이며, BC 5세기경의 그리스 시대 원작은 로마 국립미술관에 1점, 코펜하겐 조각 전시관에 2점이 남아 있다고 합니다.

이드로의 딸들을 보호하는 모세
60번 방

이스라엘에 7년간 대기근이 들어 이스라엘 사람들이 먹을 것을 찾아 이집트로 이주한 일이 있습니다. 대기근에 관한 이야기는 야곱의 아들 요셉과 연결되는데, 이는 산 조반니 세례당의 동쪽 문(311쪽)에서 하게 될 것입니다.

아무튼 그 무렵에 이집트로 이주한 이스라엘 사람들은 한둘이 아니었습니다. 모두 가뭄으로 아사餓死하기 직전이었으므로 살길을 찾아 이집트로 갔던 것입니다. 그렇게 이집트 땅으로 간 사람들이 자리를 잡고 번성하게 되자, 본토박이인 이집트인들과 갈등이 생기기 시작했습니다. 이집트인들로서는 굴러온 돌 때문에 자신들이 피해를 입는다는 생각이 들었던 것입니다.

그래서 이집트인들은 자신들의 왕인 파라오를 찾아가 대책을 세워 달라고 요구했습니다. 이스라엘 사람들을 이집트 땅에서 추방해 달라는 것이었지요. 파라오는 모든 이스라엘 사람들을 한꺼번에 추방하면 문제가 될 것이라고 판단하여 "모든 이스라엘 가정에서 태어난 사내아이를 죽이라."는 명령으로 대신합니다.

아므람Amram과 요게벳Jochebed의 세 번째 아이인 모세는 그 무렵에 태어났습니다. 위로는 형인 아론Aaron과 누나인 미리암Miriam이 있었습니다.

모세의 어머니인 요게벳은 차마 갓 태어난 막내아들이 죽는 것을 볼 수 없어 진흙을 바른 아기바구니에 넣은 다음 강물에 띄워 보냅니다.

그런데 그 아기를 구해서 키우게 된 것은 공교롭게도 파라오의 딸인 이집트 공주였습니다. 이집트 궁전에서 왕실의 한 사람으로 자라난 모세는 우발적인 살인 사건에 연루되어 사막으로 도피하게 됩니다. 이스라엘 노인을 학대하는 이집트 관리를 죽이게 된 것입니다.

그런 사연으로 사막을 떠돌던 모세가 우연히 미디안의 제사장인 이드로의 딸들을 만나게 되는데, '이드로의 딸들을 보호하는 모세Moses defends the Daughters of Jetro'는 그 순간을 포착한 그림입니다.

성서에 의하면, 모세가 한 우물가에서 쉬고 있을 때 이드로의 딸들이 양 떼를 몰고 와 물을 먹이려 했다 합니다. 그런데 그때 다른 남자 목동들이 나타나 이드로의 딸들을 몰아내고 자신들의 양 떼에게 먼저 물을 먹이려 하자 의협심 강한 모세가 나서서 남자 목동들을 쫓아냈다는 것입니다. 모세에게 고마움을 느낀 이드로의 딸들은 모세를 아버지에게로 안내했고, 그 일이 계기가 되어 모세는 이드로의 집에서 머물게 됩니다. 그리고 그 후 모세는 이드로의 일곱 딸 중에서 십보라Zipporah와 결혼하게 되지요.

로소 피오렌티노(Rosso Fiorentino), '이드로의 딸들을 보호하는 모세'

엠마우스에서의 저녁 식사
이번 방

이번에는 폰토르모Pontormo(본명은 야코포 카루치Jacopo Carucci이며 이탈리아 폰토르모에서 출생하였다)의 '엠마우스에서의 저녁 식사The Supper at Emmaus'라는 그림을 봅시다.

'엠마우스에서의 저녁 식사'는 예수가 부활하고 난 직후의 사건을 말합니다. 금요일에 사망한 예수는 사흘 뒤인 일요일에 부활하는데, 제일 먼저 마리아 막달레나가 예수를 목격합니다. 처음에는 그가 예수인지를 알아보지 못했으나 나중에 알아보고 붙잡으려 하자, "내가 아직 내 아버지에게 가지 못했으니 나를 붙잡지 말라." 하고 뿌리쳤다고 합니다.

그 날 저녁, 클레오파스Cleopas라는 이름을 가진 제자와 이름이 알려지지 않은 또 한 명의 제자가 엠마우스(예루살렘의 서북쪽 6km 지점에 있던 마을)로 가면서, 낮에 마리아 막달레나로부터 들은 이야기(예수의 무덤이 비어 있고, 자신이 부활한 예수를 보았다는 이야기)에 대해서 말을 나누었습니다. 그

폰토르모,
'엠마우스에서의 저녁 식사'

러던 중에 같은 방향으로 가는 또 한 사람이 합류하여 함께 가게 되었습니다. 이때까지만 해도 이들은 동행자가 누구인지를 전혀 알지 못했지요.

날이 이미 저물었으므로 제자들은 엠마우스에서 묵기로 합니다. 중간에서 동행했던 나그네는 계속 길을 가겠다고 하는데 제자들이 만류하여 여관에 함께 묵게 되었습니다.

저녁 식사를 하던 중에 나그네가 빵을 들고 축복한 다음 제자들에게 나누어주었는데, 그 순간 그들의 눈이 밝아지면서 자신들의 앞에 앉아 있는 이가 예수인 것을 비로소 알아보았다고 합니다. 그러나 예수는 금세 사라졌고, 예수가 열두 명의 제자들 앞에 자신을 드러내는 것은 그 이후의 일입니다.

『누가복음』에 기록된 이 일화는 많은 화가들에 의해 그려졌습니다.

바르톨로메오 카바로치(Bartolomeo Cavarozzi),
'엠마우스에서의 저녁 식사'

카라바조(Caravagio),
'엠마우스에서의 예수와 두 제자'

예수와 두 제자가 엠마우스에
서 저녁 식사를 한 이야기를 마치
기 전에 마지막으로 폰토르모의
그림을 다시 봅시다. 그림 위쪽에
삼각형 안에 눈이 있고 사방으로
빛이 뻗어나가고 있습니다. 이 눈
은 '모든 것을 보는 눈all seeing eye'
이라고 합니다. 세상 모든 것을

예루살렘 성 십자가 수도원의 '신의 눈'

지켜보는 '신神의 눈'을 말하지요. 주로 삼각형 안에 한쪽 눈이 그려진
형태인데, 교회 건물에서 찾아볼 수 있습니다. 이때는 하느님의 눈을
의미하는 것이겠지요.

황금방울새의 성모
66번 방

성모 마리아를 그린 그림 중에서 가장 아름답고 자애로운 모습을 하고 있다는 라파엘로 산치오Raffaello Sanzio의 '황금방울새의 성모Madonna of the goldfinch'를 감상해 봅시다.

이 그림에는 어린 세례자 요한(짐승 가죽을 입은 왼쪽 아이)과 아기 예수가 황금방울새를 가지고 노는 모습이 보입니다.

더러 이 그림의 제목을 '검은방울새의 성모'라고 번역하는 경우가 있는데, 아마도 아이들의 손에 들린 방울새가 검은색으로 보이기 때문이 아닌가 합니다. 그러나 검은(머리)방울새는 siskin이라 하고, 이 그림의 제목에 쓰인 goldfinch는 '황금방울새', 혹은 '오색방울새'로 번역하는 것이 맞습니다. 몸체에 황금색이 들어간 이 새의 이름은 황금방울새로 하는 것이 적절할 것 같아 여기서는 그렇게 부르도록 하겠습니다.

기독교 성화에 나타나는 소재들은 특정한 상징 의미를 갖는 경우가 많습니

라파엘로, '황금방울새의 성모'

다. 예를 들어 예수가 들고 있는 포도주는 세상을 구원하기 위해 흘리는 그의 피를, 성모 마리아의 주변에 있는 백합은 그녀의 순결함을 상징하는 것처럼 말입니다.

이 그림에서 아기 예수와 요한이 가지고 있는 황금방울새도 단순한 장난감의 의미만은 아닐 것입니다.

방울새는 전통적으로 사람의 영혼을 뜻하는데, 예수가 이 새를 손으로 고이 어루만지고 있는 것은 그가 사람들의 영혼을 구하기 위해 이 땅에 왔다는 사실을 알려주는 것입니다. 더구나 세례자 요한과 함께 방울새를 어루만지는 것은 그들의 사명이 일맥상통한다는 뜻이 될 것입니다. 세례자 요한은 훗날 사람들을 회개시키기 위해 설교하고 세례를 주었는데, 이는 사람들의 영혼을 구하기 위한 노력이었기 때문입니다.

평화롭고 아름다워 보이는 그림에 라파엘로는 그런 깊은 의미를 숨겨둔 것입니다.

그런데 이 그림 속의 새를 검은방울새로 볼 경우에는 의미가 약간 달라집니다. 검은방울새는 가시나무 숲에 산다고 알려져 있으므로, 예수가 십자가에 못 박히기 전에 머리에 썼던 가시관과 연관 지어 '예수의 수난'을 상징한다고 보는 의견이 많습니다.

1506년에 그려진 이 그림은 1547년에 발생한 지진으로 인해 17조각으로 부서졌는데, 오랜 기간에 걸쳐 복원작업을 한 끝에 2008년에 현재의 모습을 되찾을 수 있었습니다. 복원에 참여했던 사람 중의 한 명이 "아마도 라파엘로보다 내가 이 그림에 더 애착이 깊을 것이다."라고 말했을 정도로 심혈을 기울여 옛 모습을 되찾은 작품입니다. 그런 사실을 알고 보면 더욱 각별한 느낌이 들지 않을까 생각합니다.

카라바조의 바쿠스
90번 방

90번 방은 카라바조Caravaggio의 작품들이 전시된 '카라바조의 방'입니다. 거기에 그의 작품 '젊은 바쿠스Young Bacchus'가 있습니다. 그림 속의 바쿠스(그리스 신화의 디오니소스)는 포도 열매와 잎으로 만든 관을 쓰고, 손에는 포도주 잔을 든 젊은 모습입니다. 그가 포도주의 신인 것을 알려주려고 작정하고 그린 그림 같습니다.

카라바조, '젊은 바쿠스'

카라바조의 본명은 미켈란젤로 메리시Michelangelo Merisi da Caravagio인데, 부친의 고향 이름을 따서 카라바조라고 불렀습니다. 그는 고전적 규범을 따르기보다는 현실을 있는 그대로 그리는 것을 좋아했습니다. 이상적 아름다움을 꾸며내어 그리기보다는 추하든 아름답든 실감 나게 그리려 한 그를 미술사는 바로크 미술의 개척자라고 평가합니다.

카라바조가 그린 또 다른 바쿠스 그림이 로마 보르게세 미술관에 있습니다. 그런데 이 그림은 병색이 짙

은 바쿠스입니다. 병이 깊은데
도 손에는 포도송이를 들고 있
군요. 어쩌면 화가는 술을 지나
치게 좋아하면 결국 병으로 고
생한다는 이야기를 하려고 하는
것 같습니다.

디오니소스(바쿠스의 그리스 신
화 속 이름)라는 이름은 '어머니가
둘인 자'란 뜻입니다. 이름에서
느껴지듯이 불행하게 태어난 신
이지요.

바람둥이 신 제우스가 사랑한
여인 세멜레Semele가 임신한 사

카라바조, '병든 바쿠스'(로마 보르게세 미술관 소장)

실을 제우스의 부인인 헤라가 알게 됩니다. 세멜레에겐 큰 봉변이 기다
리고 있는 셈이었지요.

헤라는 세멜레의 유모로 변장하고 찾아가, 밤마다 찾아오는 남자가
제우스라고 어떻게 믿을 수 있느냐, 정말로 제우스라면 본래의 모습을
보여 달라고 해 봐라, 하면서 세멜레의 의심을 부추깁니다.

귀가 얇은 세멜레는 밤에 찾아온 제우스에게 부탁이 하나 있다고 합
니다. 세멜레가 사랑스러웠던 제우스는 부탁을 들어주겠다며 스틱스
강에 걸고 맹세합니다. 스틱스 강에 걸고 한 맹세는 제우스라 해도 반
드시 지켜야만 하는 강제력을 갖는데, 제우스는 자신의 사랑을 확신시
키기 위해 무리수를 둔 것입니다.

"당신의 본래 모습을 보여 달라."는 세멜레의 부탁을 듣는 순간 제우

스는 아차 싶었지만, 자신의 말을 되돌릴 수는 없었습니다. 세멜레가 죽을 것을 알면서도 어쩔 수 없었어요. 스튁스 강에 걸고 맹세했으니까요. 벼락의 신 제우스의 본래 모습을 본 순간, 세멜레는 불타 죽습니다. 인간이 벼락을 감당할 수는 없는 일이지요.

제우스는 세멜레가 죽은 후, 그녀의 배 속에 있던 아기를 꺼내 자신의 허벅지에 넣고 키웁니다. 그 아기가 바로 디오니소스, 즉 바쿠스입니다. 어머니의 배 속에서 생겨나 아버지의 허벅지에서 자란 후 태어났으니 어머니가 둘인 셈입니다.

그런 불행한 출생의 비밀을 안고 태어난 바쿠스는 세상을 떠돌아다니며 사람들에게 포도 재배를 가르치고, 포도주 만드는 방법을 보급합니다. 포도주는 인간에게 좋은 음료이기는 하지만, 절제하지 못하면 건강을 해치고 행동을 난잡하게 만드는 악영향을 끼치기도 하지요. 풍요를 기원하는 흥겨운 축제에 빠져서는 안 될 유익한 음식이면서 지나치면 광란에 빠지게 하는 것이 바로 술입니다. 바쿠스는 그런 두 가지 얼굴을 가진 물질을 인간에게 선물한 것입니다. 그 자신이 두 어머니를 가졌기 때문일까요?

카라바조의 그림을 보면서도 그런 생각을 하게 됩니다. 적당히 마실 때는 생기가 돌고 젊음이 빛나는데, 알맞은 정도를 벗어나면 죽음으로 치닫는 것이 술이라는 사실을 화가는 두 장의 그림을 통해 우리에게 알려주고 있는 것이라고요.

로마의 자비(시온과 페로)
91번 방

91번 방에 있는 그림 중에는 보는 이를 당혹스럽게 만드는 작품이 있습니다. 노인이 젊은 여인의 젖을 빨고 있는 내용이기 때문입니다. 뭔가 선정적이고 퇴폐적인 분위기를 풍겨 정색하고 보기 민망한 장면입니다. 이 작품은 바르톨로메오 만프레디Bartolomeo Manfredi의 '로마의 자비Roman Charity'입니다.

바르톨로메오 만프레디, '로마의 자비'

그런데 의외로 이들을 다룬 그림과 조각품이 상당수입니다. 예술가들에게 매력적인 주제였다는 뜻이지요. 단순히 외설적이고 음란한 내용이라면 많은 예술가들이 경쟁적으로 다루지는 않았을 것입니다. 그렇다면 이 그림에는 어떤 이야기가 담겨 있는 것일까요.

이 그림 속의 노인은 시몬Cimon이고, 젊은 여인은 페로Pero입니다. 두 사람은 부녀간이지요. 시몬은 독재에 항의하다가 감옥에 갔습니다. 그리고 아사형餓死刑(굶어 죽도록 음식을 주지 않는 형벌)을 선고받았지요. 이제 노인은 감옥에서 굶어 죽게 된 것입니다.

그런데 그에게는 몸을 푼 지 얼마 안 된 딸이 있었습니다. 그 딸이 바로 페로입니다. 딸은 굶어 죽게 된 아버지를 두고 볼 수가 없었습니다. 그래서 날마다 감옥을 찾아가 아버지에게 자신의 젖을 먹였던 것입니다.

이것이 실화인지는 알 수 없습니다. 그러나 17세기를 전후한 시기에 이 이야기는 매우 숭고한 사랑의 한 유형으로 여겨졌습니다. 부모를 향한 자식의 효심, 자기희생 등으로 미화된 것입니다. 그래서 '로마의 자비'라는 뜻으로 '카리타스 로마나caritas Romana'란 용어가 나왔을 정도입니다. 화가들이 정말로 그런 의미에서 다투어 그림의 소재로 삼았는지는 모르겠지만, 묘하게 선정적이면서도 사람들의 비난을 피할 수 있는 소재라서 선호했던 것은 아닐까 하는 생각이 듭니다.

같은 주제를 다룬 작품들을 비교하며 감상해 보는 것도 의미가 있을 것 같아 소개합니다.

페테르 파울 루벤스 作

마티아 프레티(Mattia Preti) 作

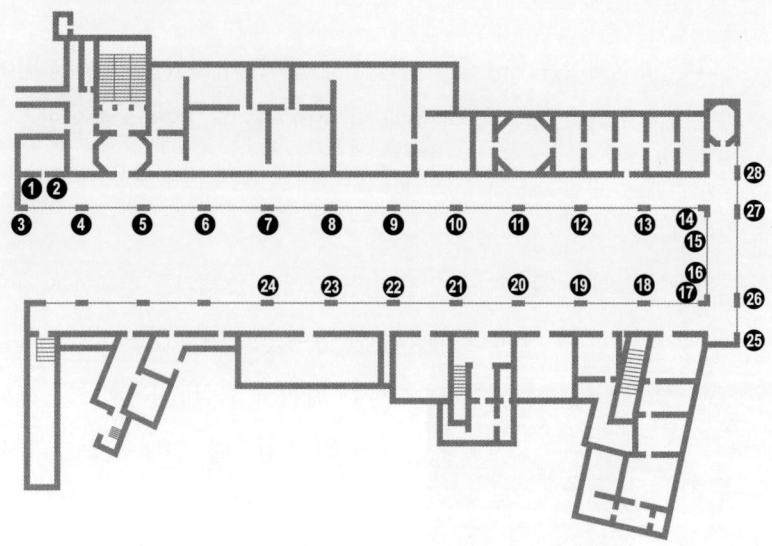

❶ **코시모 파테르 파트리아이** 메디치 가문을 피렌체의 지배자로 만든 진정한 의미의 메디치 가문 시조

❷ **로렌초 일 마그니피코** 피렌체를 유럽의 경제와 예술의 중심지로 만든 위대한 로렌초

❸ **안드레아 오르카냐** 조토 이후 쇠퇴해 가던 피렌체의 회화를 중흥시켰다는 평을 받는 예술가

❹ **니콜라 피사노** 이탈리아 로마네스크 양식을 지킨 최후의 조각가라는 평을 듣는 예술가

❺ **조토 디 본도네** 화면에 입체감과 실제감을 표현하는 기법을 창시한 피렌체파 회화의 창시자

❻ **도나텔로** 조각 분야 르네상스 양식의 창시자

❼ **레오네 바티스타 알베르티** 산타 마리아 노벨라 성당 정면 파사드를 설계한 건축가

❽ **레오나르도 다 빈치** 다방면에서 탁월한 재능을 보였던 진정한 의미의 르네상스 미술의 완성자

❾ **미켈란젤로 부오나로티** 피렌체가 배출한 진정한 천재, 조각가이자 화가

❿ **단테 알리기에리** 영원불멸의 고전 『신곡』을 남긴 시인이자 사상가

⓫ **프란체스코 페트라르카** 단테, 보카치오 등과 어깨를 나란히 하는 이탈리아 문학의 거장

⓬ **조반니 보카치오** 『데카메론』을 쓴 근대 소설의 선구자

⓭ **니콜로 마키아벨리** 『군주론』을 쓴 르네상스 시대의 사상가, 정치철학자

⓮ **프란체스코 귀치아르디니** 마키아벨리의 친구이자 라이벌이었던 정치 및 외교 분야의 전문가

⓯ **아메리고 베스푸치** 자신의 이름이 신대륙 '아메리카'의 근원이 된 탐험가

⓰ **갈릴레오 갈릴레이** 코페르니쿠스의 지동설을 지지한 천문학자이자 물리학자, 그리고 수학자

⓱ **피에르 안토니오 미켈리** 르네상스 시대의 식물학자로 진균학(곰팡이에 대한 학문)의 출발점이 됨

⓲ **프란체스코 레디** 토스카나 대공의 시의(侍醫)로 일하면서 피사대학 교수를 겸한 의사 겸 박물학자

⓳ **파올로 마스카니** 최초로 림프액 순환 계통을 자세히 설명한 피사 출신의 의사

⓴ **안드레아 체살피노** 린네(Carl von Linné)에게도 영향을 미친 『식물학』을 저술한 식물학자

㉑ **성 안토니노** 피렌체 출신의 성직자이자 주교, 학자, 산 마르코 수도원의 첫 수도원장

㉒ **프란체스코 아쿠르시우스** 르네상스 이전의 법률학자로 로마법 해석을 집대성한 사람

㉓ **귀도 아레티노** 중세의 음악 이론가, 수도사. 서양 음악의 7음계를 창시(왼손에 악보를 들고 있음)

㉔ **벤베누토 첼리니** 로자 데이 란치의 페르세우스상 조각가. 또한 화가이자 음악가 그리고 군인

㉕ **프란체스코 페루치** 신성로마제국 황제인 카를로스 5세에 맞서 싸운 피렌체의 군인

㉖ **조반니 달레 반데 네레** 토스카나 대공 코시모 1세 메디치의 아버지

㉗ **피에로 카포니** 피에로 디 로렌초 데 메디치를 축출하고 피렌체의 지도자가 된 군인이자 정치가

㉘ **파리나타 데글리 우베르티** 기벨린 당의 지도자이자 전술가. 피렌체가 파괴되지 않도록 하는 데 힘을 씀

(24번 옆으로도 인물상이 있을 것으로 짐작되나 현재는 보수 작업 중이라 볼 수 없어 아쉬움)

피렌체가 낳은 천재들 2

>>>>>>>>>>>

　디귿 형태로 되어 있는 우피치 미술관은 열주랑列柱廊/colonnade(일정한 간격으로 서 있는 기둥들로 이루어진 복도)을 가진 건축물입니다. 그리고 열주의 중간 중간에 벽감niche/壁龕(벽면에 움푹하게 파인 공간으로 대개 조각상이 놓인다)을 새기고, 거기에 피렌체가 낳은 위인들의 전신 입상을 세워 두었습니다.

　물론 거기에 한 자리를 차지하지 못한 위대한 천재들도 많습니다만, 피렌체가 자랑하는 중요한 인물들의 면면을 살펴보다 보면 피렌체의 영광이 어디에서 비롯된 것인지를 짐작할 수 있을 것입니다.

피렌체가 낳은 천재들을 만날 수 있는 우피치 미술관 열주랑

● 코시모 파테르 파트리아이

열주의 벽감 안에 세워진 인물들을 살펴보기 전에 건물 벽면(열주 쪽에서 보면 안쪽)에 자리 잡고 있는 인물들을 먼저 만나보겠습니다. 왼쪽에 있는 이가 코시모 파테르 파트리아이, 즉 코시모 데 메디치인데, 사후에 피렌체 시민들로부터 '국부國父'란 명예로운 칭호를 받은 사람입니다. '파테르 파트리아이Pater Patriae'는 이탈리아 어로 '나라의 아버지'란 뜻이지요.

코시모 데 메디치Cosimo di Giovanni de' Medici(1389~1464)는 메디치 가문을 피렌체 공화국, 더 나아가 토스카나 대공국의 지배자로 만든 진정한 의미의 메디치 가문의 시조라고 할 수 있는 사람입니다.

그는 고리대금업으로 돈을 모은 조반니 디 비치Giovanni di bicci의 장남으로 태어나 아버지의 사업을 물려받았고, 수완이 좋았던지 가업을 더욱 키워 피렌체에서 제일 부유한 가문으로 만들었던 것입니다.

로렌초 데 메디치

코시모 데 메디치

열주랑 안쪽 벽면

COSIMO PATER PATRIAE

코시모 파테르 파트리아이,
루이기 메기(Luigi Magi) 作

코시모는 막강한 경제력을 가졌으면서도 항상 겸손하게 처신하여 평민들의 지지를 받았습니다. 아버지인 조반니 디 비치가 유언으로 그에게 남긴 말이 '항상 겸손하고, 남들 앞에 나서지 말라.'는 것이었다고 합니다. 아버지의 마지막 가르침을 가슴 깊이 새긴 코시모는 분별력과 자제력을 바탕으로 공화국 정부 안에서 조용히 영향력을 키워나갔는데, 기존의 귀족 세력들은 이러한 코시모의 활동을 위협으로 받아들였지요.

코시모 데 메디치의 아버지인 조반니 디 비치

결국 1433년에 알비치Albizzi 가문과 스트로치Strozzi 가문이 주동이 되어 그를 피렌체에서 추방합니다. 그는 베네치아에 머물며 절치부심한 끝에 교황청과 친구들의 도움을 받아 1년 만에 피렌체로 돌아올 수 있었지요. 기존 귀족들은 그의 귀환을 반대했겠지만, 시민들은 열렬히 환영했다고 합니다.

피렌체 귀환 이후 코시모는 사람들의 예상과는 달리 자신을 추방했던 정적政敵들에 대해 보복을 하지 않아 더욱 존경을 받게 되었다고 합니다.

그가 죽은 뒤 피렌체 사람들이 그에게 '나라의 아버지'란 칭호를 부여한 것은 단순히 그가 부유했고 높은 지위에 있었기 때문이 아니라, 존경할 만한 덕망을 갖춘 인물이었기 때문이었습니다.

● 로렌초 일 마그니피코

'위대한 사람'이라는 뜻의 '일 마그니피코Lorenzo il Magnifico'는 코시모 데 메디치의 손자인 로렌초 데 메디치Lorenzo di Piero de' Medici(1449~1492)를 말합니다. 흔히 '위대한 로렌초'라고 부르는 그는 1449년에 코시모의 아들인 피에로 데 메디치의 장남으로 태어났는데, 아버지인 피에로가 일찍 사망하는 바람에 할아버지가 일궈놓은 메디치 가문의 정치적 유산과 사업을 물려받았습니다.

메디치 가문의 영광은 코시모 데 메디치와 로렌초 데 메디치 때 최고조에 달했다는 말을 들을 정도로 로렌초의 정치적 능력은 탁월했습니다. 그는 예술과 교육 분야에 대한 후원도 아끼지 않아 피렌체에서 르네상스가 만개하는 데 중요한 역할을 했습니다.

LORENZO IL MAGNIFICO

로렌초 일 마그니피코, 가에타노 그라치니 (Gaetano Grazzini) 作

그러나 정적들로부터 암살 위협을 받아 자신은 가까스로 목숨을 건졌지만 동생이 죽는 것을 보아야 하는 비극을 겪기도 했습니다. 1478년에 '파치 가의 음모Pazzi conspiracy'란 사건이 발생했는데, 산타 마리아 델 피오레 대성당의 미사에 참석한 로렌초 형제를 향해 파치 가문의 프란체스코 데 파치가 칼을 휘둘러 로렌초의 동생 줄리아노 데 메디치Giuliano de' Medici가 사망한 것입니다.

줄리아노에게는 당시 줄리오 데 메디치 Giulio de' Medici란 혼외 아들이 있었습니다.

로렌초는 죽은 동생의 아들을 양자로 입적한 다음, 나중에 교황이 되도록 뒷바라지를 합니다. 바로 클레멘스 7세Clemens PP. VII가 위대한 로렌초의 조카이자 양자였던 줄리오입니다.

레오나르도 다 빈치, '목 매달린 베르나르도 바론첼리'

자신을 추방했던 정적들을 관대하게 처리했던 코시모 데 메디치와는 달리, 로렌초 데 메디치는 단호하게 대처합니다. 암살 모의에 가담한 사람들을 체포하여 교수형에 처했던 것입니다.

레오나르도 다 빈치가 그린 '목 매달린 베르나르도 바론첼리Hanging of Bernardo Baroncelli'라는 제목의 스케치를 보면 로렌초가 비극적인 그 사건을 어떻게 마무리 지었는지 알 수 있습니다. '파치 가의 음모' 사건의 주동자였던 베르나르도 바론첼리는 메디치 가문의 보복을 피해 콘스탄티노플까지 도피했지만 결국 피렌체로 소환되어 교수형에 처해졌던 것입니다.

페테르 파울 루벤스, '위대한 로렌초의 초상'

어쨌든 그 사건은 로렌초를 냉혹한 정치가로 바꾸었으며, 피렌체를 유럽의 경제와 예술의 중심지로 만들었다는 공로와는 별도로 피렌체의 공화정을 시ㆍ실싱의 전제 정치로 바꾸어 놓았다는 비판을 받게 하는 계기가 되었습니다.

● 조토 디 본도네

피렌체에서 조토라는 이름을 들으면 맨 먼저 '조토의 종탑'이 떠오르지요. 맞습니다. 여기에 서 있는 이 사람이 바로 산타 마리아 델 피오레 대성당 옆에 우뚝 선 아름다운 종탑을 설계한 바로 그 사람입니다. 그러나 그의 본래 활동 분야는 그림이랍니다.

조토Giotto di Bondone(1266?~1337)는 피렌체 출신의 화가로 관념적인 평면 회화를 극복하고 화면에 입체감과 실제감을 표현하는 기법을 창시하였습니다. 이것은 매우 획기적인 일로 미술사에서 그는 새로운 세계를 개척한 선구자로 평가받습니다. '피렌체파 회화'의 창시자란 별명도 그로 인해 얻은 것입니다.

단테는 『신곡』에서 조토를 스승인 G. 치마부에Cimabue와 이렇게 비교하고 있습니다.

조토 디 본도네, 조반니 듀프레(Giovanni Dupré) 作

"치마부에가 회화계에서 왕좌를 차지하나 했더니 이제는 조토가 명성을 얻었다. 때문에 치마부에의 그림자는 희미해졌다."

이 문장은 명성의 덧없음을 말하기 위한 예시였으나, 역설적으로 조토의 명성이 얼마나 뚜렷한지를 알려주는 예가 되었습니다.

또한 보카치오는 그의 작품 『데카메론』에서 조토를 일컬어

"몇백 년 동안 묵혀 있던 회화를 되살려냈을 뿐만 아니라 눈을 속일 수 있을 정도로 자연을 사실적으로 묘사했다."고 표현하고 있습니다.

당시 피렌체 최고의 화가였던 치마부에가 피렌체 근방의 시골 마을에 갔다가 바위에 그림을 그리고 있던 양치기 소년의 그림 솜씨에 놀라 문하생으로 삼았다는 이야기가 전하며, 치마부에가 그린 인물 위에 조토가 파리를 그려 넣었는데 스승이 그걸 보고 쫓아내려 했다는 이야기도 전합니다. 그의 천재적인 그림 솜씨를 돋보이게 하려는 의도에서 전하는 이야기로 보입니다.

그의 대표적인 작품은 파도바의 산타 마리아 아라 아레나 성당(별칭 스크로베니 예배당Scrovegni Chapel)의 내부를 장식한 '마리아와 그리스도의 이야기', '우의상寓意像', '최후의 심판' 등의 프레스코 벽화입니다.

● 도나텔로

도나텔로Donatello(1386~1466)의 조각상을 보면 손에 망치를 들고 있는 것을 알 수 있습니다. 그가 조각 분야에서 활동했다는 것을 알려주는 것이지요.

본명이 도나토Donato di Niccolò di Betto Bardi인 그는 피렌체에서 출생했으며, 브루넬레스키의 건축, 마사초의 회화와 더불어 조각에서 르네상스 양식의 창시자로 일컬어집니다.

도나텔로, 지롤라모 토리니(Girolamo Torrini) 作

시뇨리아 광장의 '방패를 든 사자상'　　　　　바르젤로 미술관의 '다비드'

　피렌체에서 볼 수 있는 그의 작품을 꼽아보자면 우선 시뇨리아 광장에서 보았던 '홀로페르네스의 목을 베는 유디트'와 그 옆에 있는 '방패를 든 피렌체의 상징 사자상'을 들 수 있습니다. 그리고 바르젤로 미술관에 있는 그의 '다비드'는 미켈란젤로의 '다비드'와는 다른 매력을 가진 작품입니다.

　그밖에도 오르산미켈레 성당 외벽에 설치된 성 조지상, 산타 크로체 성당 내부 벽에 설치된 수태고지상, 조토의 종탑에 설치된 성인상(294쪽)들도 그의 작품입니다. 피렌체를 무대로 활동한 조각가 중에서 그의 이름은 특별히 더 뚜렷하다고 할 수 있습니다.

레오나르도 다 빈치Leonardo da Vinci(1452~1519)를 한 마디로 설명할 수 있을까요? 프랑스의 작가인 로맹 롤랑Romain Rolland은 "천재를 믿지 않는 사람, 혹은 천재란 어떤 것인지를 모르는 사람은 미켈란젤로를 보라."고 했다 합니다. 미켈란젤로를 일컬어 진정한 천재라고 말하는데 이의를 제기할 생각은 없습니다만, 그가 레오나르도 다 빈치보다 더 위대하다고는 말할 수 없습니다. 미켈란젤로도 다양한 분야에서 탁월한 업적을 남겼지만, 레오나르도 다 빈치보다 더 다양한 분야에서 더 탁월한 업적을 남겼다고는 말할 수 없지요. 레오나르도 다 빈치에 대해서는 조르조 바사리가 했다는 말이 제일 정확하지 않을까 합니다.

"우리는 이따금씩 자연이 하늘의 기운을 퍼붓듯, 한 사람에게 엄청난 재능을 내려주는 것을 본다. 이처럼 감당 못 할 만큼의 초자연적인 은총이 한 사람에게 집중되어서 아름다움과 사랑스러움과 예술적 재능을 고루 갖게 되는 일이 없지 않다. 그런 사람은 하는 일조차 신성해서 뭇 사람들이 감히 고개를 들 수 없으니 오직 홀로 밝게 드러난다. 또 그가 내는 것들은 신이 손을 내밀어 지은 것과 같아서 도저

레오나르도 다 빈치, 뤼기 팜파로니(Luigi Pampaloni) 作

레오나르도 다 빈치의 자화상

히 인간의 손으로 만들었다고 보기 어렵다. 레오나르도 다 빈치가 바로 그런 사람이다."

그는 피렌체 근교의 빈치 마을에서 사생아로 태어났습니다. 당시 이탈리아의 신분 제도는 우리나라처럼 적서를 엄격하게 차별하는 정도는 아니었지만, 그래도 귀족 가문이 아닌 평범한 가정에서 사생아로 태어났다는 것은 신분적으로 약점을 갖고 출발하는 셈이었습니다.

열여섯 살 되던 해에 그는 피렌체로 가서 아버지의 친구인 안드레아 델 베로키오Andrea del Verrocchio가 운영하는 미술 공방의 수습생으로 들어갔습니다. 거기서 예수의 세례를 주제로 한 그림에 참여했다는 이야기는 앞에서 했지요.

'모나리자', '최후의 만찬' 등에서 알 수 있다시피 그는 진정한 의미의 르네상스 미술의 완성자이면서 조각·건축·토목·수학·과학·음악·미학·요리·생물학·해부학·지질학·수리학水理學·해양학·기계 공학·지도 제작·무기 제작·항공학 등의 다방면에 걸쳐 탁월한 재능을 보였지요. 한 사람이 어떻게 이토록 다양한 분야에서 업적을 남길 수 있는지 놀라울 뿐입니다. 그는 몇 세기 후에나 나타날 것들을 사람들에게 미리 보여주고 간 불가사의한 인물이었습니다.

메디치 가문은 왜 레오나르도 다 빈치를 후원하지 않았을까

앞서 살펴보았듯이 레오나르도 다 빈치는 피렌체가 낳은 르네상스 시대의 천재들 중에서도 특히 탁월한 능력을 가진 사람이었습니다. 그리고 그 당시에 메디치 가문이 예술가들을 전폭적으로 지지한 것도 사실입니다. 그렇다면 다 빈치야말로 메디치 가문으로부터 가장 넉넉한 후원을 받았어야 하는데, 과연 그랬을까요? 뜻밖에도 다 빈치는 메디치 가문으로부터 후원을 거의 받지 못했습니다. 그의 대표작이라고 할 수 있는 '최후의 만찬'이 밀라노에 있고, '모나리자'가 파리의 루브르 박물관에 있는 것은 다 이유가 있습니다. 피렌체에서 그는 찬밥 신세였기 때문에 제대로 된 활동을 할 수 없어 이리저리 떠돌아다녀야 했던 것입니다.

그의 외톨이 신세를 알려주는 일화가 있습니다. 1481년에 교황청은 피렌체의 지배자인 로렌초에게 새로 건축한 예배당의 장식을 의뢰했습니다. 피렌체와 화친을 맺기 위한 정치적 손짓이었지요. 이에 화답하여 로렌초는 피렌체를 대표하는 예술가들을 선발하여 로마로 파견했는데, 산드로 보티첼리Sandro Botticelli, 루카 시뇨렐리Luca Signorelli, 도메니코 기를란다요Domenico Ghirlandajo, 피에트로 페루지노Pietro Perugino 등이었습니다. 그런데 이들은 모두 다 빈치와 함께 베로키오 공방 출신이었습니다. 너무나 탁월한 그의 그림 솜씨 때문에 스승이 붓을 꺾었다는 이야기가 전할 정도로 당시 다 빈치의 그림 실력은 남다른 것이었습니다. 그런데도 로마 파견단 명단에서 빠졌다는 것은 메디치 가문이 의도적으로 다 빈치를 제외시켰다고 보는 것이 옳을 것입니다. 왜 메디치 가문은 르네상스 최고의 천재를 푸대접한 것일까요? 여기에 대해서는 대체로 두 가지 의견이 있습니다.

먼저 사생아 출신인 데다가 동성애자로 고발당한 전력이 있어 메디치 가문이 후원을 꺼렸다는 설입니다.

1476년에 다 빈치를 포함한 몇 명의 청년들이 익명의 제보자로부터 '검은 옷을 입은 남자(동성애자를 의미)'로 고발되었습니다. 그중의 한 명이 메디치 가문 사람이었기 때문에 메디치 가문에서 손을 써 일이 확대되지는 않았지만, 출생의 약점이 있는 다 빈치는 사생활이 문란하다는 누명까지 써서 입장이 매우 난처해집니다. 그 일로 인해 메디치 가문에서는 수치스런 사건에 연루된 다 빈치를 후원하지 않게 되었다는 설이 있습니다.

다른 한 가지 설은 다 빈치가 재능은 뛰어났지만, 작품을 끝까지 완성하는 성실성이 부족하여 신뢰를 얻지 못했다는 것입니다. 실제로 그의 작품 중에는 유난히 미완성작이 많습니다. 불후의 명작 '모나리자'도 미완성 상태로 알려져 있습니다.

그러한 다 빈치의 치명적 약점을 통렬하게 지적한 사람이 조르조 바사리입니다.

"다빈치는 분명히 예술에 대한 이해가 탁월했기 때문에 많은 것을 시도했다. 그러나 어느 것 하나도 끝내지 못했다. 머릿속으로 구상한 완벽한 작품을 만들 수 없다는 것을 깨달았기 때문이다. 그의 이상은 고매했다. 그의 손이 아무리 뛰어난 솜씨를 지녔다고 해도 그 이상을 실현할 수 없었다."

레오나르도 다 빈치, '최후의 만찬'

피렌체에서 주문을 받지 못한 다 빈치는 로도비코 스포르차Lodovico Sforza 공작의 후원을 받기 위해 밀라노로 갑니다. 그때 그린 작품이 바로 산타 마리아 델레 그라치에 성당의 식당 벽에 그린 '최후의 만찬'이지요.

뛰어난 재능을 가졌지만 불우한 신세였던 다 빈치를 보면 '열두 가지 재주 가진 놈이 저녁거리 간데없다.'는 우리나라 속담이 문득 떠오릅니다.

● 미켈란젤로 부오나로티

피렌체가 수많은 르네상스의 천재들을 배출했다지만, 미켈란젤로 Michelangelo Buonarroti(1475~1564)야말로 그 가운데서도 으뜸인 사람입니다. 그의 대리석 조각 작품인 '다비드'는 피렌체를 대표하는 이미지이며, 그밖에도 그림과 조각품들이 박물관과 성당 등에 흩어져 있습니다.

미켈란젤로에 대한 이야기는 그의 작품을 만나게 될 때마다 하나씩 풀어내도록 하겠습니다.

미켈란젤로 부오나로티, 에밀리오 산타렐리 (Emilio Santarelli) 作

● 단테 알리기에리

피렌체 출신으로서 영원불멸의 고전 『신곡 Divina Commedia』을 남겼고, 이것으로 중세의 정신을 종합하여 문예부흥의 선구자가 되어 인류문화가 지향할 목표를 제시하였다는 평가를 받는 단테 Dante Alighieri(1265~1321)에 관해서는 산타 크로체 성당에 가서 자세히 설명하도록 하겠습니다. 성당 앞 광장에 그의 동상이 서 있고, 성당 안에는

단테 알리기에리, 에밀리오 데미(Emilio Demi) 作

그의 가묘가 있으니까요.

● 조반니 보카치오

피렌체 근처의 체르탈도Certaldo에서 태어난 조반니 보카치오Giovanni Boccaccio(1313~1375)의 출생 기록은 분명하지 않습니다. 피렌체 상인이었던 아버지가 파리에 있을 때 만난 여인과의 사이에서 낳았다고 추정되는 것으로 보아 떳떳한 출생은 아니었던 것으로 보입니다. 그러나 그는 단테의 『신곡神曲』에 비견하여 '인곡人曲'이라고 할 정도로 유명한 단편소설집 『데카메론Decameron』의 저자로서 '근대 소설의 선구자'라 일컬어집니다.

그를 단숨에 르네상스 문학의 거장으로 만든 『데카메론』은 흑사병이 피렌체를 휩쓸던 당시를 배경으로 한 작품으로, 흑사병을 피하여 피렌체 근교의 별장에 모여든 10명의 남녀가 하루에 한 편씩 열흘 동안 주고받은 100편의 이야기를 묶은 형태의 소설입니다. 제목의 '데카메론'은 '10일간의 이야기'라는 뜻입니다. 금요일과 토요일은 쉬었다고 하니, 실제로는 2주일 동안 함께 지내면서 무료함과 두려움을 잊기 위해 흥미 위주의 이야기를 나누었던 것입니다. 고

조반니 보카치오, 오도아르도 판타치오티(Odoardo Fantacchiotti) 作

라파엘로 소르비, '데카메론'

상하고 신성한 이야기들이 아니기에 지식인층에서는 냉담한 반응을 보였지만 당시 서민층 독자들에게는 삶의 고단함을 잊을 수 있는 재미있는 이야기라 하여 환영받았습니다. 그리고 이제는 당시의 생활상을 짐작할 수 있는 풍속 자료로서의 가치도 있다고 하겠습니다.

라파엘로 소르비Raffaello Sorbi의 '데카메론'을 보면 일곱 명의 젊은 여자와 세 명의 젊은 남자가 둘러앉아 각자 준비한 이야기를 들려주고 나머지 사람들은 진지한 자세로 귀 기울이는 작품 속의 상황이 사실적으로 묘사되어 있습니다.

흑사병이 유럽 역사에 미친 영향

보카치오의 『데카메론』은 피렌체를 휩쓴 흑사병을 피해 피렌체 근교의 별장에 모여든 일곱 명의
젊은 여자들과 세 명의 젊은 남자들이 열흘 동안 밤마다 나눈 이야기 100편을 모은 단편소설집
입니다. 작품 속의 이야기는 물론 작가의 상상에서 나온 것이지만, 배경이 된 피렌체의 흑사병
은 사실이었습니다. 사실일 뿐만 아니라 그 무렵에 창궐한 흑사병은 유럽의 역사를 바꾸었다고
할 정도로 영향력이 큰 것이었지요. 여기서는 그에 대해 알아보려고 합니다.
흑사병Black Death/黑死病은 쥐벼룩을 통해 감염되는 전염병인 페스트를 일컫는데, 그 병에 걸린
환자는 살이 검게 썩어가기 때문에 그런 이름이 붙었습니다.

14세기 중엽부터 17세기 중엽까지 약 300년 동안 유럽은 흑사병의 공포에 시달렸습니다. 치사
율이 매우 높은 전염병인 흑사병은 의학이 발달되지 않은 당시에 수많은 사람들의 목숨을 앗아
갔습니다. 도시마다 사정이 다르기는 하지만, 인구의 20~30%가 죽어 나갈 정도였습니다.
유럽에 창궐한 흑사병의 원인에 대해서는 1347년 무렵에 킵차크Kipchak 군대가 제노바 시를 향
해 페스트 환자의 시신을 쏘아 보냄으로써 유럽에 전파되었다는 설과 동방 원정에 나섰던 십자
군 병사들이 한센씨병(나병)과 흑사병을 얻어 왔다는 설이 있습니다. 어느 쪽이 맞는지와는 상관
없이 유럽에 전파된 흑사병은 순식간에 퍼져 나가 불과 몇 년 만에 유럽 전체를 죽음의 대륙으
로 만들었던 것입니다.
흑사병으로 인한 가장 큰 변화는 인구의 감소였습니다. 시골 장원莊園(유럽의 중세기에 귀족이나
사원에 딸린 넓은 토지)에서는 일할 수 있는 농노農奴들이 떼죽음을 당했습니다. 가난하여 영양
상태가 좋지 못한 데다가 불결한 환경에서 살다 보니 전염병에 더욱 취약했던 것입니다. 농노들
의 죽음은 지주의 파산과 봉건 제도의 몰락을 가져왔습니다. 살아남은 사람들이 일거리를 찾아
도시로 몰려들어 도시가 발달하는 계기가 되기도 했지요.
종교의 영향력이 약해진 것도 그 무렵에 나타난 현상이었습니다. 모든 것을 신에게 의지하며 신
앙의 힘으로 현세의 고통을 견디던 중세 사람들에게 무기력한 신의 존재는 실망을 주었지요. 또
한 흑사병은 수도원의 수도사들에게 치명적이었습니다. 전염병은 사람들이 모여 있는 폐쇄적인
집단에서 특히 위험한데, 수도원은 공동체 생활을 했기 때문에 희생자가 더욱 많았던 것입니다.
그러다 보니 수도사의 수가 절대적으로 모자라게 되어 자격이나 자질이 다소 부족해도 받아줄
수밖에 없었어요. 결국 미신이나 이단의 성향을 가진 수준 미달의 성직자들이 교회의 권위를 떨
어뜨리는 일도 있었지요.

리타 그리어, '1665년 런던 대역병'

예술의 퇴보도 중요한 문제였습니다. 많은 예술가들이 흑사병으로 희생된 데다가 창의력을 키우기 위한 여행이 금기시되면서 예술가들이 표현할 만한 소재를 찾기 어려워졌던 것입니다. 결국 살아남은 예술가들이 생생하게 표현할 수 있는 것이라고는 흑사병의 공포밖에 없는 상황에서 당시의 시대상을 기록한 작품들이 생산되었습니다. 보카치오의 『데카메론』이 대표적인 경우이지요.

유럽에서의 흑사병은 1665~1666년의 런던 대역병Great Plague of London을 마지막으로 자취를 감추었습니다. 리타 그리어Rita Greer의 '1665년 런던 대역병The Great Plague 1665'은 흑사병의 참상이 어떠한지를 잘 보여주고 있어 소개합니다.

● 니콜로 마키아벨리

마키아벨리즘Machiavellism이라는 말이 있습니다. 마키아벨리Niccolò Machiavelli(1469~1527)의 『군주론』에서 유래된 말로, 목적을 위해 수단을 가리지 않는 것을 의미합니다. 냉혹하고 비정한 냄새가 나는 단어이지요. 그러나 사실은 교활하고 영리한 정치적 태도를 지지하는 단어라고 하는 것이 더 옳을 것입니다. 마키아벨리는 『군주론』에서 "군주는 권력을 유지·강화하기 위하여 여우와 같은 간사한 지혜(책략)와 사자와 같은 힘(무력)을 사용할 필요가 있으며, 신의가 두텁고 종교심도 많으며 인격도 고결한 사람처럼 보여야 하지만 실제로 그럴 필요는 없다."고 말하였으니까요.

피렌체 출신의 마키아벨리는 피렌체 공화정부의 서기관으로 재직하

니콜로 마키아벨리, 로렌초 바톨리니(Lorenzo Bartolini) 作

며 정치·군사·문학·역사 등의 다양한 방면에 걸쳐 많은 글을 남겼지만, 그의 삶은 굴곡이 많은 편이었습니다.

1494년 사보나롤라가 주축이 되어 메디치 가문을 피렌체에서 추방한 사건이 있은 뒤 마키아벨리는 피렌체 공화국의 공무원이 되었고(1495년), 능력을 인정받아 1498년부터는 피렌체의 제2서기관장書記官長이 되어 내정과 군사를 담당하였으며

대사로도 활약하였습니다. 그러나 종교적 광신자였던 사보나롤라의 과격한 정책으로 인해 나라는 어수선해졌고, 주변국과의 관계도 원만하지 못했습니다. 마키아벨리는 동분서주하며 나라를 안정시키려 노력했지만 역부족이었습니다.

1512년 메디치 가문이 피렌체로 복귀하자 마키아벨리 입장은 난처해졌습니다. 그해 11월에 체포된 마키아벨리는 관직에서 물러났으며, 1년간 피렌체에서 추방되었습니다. 1513년 2월에는 반 메디치 음모에 가담했다가 체포되었으며, 조반니 데 메디치 추기경이 교황 레오 10세로 선출된 후 사면되어 석방되었습니다. 그 후로도 마키아벨리는 반 메디치 세력으로 분류되어 메디치 가의 의심을 계속 받았으며 피렌체를 떠나 교외에 머물며 빈곤과 실의 속에서 시간을 보내야 했지요.

이때 집필한 책이 『군주론』입니다. 그는 이 책을 메디치 가의 로렌초 2세 데 메디치Lorenzo II de' Medici('위대한 로렌초'의 손자)에게 헌정하면서 공화국 서기관으로 다시 복직되기를 희망하였지만 로렌초는 마키아벨리의 저서에 전혀 관심을 보이지 않았다고 합니다.

결국 그는 자신의 야망과는 어울리지 않는 하급 관리로 불우한 삶을 살다 갔습니다. 전하는 이야기에 따르면, 그는 낮에는 소박한 차림으로 관청에 출근하여 해도 그만 안 해도 그만인 사소한 일들을 처리하고, 퇴근한 후에는 가장 좋은 옷으로 갈아입은 후 그리스·로마의 고전을 읽었다고 합니다. 그의 야망과 능력은 현실에서 쓸모없었으므로, 그리스·로마 시대의 대가들과 무언의 대화를 나누는 것으로 위안을 삼을 만큼 그는 좌절 속에서 말년을 보내야 했던 것입니다.

● 아메리고 베스푸치

피렌체 출신의 아메리고 베스푸치Amerigo Vespucci(1454~1512)는 초기 신대륙 탐험자 중의 한 사람입니다. 그는 1479년부터 메디치 가문의 로렌초 데 메디치와 관계를 맺고 일하다가 1491년에 스페인 세비야에 있는 메디치 은행에 파견되었습니다. 이때 크리스토퍼 콜럼버스의 2차·3차 항해에 쓸 배를 건조하는 일에 참여하였고, 1497~1503년에는 몇 차례에 걸쳐 신대륙을 다녀왔다고 합니다.

그런데 왜 신대륙의 이름을 최초의 발견자인 콜럼버스를 제쳐두고 아메리고 베스푸치의 이름에서 따와 아메리카라고 부르게 되었을까요?

1503년에 아메리고 베스푸치는 『신세계』라는 작은 책자를 펴냈고, 1505년에는 『4회의 항해에서 새로 발견한 육지에 관한 아메리고 베스

아메리고 베스푸치

푸치의 서한』이란 책을 출간했습니다. 이러한 그의 저술을 바탕으로 1507년에 독일의 지리학자인 M. 발트제뮐러Martin Valtsemuller가 『세계지 입문世界誌入門』이란 책을 내면서 새로이 발견된 대륙의 이름을 아메리카라고 불렀는데, 이것은 아메리고 베스푸치의 이름에 근거한 것이었습니다. 그 이후로 신대륙의 이름은 아메리카로 굳어진 것입니다.

최초로 그 땅에 발을 내디

딘 사람은 콜럼버스이지만(바이킹 족이 최초로 신대륙까지 항해했다는 주장도 있음), 저술을 통하여 신대륙을 유럽에 체계적으로 소개한 아메리고 베스푸치의 업적이 학자들에게는 인정되었던 것입니다.

● 갈릴레오 갈릴레이

피사에서 태어난 갈릴레오 갈릴레이Galileo Galilei(1564~1642)는 천문학자이자 물리학자였으며 또한 수학자이기도 했습니다. 코페르니쿠스의 지동설地動說을 지지하여 종교계와 많은 마찰을 빚은 사실은 유명합니다. 갈릴레이에 대해서는 그의 영묘가 있는 산타 크로체 성당에서 자세히 설명하도록 하고, 여기에서는 그가 손에 들고 있는 망원경과 관련하여 간단히 알아보겠습니다.

1609년에 망원경을 만든 갈릴레이는 1년 뒤인 1610년에 목성과 달 표면을 관찰했고, 토성의 띠, 태양의 흑점, 목성의 위성들을 발견했습니다. 그는 같은 해 베네치아에서 출간한 『Sidereus Nuncius(시데레우스 눈치우스, 별 세계의 보고)』라는 책에서 목성의 주위를 도는 네 개의 위성 ─ 이오Io, 유로파 Europa, 가니메데Ganymede, 칼리스토Callisto ─ 을 발견한 것에 대해 다음과 같이 말했습니다.

갈릴레오 갈릴레이

"나는 망원경을 통해 기존에 알려진 것보다 훨씬 많은 사실을 알 수 있었다. 달의 표면이 지구와 마찬가지로 울퉁불퉁하다는 것, 금성도 달처럼 찼다가 기울기를 반복한다는 것, 은하수는 많은 별들의 집단이라는 것 등이 그것이다. 그러나 다른 것과 비길 수 없으리만치 커다란 놀라움을 준 것은 목성 주위를 도는 네 개의 위성을 발견했다는 사실이었다."

갈릴레이는 자신이 발견한 목성의 위성들을 '메디치의 별'이라고 이름 붙였는데, 이는 피렌체의 지배자인 메디치 가문을 염두에 둔 것이었습니다. 또한 『Sidereus Nuncius』를 코시모 2세에게 헌정하였는데, 그 덕분인지 갈릴레이는 메디치 가문의 전속 수학자 겸 철학자로 고용되어 연구에 전념할 수 있게 되었습니다. 그러나 오늘날에는 목성의 네 위성을 '갈릴레이의 위성Galilean moons'으로 부릅니다.

● 프란체스코 페루치

아르노 강변에 위치한 네 조각상 주인은 그 복장을 보면 짐작할 수 있다시피 모두 군대(혹은 전쟁)와 관련 있는 사람들입니다. 그중 가장 왼쪽에 위치한 프란체스코 페루치Francesco Ferrucci(1489~1530) 또한 마찬가지입니다.

페루치가 어떤 사람인지를 알려면 '코냑 동맹League of Cognac'과 '로마 대약탈Sacco di Roma/Sack of Rome'이라는 역사적 사건을 먼저 알아야 합니다. 그의 삶과 죽음은 그 사건들과 밀접한 관련이 있으니까요.

베키오 궁전 편에서 설명했다시피, 메디치 가문 출신의 교황 클레멘스 7세Clemens PP. VII는 신성로마제국의 황제이자 스페인의 국왕이었던 카를로스 5세Carlos V(카를 5세)를 견제하기 위해 프랑스와 손을 잡고 코냑 동맹을 결성합니다. 교황청·프랑스·베네치아 공화국·피렌체 공화국·밀라노 공화국 등이 동맹국이었지요.

1527년 카를로스 5세의 군대는 이탈리아로 진격하여 피렌체 공화국을 점령했고, 곧장 로마로 진군하여 사흘 동안 로마를 약탈합니다. 이때 교황은 산탄젤로 성(천사의 성)으로 피해 겨우 목숨을 건졌지만 교황의 근위병인 스위스 용병들은 모두 목숨을 잃었고, 로마 시내는 철저히 파괴되고 약탈당했습니다. 현재 로마에 중세 시대의 건축물이 남아 있지 않은 것은 그때 모두 파괴되었기 때문이며, 교황청의 근위병을 스위스 출신으로 제한하는 관례 또한 그때의 일로부터 비롯된 것입니다.

　　카를로스 5세의 위력을 확인한 프랑스와 교황은 더 이상 신성로마제국의 군대에 대항하는 것을 포기하고 볼로냐 협약Treaty of Bologna을 체결합니다. 로마 약탈을 문제 삼지 않고, 카를로스 5세를 신성로마제국의 황제로 인정하여 교황이 왕관을 씌워주기로 한 것입니다.

아르노 강변의 네 명의 조각상　　　　　　프란체스코 페루치, 파스쿠엘 로마넬리
　　　　　　　　　　　　　　　　　　　　(Pasquale Romanelli) 作

그런데 피렌체는 신성로마제국에 대항하여 계속 투쟁하기로 합니다. 이때 프란체스코 페루치가 군사위원을 맡아 제국의 군대와 맞선 것이지요. 이는 당시의 국제 정세로 볼 때 대단한 용기를 필요로 하는 것이었습니다.

1530년 8월 3일, 페루치는 신성로마제국의 군대를 맞아 용감하게 싸웠지만 부상을 입은 후 체포되어 처형당했습니다. 그리고 그로부터 7일 뒤인 8월 10일에 피렌체는 항복을 하지요.

비록 프란체스코 페루치의 저항은 실패로 끝났지만, 당대의 대제국이었던 신성로마제국의 군대를 상대로 끝까지 대항한 그를 피렌체 사람들은 명예로운 인물로 인정하는 것 같습니다. 그러니까 그의 조각상을 세운 것이겠지요.

● 조반니 달레 반데 네레

조반니 달레 반데 네레Giovanni dalle Bande Nere(1498~1526)는 토스카나 대공이라고 불리는 코시모 1세 데 메디치Cosimo I de' Medici(1519~1574)의 아버지입니다. 그는 뛰어난 군 지휘관(그의 이름은 '검은 부대의 조반니'라는 뜻)으로 이름을 남겼습니다.

어릴 때부터 군인으로 키워진 그는 친척인 교황 레오 10세Leo PP. X의 군대를 맡아 지휘했고, 여러 차례의 전쟁에서 눈부신 활약을 하며 이름을 얻었습니다.

당시 이탈리아는 군대를 갖지 않는 도시국가들에 고용된 용병이 정치적으로 중요한 역할을 맡았는데, 용병 대장을 콘도티에로Condottiero라고 했습니다. 조반니는 전형적인 콘도티에로였습니다.

용맹스러운 데다가 전술적인 능력도 탁월했던 그는 부하들로부터 신망이 높아 그가 죽은 후에도 부하들이 흩어지지 않고 용병 부대를 계속 유지했다고 합니다. 돈을 따라 움직이는 것이 용병의 생리인데, 죽은 지휘관을 정신적 지도자로 생각하면서 부대를 유지하고 전쟁을 치렀다는 것은 매우 희귀한 예라고 할 수 있습니다. 조반니의 능력과 인품이 남달랐다는 방증이 될 것입니다.

조반니 달레 반데 네레

● 피에로 카포니

피에로 카포니Piero Capponi(1447~1496)는 피렌체 출신의 군인이자 정치가였습니다. 무능한 피에로 디 로렌초 데 메디치Piero di Lorenzo de' Medici(1472~1503)를 축출하고 1494년에 피렌체 공화국의 지도자가 되었으며, 피렌체를 침공한 프랑스 왕 샤를 8세를 물리친 공이 있으므로 조각상을 세운 것으로 보입니다.

여기에서 무능한 피에로 데 메디치가 피렌체 시민들에게 축출당한 사건에 대해 알아볼 필요가 있습니다. 피렌체 공화국의 실질적 지배자였던 메디치 가문의 수장이 무슨 까닭으로 축출당한 것일까요?

흔히 '위대한 로렌초'라고 불리는 로렌초 데 메디치의 장남이 피에로 디 로렌초 데 메디치입니다. 그는 아버지의 뒤를 이어 피렌체의 지도자

자리에 올랐습니다. 그러나 정치적 능력도, 인간적 매력도 없었던 그는 시민들로부터 외면당하는 신세가 되었고, 메디치 가문의 몰락은 그로부터 시작되었다는 평가를 받습니다. 수도승 사보나롤라가 자신을 '메디치 가를 벌주기 위해 신이 보낸 사람'이라며 선동할 때 피렌체 시민들이 환호한 것은 피에로가 그 정도로 인심을 잃었기 때문이었지요.

그가 1492년에 통치자의 자리에 오르고 2년 뒤 프랑스 왕 샤를 8세 Charles VII(1470~1498)는 나폴리를 침략하기 위해 피렌체를 공격합니다. 피렌체를 통과해야만 나폴리로 갈 수 있기 때문이었죠. 이때 피에로는 샤를 8세의 요구 조건을 모두 받아들이며 항복합니다.

피렌체 시민들은 피에로의 굴욕적 항복을 용납할 수 없었습니다. 그래서 메디치 가문을 피렌체에서 추방한다는 법안을 통과시켰는데, 이때 피에로 카포니가 주도적 역할을 하며 피렌체의 지도자로 등장하는

피에로 카포니, 토렐로 바치
(Torello Bacci) 作

프란체스코 그라나치(Francesco Granacci), '샤를 8세의 피렌체 입성'

것입니다.

피렌체에서 추방당한 피에로는 여러 나라를 떠도는 신세가 되었다가 1503년 강을 건너다 배가 뒤집히는 사고를 당해 익사합니다. 이탈리아 원정길에 나선 프랑스 군대에 동행하였다가 그런 사고를 당했으니, 한 나라의 지도자였던 사람의 최후로는 참으로 치욕스런 일이었습니다.

다시 피에로 카포니 이야기로 돌아와서, 그는 어떻게 피렌체를 구하고 영웅이 되었는지를 알아봅시다.

이탈리아를 침공하여 피렌체에 무혈 입성한 샤를 8세는 사실 위대한 인물은 못 되었습니다. 허약한 체질에 지적 능력도 부족한 편이라 즉위 초기에는 누나 부부가 섭정으로 정치에 관여했다고 합니다. 그는 국내 정치에서는 이렇다 할 업적을 남기지 못했습니다. 나폴리 왕국의 왕위가 비자 그는 자신이 앙주 가문 출신의 할머니로부터 나폴리 왕국의 왕위 계승권을 물려받았기 때문에 자신이 나폴리를 통치해야 한다고 주장하며 이탈리아를 침공했고, 소원대로 나폴리 왕으로 즉위하기는 했지만 많은 대가를 치러야 했기에 그리 명예스러운 업적은 못 되었습니다. 그 와중에 나폴리 왕위 계승 문제와는 상관도 없는 피렌체만 큰 혼란에 빠졌던 것입니다.

샤를 8세 입장에서는 피렌체를 점령하는 것이 목적이 아니었기 때문에 피에로 데 메디치를 축출하면서까지 강력하게 반발하는 피렌체와 전쟁을 치를 이유가 없었습니다. 그래서 피에로 카포니의 재협상 요구를 받아들여 원만하게 타결하였으므로 피렌체는 큰 피해를 입지 않았다고 합니다. 그 뒤에도 그는 시민군을 이끌고 피렌체를 수호하기 위해 노력했는데, 아마도 그것이 그가 피렌체의 위인으로 선정된 이유가 아닐까 합니다.

● 파리나타 데글리 우베르티

파리나타 데글리 우베르티Farinata degli Uberti(?~1264)는 피렌체의 귀족으로 기벨린 당Ghibellini의 지도자였습니다. 13세기 무렵의 중부 유럽은 신성 로마제국의 황제를 지지하는 세력(황제파)과 교황을 지지하는 세력(교황파)이 팽팽히 대립했는데, 피렌체도 비슷한 사정이었습니다. 우베르티는 황제를 지지하는 입장이었으므로, 1250년 프리드리히 2세Friedrich II가 죽은 후 피렌체에서 추방당하여 인근 도시인 시에나Siena로 망명하기도 했지요. 그리고 죽은 뒤인 1283년에는 종교 재판에 의해 이단자로 선고되어 시신이 화형에 처해졌습니다.

이처럼 어수선한 시대를 살다간 풍운아 우베르티를 피렌체 사람들이 위인으로 선정하여 조각상을 세운 이유는, 기벨린 당이 피렌체를 점령했을 때 그의 노력으로 도시가 보존되었기 때문일 겁니다. 당시 기벨린 당원들은 구엘프 당이 다시는 재기할 수 없도록 피렌체를 초토화시키자고 주장했는데, 우베르티가 그들을 설득하여 파괴를 최소화했다고 합니다.

파리나타 데글리 우베르티, 프란체스코 포치
(Francesco Pozzi) 作

4장

산타 마리아 델 피오레 대성당과 산 조반니 세례당

Santa Maria del Fiore & Battistero di San Giovanni

산타 마리아 델 피오레 대성당 ①

Santa Maria del Fiore

>>>>>>>>>>>

어느 도시든지 랜드 마크라고 할 만한 건물이 있게 마련입니다. 피렌체의 랜드 마크는 단연 산타 마리아 델 피오레 대성당입니다. 피렌체라는 도시의 중심부에 붉은색 꽃봉오리가 솟아오른 듯 당당하게 서 있는 이 건물은 피렌체를 방문한 여행자에게 결코 잊을 수 없는 특별한 인상을 남깁니다.

대성당은 현재 주변 건물들을 압도하는 웅장한 자태로 서 있지만, 본디 그 자리에는 성녀 레파라타Saint Reparata의 이름을 딴 작은 성당이 있었습니다. 성녀 레파라타는 대성당 파사드의 중앙 문 왼쪽에서 볼 수 있으므로, 뒤에서 다시 설명하겠습니다.

지어진 지 900여 년 된 산타 레파라타 성당이 낡고 비좁아 불편하다는 의견이 대두되자, 1294년에 피렌체 정부는 산타 레파라타 성당을 대신하는 새로운 성당을 짓기로 합니다. 이것이 꽃의 성모 마리아에게 봉헌된 산타 마리아 델 피오레 대성당 신축을 위한 첫 결정이었습니다.

그로부터 2년 뒤인 1296년에 베키오 궁전의 건축에도 관여한 당대의 쟁쟁한 건축가 아르놀포 디 캄비오Arnolfo di Cambio의 설계에 의해 새로운 성당이 착공되었는데, 그가 설계한 대성당의 기본 형태는 산타 레파라타 성당이 있던 자리에 신랑身廊/nave을 배치하고 그 끝에 팔각형의 돔을 설치한 다음, 그 주변에 세 개의 작은 돔을 두는 것이었습니다.

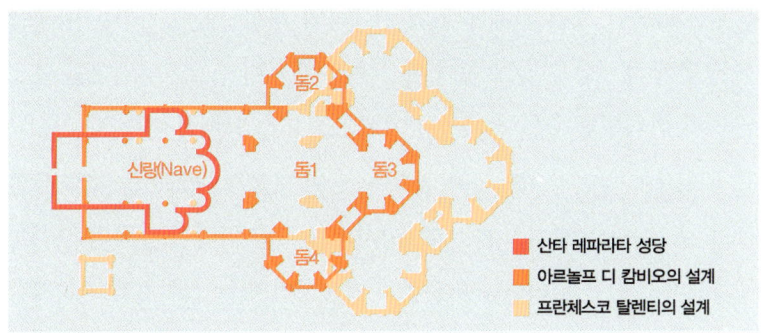

산타 레파라타 성당
아르놀프 디 캄비오의 설계
프란체스코 탈렌티의 설계

신랑(Nave)   돔1   돔3
돔2
돔4

산타 레파라타 성당과 아르놀포 디 캄비오의 설계, 그리고 프란체스코 탈렌티의 설계를 비교한 평면도

1296년 9월 8일, 공사의 첫 삽을 뜨면서 장장 170여 년에 걸쳐 계속될 대공사가 시작되었지만, 1302년에 아르놀포 디 캄비오가 사망하면서 대성당 건축은 벽에 부딪히고 맙니다. 항해가 시작되자마자 선장이 사라진 신세가 되어버렸으니까요. 그리하여 약 30년간 공사가 중단되었다가 1334년 4월에 조토 디 본도네Giotto di Bondone가 책임을 맡아 공사를 지휘하면서 대성당 건축이 다시 시작됩니다. 조토는 대성당 옆에 서 있는 종탑을 설계한 바로 그 사람입니다. 조토는 안드레아 피사노Andrea Pisano와 함께 아르놀포 디 캄비오의 설계에 따라 공사를 진행했지만, 1337년에 조토가 사망하고 곧이어 흑사병이 피렌체를 덮치면서 대성당 공사는 다시 중단되고 맙니다.

흑사병으로 사람들 사이에 공포 심리가 만연한 피렌체에서는 더더욱 정신적인 위안처가 필요한지라 대성당 완공에 대한 요구가 드높아졌습니다.

이런 사회 분위기 속에서 1349년에 대성당 공사의 새로운 책임자가 된 프란체스코 탈렌티Francesco Talenti는 아르놀포 디 캄비오의 설계를 수정합니다. 건물의 규모를 이전보다 더 크게 확장한 것입니다. 당시 피렌체 사람들은 경쟁 관계에 있던 시에나의 대성당을 능가하는 아름답고 장엄한 대성당을 갖고 싶어 했기 때문에 프란체스코 탈렌티의 확장된 설계를 환영했지만, 문제는 거기에 소요되는 막대한 건축 자금을 어떻게 조달할 것인가 하는 점이었습니다. 이 비용의 대부분을 양모 상인들의 길드가 부담했다고 하는데, 당시의 길드가 막강한 권력과 재력을 행사했다는 점을 고려한다면 충분히 가능성이 있는 이야기라고 여겨집니다.

1375년에야 비로소 산타 레파라타 성당의 마지막 부분이 철거되었으며, 1378년에는 새로운 대성당의 신도석 위 천장vaulting over the nave이 완성되었고, 1380년에 통로aisles 부분이 정비되었습니다.

이로써 대성당의 기본 틀은 완성되었지만, 더 중요한 작업이 남아 있었습니다. 바로 제단 위에 위치한 팔각형 돔을 완성하는 것이었습니다. 이 작업이야말로 산타 마리아 델 피오레 대성당의 핵심이자 최대 난공사였습니다.

1418년 8월 20일에 산타 마리아 델 피오레 대성당의 돔 건설을 위한 공모가 발표되었고, 1420년 8월 7일에 필리포 브루넬레스키Filippo Brunelleschi(1379~1446)의 제안이 채택되었습니다. 그 뒤로 16년의 공사 기간을 거쳐 돔은 1436년 8월에 완성되었고, 돔이 완성되기 직전인 1436년 3월 25일에 교황 에우제니오 4세Pope Eugene IV는 산타 마리아 델 피오레 대성당을 봉헌하였습니다.

그 뒤로도 성당 내부의 스테인드글라스 등 인테리어 작업이 이어졌고, 1887년 5월 12일에 파사드 공사가 완료되는 등 대성당의 완성을 위한 작업이 꾸준히 진행되어 현재의 모습을 갖추게 된 것입니다.

>>>>>>>>>>>>

대성당 파사드

이탈리아의 사진작가인 지아코모 브로기Giacomo Brogi(1822~1881)가 남긴 사진을 보면, 산타 마리아 델 피오레 대성당의 전면부(파사드)가 현재와는 달리 아무런 장식이 없는 것을 알 수 있습니다. 그가 이 사진을 찍은 정확한 시기는 알 수 없지만, 그의 생존 연대를 고려할 때 19세기 중반까지도 파사드 부분은 완성되지 않았다는 사실을 짐작할 수 있습니다. 실제로 1887년 5월 12일에야 대성당 파사드가 완성되어 대중에게 공개되었다고 합니다.

현재의 파사드는 1871년 현상 공모를 통해 선정된 에밀리오 데 파브리스Emilio de Fabris(1808~1883)의 디자인에 따른 것으로, 세 가지 색깔(흰색, 녹색, 붉은색)의 대리석으로 장식되어 조토의 종탑 및 산 조반니 세례당과 조화를 이룹니다. 여기서는 파사드 장식을 부분별로 감상하고, 그 의미를 알아보도록 하겠습니다.

지아코모 브로기, '조토의 종탑'

코니스

하느님

예술가들의 흉상

장미창

예수의
열두 제자

아기 예수를 안고 있는
성모 마리아

왕관을 쓴 성모 마리아

장미창

장미창

문 위의 모자이크화

문 위의 모자이크화

문 위의 모자이크화

성녀 레파라타

파사드 전체

262

먼저, 파사드의 맨 위쪽을 봅시다.

아름다운 처마 장식인 코니스cornice가 보이고, 그 아래로 하느님의 모습이 보입니다. 그리고 그 아래로는 피렌체가 낳은 예술가들의 흉상 조각이 있습니다.

그 아래 부분은 장미창rose window/薔薇窓입니다. 장미창이란, 꽃잎형의 격자tracery에 스테인드글라스를 끼워 장식하도록 만든 둥근 창으로 고딕 양식의 성당 건물에서 자주 발견됩니다. 본디 장미창의 아름다움은 내부의 스테인드글라스를 통해 확인할 수 있지만, 산타 마리아 델 피오레 대성당의 장미창은 외부에서 보아도 아름답기 그지없습니다. 세 가지 색의 대리석을 이용해 아름다운 문양을 만들었기 때문이지요.

장미창 아래로는 아기 예수를 안고 있는 성모 마리아가 있고, 그녀의 좌우로 예수의 열두 제자가 보입니다.

성모자 아래로 박공벽이 보이고, 거기에는 천사들이 옹위하는 가운데 왕관을 쓴 성모 마리아가 앉아 있는 모습이 돋을새김으로 장식되어 있습니다. 대성당이 성모 마리아에게 봉헌된 까닭에 파사드에는 성모 마리아와 관련된 장식이 많은 편입니다.

그리고 그 좌우로 작은 장미창이 나 있는데, 생김새와 장식은 중앙의 장미창과 흡사하고 규모만 작을 뿐입니다.

규모가 큰 대부분의 성당은 정면에 세 개의 문을 갖는 경우가 많은데, 산타 마리아 델 피오레 대성당도 예외가 아닙니다. 그런데 이곳은 니콜로 바라비노가 제작한 문 위의 모자이크 그림이 특색이 있으므로, 자세히 살펴보겠습니다.

| 왼쪽 문 위 모자이크 | 가운데 문 위 모자이크 | 오른쪽 문 위 모자이크 |

맨 왼쪽의 그림은 성모 마리아 앞에 선 피렌체 박애 협회 설립자들을 표현한 것이고, 가운데 그림은 성모 마리아와 세례자 요한이 지켜보는 가운데 왕좌에 앉은 예수를 표현한 것이며, 오른쪽의 그림은 성모 마리아에게 경의를 표하는 피렌체의 예술가와 상인·인문주의자들을 나타낸 것이라고 합니다. 공통적으로 그림에 성모 마리아가 등장하는데, 이는 앞에서 살펴본 것처럼 대성당이 성모 마리아에게 봉헌된 까닭일 것입니다.

중앙 문의 양쪽에는 대성당과 관련하여 중요한 인물들의 조각상이 서 있습니다.

왼쪽의 인물은 성녀 레파라타입니다. 대성당이 지어지기 전에 있었던 산타 레파라타 성당은 바로 그녀에게서 이름을 따온 것이었지요. 팔레스티나 지방에서 태어난 레파라타는 동정을 지키려다 기독교를 박해하던 로마 황제 데키우스Trajan Decius 때 순교한 것으로 알려졌습니다. 그녀는 불과 12세의 나이로 체포되었는데 집정관 앞에서도 자신의 신앙을 굽히지 않았고, 그녀의 미모에 마음이 흔들린 집정관이 좋은 말로 달래려 하자 단호하게 거부한 뒤 결국 참수당했다고 합니다.

성녀 레파라타

중앙 문 오른쪽에 세워진 성 제노비우스

대성당 안 기둥에 그려진
성 제노비우스

　　오른쪽의 인물은 성 제노비우스St. Zenobius입니다. 그는 피렌체 교구의 주교였으며 살아서 몇 차례 기적을 행한 까닭에 죽은 후 성인으로 시성되었고, 나중에는 피렌체의 수호성인으로 추앙받은 인물입니다. 그에 관한 그림이 대성당 안에도 있는데, 왼쪽 문으로 들어가 제단 쪽으로 가다 보면 오른쪽 기둥에 붙어 있는 그림이 바로 그것입니다.

브루넬레스키의 쿠폴라

바티칸 교황청으로부터 성 베드로 대성당의 돔 설계를 의뢰받은 미켈란젤로는 이렇게 말했다고 합니다.

"피렌체 대성당의 돔보다 더 크게 만들 수는 있지만 더 아름답게 할 수는 없습니다."

전설처럼 전하는 이 말은 그만큼 산타 마리아 델 피오레 대성당의 돔이 아름답다는 의미입니다. 두 돔의 외양을 한번 비교해 볼까요.

성 베드로 대성당 돔　　　　　　　　　　　산타 마리아 델 피오레 대성당 돔

266

둘 중에서 어느 쪽이 더 아름다우냐 하는 문제는 보는 이의 판단에 달린 것이므로 단정적으로 말하기는 어렵지만, 미켈란젤로라는 대가가 '세상에서 가장 아름다운 돔은 산타 마리아 델 피오레 대성당의 돔이다.'란 뉘앙스의 말을 했으므로 우리는 각별한 애정을 갖고 그것을 보게 되는 것입니다.

돔dome이란, 원형 또는 다각형의 평면을 덮기 위해 만든 반구半球, 혹은 그에 가까운 형태의 둥근 천장을 말하는데, 이탈리아어로는 쿠폴라cupola라고 합니다. 여기서는 돔이란 영어식 표현 대신 쿠폴라란 이탈리아식 표현을 쓰도록 하겠습니다.

이 성당의 쿠폴라를 이야기할 때 설계자 브루넬레스키를 빼놓을 수 없습니다. 피렌체 출신인 그는 이탈리아 초기 르네상스 시대 건축가 중의 한 사람으로 조각과 건축 분야에서 두각을 나타냈는데, 그 밖에도 회화에 원근법(투시도법)을 최초로 도입한 인물로 알려져 있습니다.

그는 1401년 산 조반니 세례당의 청동문 제작자를 선정하기 위한 공모대회에서 로렌초 기베르티Lorenzo Ghiberti(1378~1455)와 경합을 벌인 적이 있습니다. 당시 세례당의 출입문은 목재로 제작된 지 70여 년이 지나 많이 낡았으므로 청동으로 다시 제작하기로 한 것입니다.

가톨릭 신앙이 삶을 지배하던 당시에 세례당의 출입문을 제작한다는 것은 무척 영예로운 일이었습니다. 그래서 많은 예술가들이 경합에 참가했고, 최종 결선에 오른 것은 브루넬레스키와 기베르티였습니다. 주최측에서는 동일한 양의 청동을 두 사람에게 주고, 그것으로 '이삭의 희생Sacrifice of Isaac'을 주제로 한 부조를 만들라는 과제를 내었는데, 그때 브루넬레스키와 기베르티가 완성하여 제출한 작품이 현재도 피렌체 바르젤로 미술관에 전시되고 있습니다.

청동문 제작의 영광은 기베르티에게 돌아가는데, 여기에는 두 가지 설이 전해집니다. 브루넬레스키를 꺾고 기베르티가 최종 승자가 되었다는 설과, 두 사람의 작품을 검토한 결과 우열을 가릴 수 없어 공동 제작을 의뢰했는데 브루넬레스키가 거부하였다는 설이 그것입니다.

어느 쪽이 진실이든 브루넬레스키는 낙선의 고배를 마셨고, 그의 자부심은 큰 상처를 입게 됩니다. 그는 괴로운 마음을 안고 피렌체를 떠나 로마로 가게 되지요.

몇 년 동안 로마에서 고대 건축에 관한 공부를 하고 피렌체로 다시 돌아온 브루넬레스키는 조각가로서보다는 건축가로서 자신의 입지를 넓혀가게 됩니다. 그런데 그 무렵인 1419년에 아직 미완성으로 남아 있던 산타 마리아 델 피오레 대성당의 쿠폴라 설계 공모전이 발표됩니다. 피렌체 대성당의 쿠폴라는 그 규모가 워낙 크다 보니 하중이 무거워 일반적인 건축공법으로는 시공 도중 붕괴될 위험이 있어 당시까지 공사를 시작하지 못하고 있었습니다.

브루넬레스키는 청동문 제작 공모전 때 입은 상처를 회복하기 위해 공모전에 참여합니다. 그는 로마에서 판테온을 연구하며 쌓은 건축학적 지식을 바탕으로 쿠폴라 건설에 필요한 설계를 제안했고, 그것이 채택되어 쿠폴라 건축 총괄 책임자가 됩니다.

브루넬레스키의 쿠폴라는 역사적으로 보거나 문화적으로 보거나, 매우 독특한 아름다움을 갖는 중요한 건축물입니다. 그러나 건축공학적으로 더욱 특별한 의미가 있는 구조물이므로 여기서 조금 더 자세히 알아보도록 하겠습니다.

브루넬레스키는 '거대한 쿠폴라의 무게를 어떤 방법으로 어느 정도까지 줄일 수 있느냐'에 공사의 성패가 달려있다고 보고, '이중 골조 구조'

라는 당시로서는 획기적인 방법을 고안해냈습니다. 이중 골조 구조란 마치 달걀 껍데기를 이중으로 씌운 것과 같은 형태로, 두 벽 사이가 비어 있어 무게를 획기적으로 줄일 수 있으면서도 양쪽 벽이 서로 잡아당기는 역할을 하여 훨씬 안정적으로 지탱할 수 있는 장점이 있었습니다. 이와 같은 새로운 건축방식은 초기 르네상스 건축의 기적으로 불리며, 이후 수백 년 동안 비슷한 규모의 돔이 건축되지 못했을 만큼 독창적이면서 성공적인 방식이었습니다.

이러한 이중 골조 구조는 본래 하중을 줄일 목적에서 만들었지만, 이렇게 하여 생긴 공간은 쿠폴라 꼭대기로 올라가는 통로로 사용되는 부수적인 기능도 했습니다. 지금도 같은 용도로 사용되는 그 공간은 비록 가파르고 좁아서 인내심을 요구하지만, 쿠폴라 꼭대기에 이르러 피렌체 시내를 내려다보면 힘들었던 것을 다 잊을 수 있게 되지요.

브루넬레스키가 쿠폴라의 하중을 줄이기 위해 선택한 방법 중의 다

쿠폴라의 이중 골조 구조   이중 골조 사이의 공간

른 하나는 전통적인 건축 자재인 석재 대신 벽돌을 선택한 것입니다. 그는 쿠폴라를 완벽하게 덮기 위해 약 400만 장의 벽돌을 사용했는데, 지그재그로 쌓아올리는 독특한 방식을 택함으로써 내구성과 안정성을 꾀했다고 알려져 있습니다.

비록 석재보다 가벼운 벽돌을 건축 자재로 선택했다고는 하지만, 400만 장이나 되는 벽돌을 지붕에 얹는 것은 여간 까다로운 일이 아니었습니다. 우선 벽돌의 총 무게가 37,000여 톤이었다고 하니 붕괴의 위험을 걱정하지 않을 수 없었을 것입니다. 그래서 선택한 방법이 8개의 주 리브main rib와 16개의 중간 리브intermediate rib를 설치하여 그것들이 하중을 견딜 수 있도록 하는 것이었습니다. 리브(늑골)란, 서양 건축에서 '얇고 편편한 재료를 보강하기 위하여 재료 단면과 직각으로 설치한 보강재'를 말합니다. 브루넬레스키는 벽돌들이 무게를 이기지 못하여 붕괴되는 사태를 방지하고자, 벽면에 튼튼한 골조를 덧댄 것입니다.

지그재그로 쌓아올린 벽돌 구조를
볼 수 있는 쿠폴라 내벽

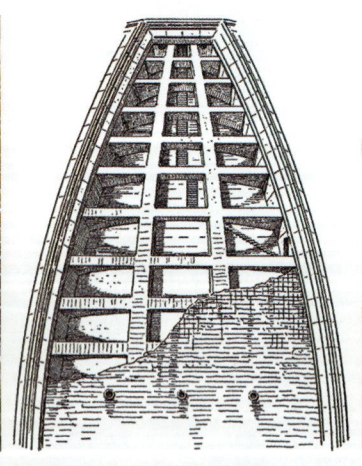

쿠폴라의 주 리브와 중간 리브의 구조

주 리브

중간 리브

쿠폴라와 드럼

그리고 쿠폴라를 지붕 위에 설치하는 평범한 공법 대신 드럼drum(쿠폴라를 받치는 원통형의 벽으로 쿠폴라의 높이를 늘리면서 채광용 창이 설치되는 구조물)을 먼저 만든 다음, 그 위에 쿠폴라를 얹는 독창적인 방식을 고안했습니다. 쿠폴라의 하중이 드럼을 통해 분산되도록 하여 안정감을 높인 것입니다.

1420년에 공사가 시작되어 1436년에 완성된 브루넬레스키의 쿠폴라는 이러한 다양한 장치를 통해 안정감을 확보했고, 그 덕분에 거의 600년 가까운 세월이 흘렀어도 변함없이 그 자리에 버티고 서서 여행자를 맞이합니다. 피렌체 르네상스를 대표하는 이미지를 그대로 간직한 채 말입니다.

영화 '냉정과 열정 사이' 속 그곳

일본 작가 에쿠니 가오리의 원작 소설을 영화로 만든 '냉정과 열정 사이'는 일본인은 물론이거니와 한국인에게도 피렌체란 도시를 사랑과 낭만이 서린 곳으로 인식하게 만들었습니다. 영화 속에 비쳐지는 고풍스러운 피렌체의 골목길은 '나도 저곳에 가보고 싶다.'는 생각을 하게 만들었지요. 실제로 그 영화가 공개되고 난 다음에 피렌체를 찾는 동양인의 숫자가 크게 늘었다고 합니다.

영화의 줄거리는 진부하다고 할 수도 있습니다. 젊은 날의 뜨거운 사랑과 뜻하지 않게 찾아온 아픈 이별. 다른 사람을 만나 새로운 사랑을 시작했지만 옛사랑을 잊지 못하고 그와의 약속을 기억하는 연인들. 그리고 8년이란 긴 세월 뒤에 운명처럼 재회하는 두 사람의 애틋한 인연….

이 정도의 이야기라면 특별할 것도 없건만 영화 '냉정과 열정 사이'가 '세상 모든 연인들을 위한 세기의 러브 스토리'란 거창한 주장을 내세울 정도로 자신감을 뽐낸 배경에는 혹시 피렌체란 도시가 아름다운 배경으로 뒷받침해주었기 때문은 아닐까요.

주인공이 자전거를 타고 달리던 피렌체의 거리도 물론 인상적이었지만, 영화의 백미는 역시 맨 마지막 장면, 즉 남녀 주인공이 쿠폴라 꼭대기에서 꿈결같이 재회하는 장면일 것입니다.

그들이 사랑하던 때의 어느 날, 아오이는 사랑하는 남자에게 이렇게 물었습니다.

"준세이, 내 서른 번째 생일날 두오모 전망대(산타 마리에 델 피오레 대성당의 쿠폴라 전망대)에 나와 함께 올라가 줄 수 있어?"

준세이는 물론 그러겠다고 약속합니다. 그러나 그들은 헤어지게 되었고, 그 약속은 무의미하게 되어버렸지요.

온갖 우여곡절을 겪으며 두 사람은 옛 사랑을 그리워하게 되었고, 아련한 기억 속에서 약속 하나를 되살려냅니다. 아오이의 서른 번째 생일 날 두오모 전망대에 함께 오르자던 약속 말입니다.

결국 그들은 약속을 지킵니다. 그곳에서 꿈결같이 재회하게 된 것입니다.

자, 여기서는 그들이 다시 만나던 쿠폴라 꼭대기를 살펴보도록 합시다.

대성당 정면(파사드가 있는 쪽)에서 보았을 때 왼쪽으로 가면, 쿠폴라에 올라갈 수 있는 출입구가 나옵니다. 문 위에 수태고지를 표현한 모자이크 그림이 있는 곳이 바로 그곳입니다.

이 문을 통과하면 앞에서 설명했던 이중 골조 구조를 만드는 과정에서 생긴 좁고 긴 통

쿠폴라 출입구

산 조반니 세례당

쿠폴라 출입구

로가 나옵니다. 총 463개의 계단으로 된 길인데, 높고 좁고 가파르므로 허약한 사람에게는 입장을 권하지 않는다는 안내문이 입구 쪽에 붙어 있습니다.

전망대를 향하여 오르다 보면 대성당 내부가 내려다보이는 회랑이 있는데, 이곳에서 쿠폴라 내부에 그린 천장화 '최후의 심판'을 볼 수 있습니다. 본당 바닥에 서서 올려다보면 너무 멀어서 어느 정도 규모의 작품인지 감을 잡기 어려운데, 이곳에서 보면 작품의 크기와 표현을 생생하게 느낄 수 있답니다.

출구에 가까운 부분의 계단들은 급경사로 되어 있어 거의 기다시피 하여 올라가야 하는데, 마지막 계단을 올라가면 드디어 쿠폴라의 꼭대기에 해당하는 전망대로 나갈 수 있습니다. 이곳에서는 아름다운 조토의 종탑뿐만 아니라, 피렌체 시내의 모습도 감상할 수 있어 힘들게 올라온 보람을 느낄 수 있답니다.

전망대에서 중요한 구조물은 랜턴lantern입니다. 랜턴은 쿠폴라 안쪽으로 빛을 받아들일 수 있도록 설치한 작은 첨탑(혹은 그곳에 설치된 창문)을 말합니다. 피렌체 대성당의 랜턴은 1446년 브루넬레스키가 사망하기 몇 달 전에 공사가 시작되었으므로 그는 생전에 완성을 보지 못했고, 그의 친구인 미켈로초가 이어받아 1461년에 완공하였다고 합니다. 그리고 원뿔 형태의 꼭대기에 놓인 도금된 구리 공과 십자가는 1469년에 베로키오가 완성하였는데, 이때는 레오나르도 다 빈치가 그의 공방에서 수습생으로 있을 때라 다 빈치가 스승을 위해 공사를 위한 여러 장의 스케치를 그려주었다는 주장도 있습니다.

쿠폴라 출입구 문 위의 수태고지 모자이크화   쿠폴라의 랜턴

파올로 우첼로의 시계

자, 이제 대성당 안으로 들어가 봅시다. 들어가는 문은 정면에 나 있는 세 개의 문 가운데 가장 왼쪽에 있는 것입니다.

성당의 내부는 외벽의 아름답고 화려한 장식과 대조되어 소박하게 보입니다. 먼저, 출입문이 있는 벽(즉, 파사드의 안쪽 벽)을 봅시다.

제단 쪽에서 바라본 대성당의 입구 쪽 벽면

중앙 문 쪽의 맨 위에 있는 둥근 유리창은 밖에서 보았던 장미창입니다. 원래는 성모의 대관식 장면을 새긴 스테인드글라스가 있었다고 하는데, 현재는 복원 중인지 아무런 문양이 없는 유리창으로 되어 있습니다.

장미창 아래로는 프레스코 화가 파올로 우첼로 Paolo Uccello(1397~1475)의 이름을 따서 부르는 특이한 형태의 시계가 있고, 그 아래쪽에는 성모 마리아의 대관식 장면을 그린 그림이 있습니다. 그 좌우로 대관식을 축하하는 천사들이 악기를 연주하는 모습도 보이는군요.

'우첼로의 시계'라 불리는 특이한 시계는 사실 피렌체의 시계 장인이었던 안젤로 디 니콜로Angelo di Niccolò가 만들었다고 합니다. 화가였던 우첼로는 겉에다 그림을 그린 것이지요. 우첼로가 더 유명한 사람이다 보니 그의 이름을 따서 부르게 된 모양입니다.

시계의 네 모서리에는 우첼로가 그린 4대 복음서 저자가 보입니다. 기독교 건물이나 성구聖具에서 네 명이 나란히 등장할 때는 4대 복음서 저자인 마태, 마가, 누가, 요한일 때가 많답니다.

이 시계가 보는 이의 시선을 사로잡는 이유는, 글자판에 새겨진 숫자가 일반적인 시계와 전혀 다르기 때문입니다. 현대 시계에서라면 6이 있어야 할 자리에 1이 쓰여 있고, 흔히 우리가 '시계 방향'이라고 할 때와 정반대의 방향으로 숫자가 배열된 것을 볼 수 있습니다. 그리고 12가

우첼로의 시계　　　시계의 모서리에 그려진 4대 복음서 저자(마태, 마가, 누가, 요한)

아닌 24까지 숫자를 적어놓은 것도 이색적입니다.

이것은 '이탈리아 시간(또는 '아베 마리아 타임'이라고도 불림)'이라고 하는 특별한 시간 계산 방식에 따른 것으로, 하루의 끝을 자정으로 보지 않고 일몰 시각으로 보는 당시 사람들의 생각을 반영한 것입니다. 그러니까 해가 지는 일몰 시각을 24시로 보고, 그 직후부터(즉, 일몰 후에 새로운 해가 뜨는 것으로 생각하여) 하루가 새로 시작된다고 보아 1시로 계산하는 것이지요. 현대인으로서는 이해하기 어려운 방식입니다. 더구나 일몰 시각은 계절에 따라 조금씩 달라지므로 1년 내내 시곗바늘을 조정해야 했다고 하니 꽤 불편했을 것 같습니다.

이 시계는 1443년에 처음 제작된 이후로 1600년대 초반까지 몇 차례 수리 과정을 거쳤고, 1761년에는 기계 장치를 전면 교체했다고 합니다. 그러다가 20세기 중반에 다시 옛 작동 방식을 복원했는데, 부품의 노후와 마모 현상으로 작동하지 않는 일이 벌어져 대대적인 보수 작업을 거쳐 최근에 다시 옛 모습을 되찾았다고 하는군요.

어쨌든 세상 어디에서도 볼 수 없는 독특한 시계가 보존될 수 있었으니 다행이라는 생각이 듭니다.

>>>>>>>>>>>>>

기마상 프레스코화

대성당 안으로 들어서서 측랑 쪽을 걸어 앞으로 가다 보면 왼쪽 벽에 프레스코 기법으로 그려진 기마상 두 점이 보입니다. '호크우드 경의 기마상John Hawkwood fresco'과 '니콜로 다 톨렌티노의 기마상Niccolò da Tolentino fresco'입니다. 여기서 오른쪽으로 조금 더 가면 '신곡'을 설명하는 단테를 그린 그림이 있지요.

기마상 프레스코화가 있는 벽면

니콜로 다 톨렌티노의
기마상

호크우드 경의
기마상

두 그림 중 보는 이의 위치에서 왼쪽에 그려진 '니콜로 다 톨렌티노의 기마상'은 안드레아 델 카스타뇨Andrea del Castagno가, 오른쪽에 그려진 '존 호크우드의 기마상'은 파올로 우첼로Paolo Uccello가 그렸습니다.

안드레아 델 카스타뇨는 피렌체 근교 산 마르티아노에서 태어나 피렌체에서 사망한 르네상스 시대의 화가입니다. 피렌체에서 활동하며 마사초와 도나텔로의 영향을 받았고, 사실주의 화풍을 추구한 피렌체 파의 일원이었습니다. 그는 메디치 가문에 대해 일어난 음모를 취재하여 '알비치 가 음모자 처형도'란 제목의 벽화를 사실주의에 입각해 그렸는데, '교수형의 화가 안드레아'란 이름을 얻을 정도로 높은 평가를 받았다고 합니다. 우리가 지금 보고 있는 '니콜로 다 톨렌티노의 기마상' 외에도 베네치아 산 자카리아 성당의 프레스코화와 산 타프로니아 수도원의 '최후의 만찬' 프레스코화가 대표작으로 일컬어집니다.

니콜로 다 톨렌티노의 기마상   존 호크우드의 기마상

파올로 우첼로는 그의 이름이 붙은 시계(우첼로의 시계)와 우피치 미술관에 전시되어 있는 '산 로마노 전투'를 설명할 때 언급한 피렌체 출신의 화가이자 공예가입니다. 그의 본명은 파올로 디 도노Paolo di Dono이고 '우첼로'는 별명으로 '새'라는 뜻인데, 바사리에 의하면 그가 새를 좋아하고 잘 그렸기 때문에 사람들이 그렇게 불렀다고 합니다.

그는 기베르티의 공방에서 공부한 뒤 1425년부터 베네치아의 산 마르코 대성당 모자이크화 제작에 참여하였고, 다시 피렌체로 돌아와 산타 마리아 델 피오레 대성당의 스테인드글라스 제작 때 밑그림을 그렸습니다. '존 호크우드의 기마상'을 그린 것도 그 무렵(1436년)의 일이지요. 특히 그는 원근법 연구에 많은 노력을 기울인 것으로 알려졌습니다.

두 그림은 비록 그린이가 다르지만, 여러 가지 공통점이 있습니다. 프레스코 기법으로 그려졌다는 것과 주인공이 말을 탄 모습을 그렸다는 것이 물론 가장 두드러진 공통점이지만, 그림 속의 인물이 피렌체를 위해 활약한 용병대장이라는 점과 원근법을 이용하여 매우 사실적으로 그렸다는 점이 비슷합니다. 존 호크우드는 영국 출신의 용병대장으로서 18년 동안 피렌체를 위해 싸웠고, 니콜로 다 톨렌티노는 피렌체가 국가의 명운을 걸고 벌인 시에나와의 전투(산 로마노 전투)에서 승리를 거둠으로써 피렌체의 번영을 가능하게 만든 영웅적 인물인 것입니다.

본래 피렌체 시민들은 그들의 은인인 두 용병대장을 위해 청동 기마상을 세워주려고 했지만 당시 피렌체의 재정 상태가 좋지 않아 부득이 그림으로 대신했다는 이야기가 전해집니다. 그래도 청동 기마상과 비슷한 느낌을 내기 위해 일부러 오래된 청동과 가까운 색으로 칠했다고 하는군요.

제단과 그 주변

자, 이제는 대성당의 핵심 부위에 해당되는 제단과 그 주변을 살펴봅시다.

제단은 피렌체의 다른 성당들과 비교하면 장식이 매우 간소하다는 것을 알 수 있습니다. 어쩌면 이런 간결하고 담백한 공간은 '허영과 사

제단과 그 주변

치를 버리고 신앙 본연의 자세로 돌아가라.'고 피렌체 시민들을 향해 부르짖었던 사보나롤라의 흔적이 남아 있기 때문 아닐까 하는 생각이 듭니다. 그가 설교를 하던 곳이 바로 산타 마리아 델 피오레 대성당이기 때문이지요.

제단에서 특히 눈에 띄는 것은 예수가 매달린 십자가인데, 십자가 위에 적힌 'INRI'는 'Iesus Nazarenus, Rex Iudaeorum(유대인의 왕, 나사렛 예수)'란 뜻입니다.

제단 앞으로 파이프 오르간이 보이고, 그 아래로 제의실 문 위에 두 점의 테라코타 부조가 있어 눈길을 끕니다. 왼쪽은 '예수의 부활'이고, 오른쪽은 '예수의 승천'입니다.

제의실 앞쪽으로는 예수의 제자 중 큰 야고보와 마태가 서 있습니다. 앞에서 보았을 때 왼쪽이 큰 야고보이고 오른쪽이 마태입니다. 특히 마태는 천사와 함께 서 있는데, 천사는 그의 상징물이므로 그의 신분을 짐작할 때 유용한 단서가 된답니다.

이제 고개를 조금 들면 쿠폴라의 드럼drum에 설치된 스테인드글라스가 보이고 그 위로 프레스코화로 장식된 천장화가 보입니다.

먼저 스테인드글라스를 살펴봅시다. 쿠폴라가 8면으로 되어 있으므로 드럼 또한 8면이 되고, 그곳에 설치한 스테인드글라스도 또한 8개가 됩니다. 이 작품들은 도나텔로, 로렌초 기베르티, 파올로 우첼로, 안드레아 델 카스타뇨 등 당시 피렌체의 가장 위대한 예술가들이 제작한 것으로 그 가치가 빼어나지만, 워낙 높은 곳에 있어 충분히 감상하기 어려운 점이 아쉽습니다. 내용은 주로 예수와 성모 마리아의 일생에 관한 것입니다.

제단

제단의 십자가

큰 야고보

마태

예수의 부활

예수의 승천

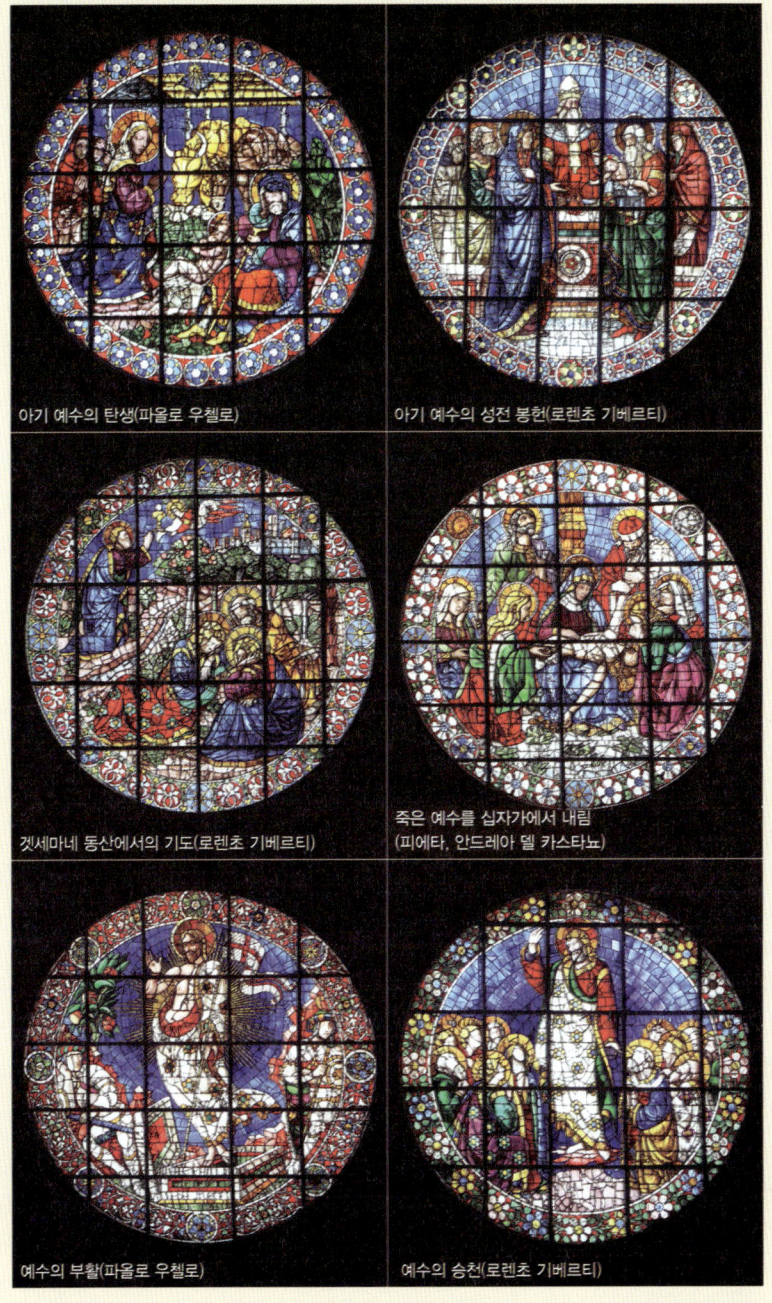

아기 예수의 탄생(파올로 우첼로)

아기 예수의 성전 봉헌(로렌초 기베르티)

겟세마네 동산에서의 기도(로렌초 기베르티)

죽은 예수를 십자가에서 내림
(피에타, 안드레아 델 카스타뇨)

예수의 부활(파올로 우첼로)

예수의 승천(로렌초 기베르티)

'최후의 심판' 천장화

    부르넬레스키의 쿠폴라 안쪽에는 여덟 면으로 마무리된 천장이 있습니다. 여기에 그려진 프레스코화를 '최후의 심판'이라고 하는데, 당대 사람들이 인류 최후의 날에 있을 거라고 믿은 심판과 지옥에 관한 그림

'최후의 심판' 천장화

이기 때문에 그런 이름이 붙었습니다.

쿠폴라의 규모가 대단한 만큼 천장의 면적도 방대하여 자그마치 3,600m²의 넓이라고 합니다. 쿠폴라를 설계한 부르넬레스키는 여기를 모자이크 그림으로 장식할 계획이었지만 그의 사망으로 무산되고, 코시모 1세 대공의 지시로 최후의 심판을 주제로 한 프레스코화가 그려졌습니다.

'최후의 심판'은 조르조 바사리의 작품으로 알려져 있지만, 그가 완성한 것은 천장의 중앙 부분―즉 묵시록에 나오는 24명의 장로를 그린 부분―이 전부입니다. 그 부분과 아랫부분은 화풍이 확연히 달라 그린 이가 다르다는 사실을 짐작할 수 있는데, 아랫부분은 페데리코 주카리 Federico Zuccari와 도메니코 크레스티Domenico Cresti 등이 협력하여 완성한 것입니다. 1568년에 조르조 바사리에 의해 천장화 작업이 시작되었지만 그가 1574년에 사망하는 바람에 완성되지 못하였고, 그 후 페데리코 주카리와 도메니코 크레스티 등이 맡아 1579년에 완성한 것으로 알려져 있습니다. 그럼에도 불구하고 천장화를 설명할 때 조르조 바사리의 이름이 제일 먼저 언급되는 것은 아마도 그가 당대의 위대한 화가로서 널리 이름이 알려졌기 때문으로 보입니다.

산타 마리아 델 피오레 대성당의 전체 규모가 워낙 큰 데다가 바닥에서 쿠폴라 꼭대기까지의 높이가 무려 114m에 달하다보니, 천장화의 크기가 작지 않음에도 불구하고 육안으로 그 내용을 알아보기는 어려운 실정입니다. 그래서 부분별로 확대하여 보여드리고자 합니다.

먼저, 쿠폴라의 랜턴lantern 중앙에 팔각형의 창이 나 있고, 그 주변에 24명의 장로를 그린 그림이 있습니다. 앞서 조르조 바사리의 작품이라고 설명한 바로 그 부분입니다. 쿠폴라가 8각형의 형태를 띠고 있으므로 내부의 천장도 여덟 면으로 구성되어 있는데, 각 면마다 세 명의 인물이 그려져 도합 24명인 것입니다. 자세히 보면 세 명의 얼굴이 모두 보이는 곳도 있고 그렇지 않은 곳도 있지만, 일단 24명을 그린 것으로 봅니다. 그리고 장면과 장면 사이에는 사람 혹은 천사(마태), 사자(마가), 소(누가), 독수리(요한) 등의 4대 복음서 저

요한묵시록의 24명 장로를 그린 조르조 바사리의 프레스코화

자 상징물과 교황의 관과 열쇠(베드로), 칼(바울), 여행자용 지팡이와 모자(큰 야고보), 몽둥이(작은 야고보) 등 예수의 제자를 상징하는 물건들이 보입니다.

그 아래에 그려진 페데리코 주카리와 도메니코 크레스티의 프레스코화는 동심원 모양으로 단계를 나누어 각각의 세계를 표현했습니다.

그중에서 맨 윗부분은 천사들이 있는 천국입니다. 천장의 중앙을 하늘로 인식한 것입니다.

두 번째 칸은 예수와 마리아, 기독교의 성인 성녀들이 자리 잡고 있습니다. 이들은 이미 천국에 속한 인물들이며, 최후의 심판을 주재할 사람들이지요.

세 번째 칸에는 의인화된 덕, 성령의 선물, 더없는 행복 등이 그려져 있습니다. 기독교 신앙을 통해 실천해야 하는 덕목이자, 신앙을 통해 얻을 수 있는 덕목이기도 하지요.

천사들이 그려진 맨 윗부분(천국)

두 번째 칸에 그려진 예수와 마리아, 기독교의 성인 성녀들

의인화된 기독교의 덕목들

맨 아래 칸에 그려진 지옥의 모습

맨 아래 칸, 즉 천국에서 가장 먼 곳은 최후의 심판 때 죄인들이 갈 곳입니다. 지옥이지요. 지옥의 실상이 어찌나 끔찍하게 그려졌는지, 미켈란젤로가 시스티나 예배당 벽에 그린 '최후의 심판'보다 지옥 장면은 더 빼어난 것 같습니다. 하여간 이 그림을 본 사람이라면 누구나 죄를 짓지 않겠다고 다짐했을 것입니다.

외부 벽면의 화려한 장식과는 달리 소박하고 단순한 편인 대성당 내부에서는 아무래도 천장화가 보는 이를 압도하는 역할을 하므로 설명했습니다.

조토의 종탑

이탈리아에는 본당과 세례당, 종탑이 각각 독립된 건물을 갖는 성당들이 있는데, 산타 마리아 델 피오레 대성당이 그런 예입니다. 비슷한 경우로, 기울어진 사탑으로 유명한 피사 대성당이 있지요.

산타 마리아 델 피오레 대성당에 부속된 종탑은 흔히 '조토의 종탑 Campanile di Giotto'이라고 불립니다. 조토가 건설 책임자였기 때문에 그런 이름이 붙었지만, 오로지 조토 혼자서 완성한 것은 아닙니다. 대성당 건설 초기부터 종탑에 대한 계획이 서 있었고, 조토가 탑 설계를 맡아 진행했지만 1층을 완성한 후 사망했기 때문에 2층은 그의 제자인 안드

피사 대성당   산타 마리아 델 피오레 대성당

레아 피사노Andrea Pisano가, 3층은 프란체스코 탈렌티Francesco Talenti가 완성한 것입니다.

84m 높이의 조토의 종탑은 대성당 파사드 오른쪽에 자리 잡고 있는데, 하늘을 향해 치솟은 날렵한 자태도 시원스럽지만 토스카나 지방에서 생산된 장미색, 흰색, 녹색 대리석으로 정교하게 장식한 문양이 보는 이의 감탄을 자아냅니다. 이는 세례당과 본당의 전체 이미지와 통일성을 유지하면서 다른 곳에서 보기 힘든 아름답고 우아한 건축 양식의 극치를 보여줍니다.

또한 종탑의 1층에는 안드레아 피사노의 작품(일부 작품 제외)으로 알려진 성서 속 이야기, 산업·학문·예술 등을 주제로 한 부조(복제품. 원본은 두오모 박물관 소장)가, 2층에는 태양계, 기독교의 덕목, 학문과 예술을 의인화한 부조, 가톨릭 7성사에 관한 부조가 부착되어 있고, 3층에는 성서 속 인물과 예언자들의 조각상이 세워져 있습니다.

성서 속 인물 등 조각상

태양계, 기독교 덕목 등 부조

성서 속 이야기 등 부조

조토의 종탑

1층의 부조부터 자세히 보여드리겠습니다.

대성당 파사드 쪽 방향에 있는 부조들은 성서에 나오는 이야기들입니다. 그리고 오른쪽으로 돌아가면 주로 산업과 직업에 관한 부조가, 종탑 위로 올라갈 수 있는 출입구가 있는 쪽에는 직업 활동의 종류를

대성당 파사드 쪽

아담의 창조   이브의 창조   낙원 추방 후 농사짓고 길쌈하는 아담과 이브

파사드에서 오른쪽 면(두오모 박물관 소장)

천문학자   건축가   의학자

종탑으로 올라가는 출입구 쪽(두오모 박물관 소장)

항해   모험(헤라클레스)   농사

대성당 벽면 쪽(* 표시한 부조는 루카 델라 로비아 작품, 두오모 박물관 소장)

조각   회화   점성학*

나타내는 다섯 개의 부조가, 대성당 벽면과 마주한 나머지 벽 쪽은 접근하지 못하도록 막아 놓아 자세히 보기 어려우나 두오모 박물관의 자료를 바탕으로 생각할 때 예술과 학문에 관한 부조가 있는 것으로 보입니다.

2층에는 사면에 마름모꼴의 패널을 각각 7개씩(1층 출입구 쪽의 경우 문을 설치하느라 부조를 5개밖에 설치하지 못한 것과 달리 문과 상관없는 2층은 다른 면과 같이 7개를 설치함) 설치하였습니다.

파사드가 있는 쪽은 로마 신화 속의 인물을 통해 태양계를 나타내는 부조가, 오른쪽으로 돌아가면 의인화된 기독교의 덕목을 새긴 부조가, 종탑 출입구 쪽은 학문과 예술을 의인화한 부조가 있습니다.

그리고 마지막으로 대성당 벽면과 마주한 쪽은 자세히 보기 어려우나, 두오모 박물관의 자료로 미루어볼 때 가톨릭의 7성사七聖事인 세례성사(가톨릭의 일곱 가지 성사 가운데 가장 먼저 받는 입문 성사. 물로 죄를 씻는 의식), 고해성사(영세 받은 신자가 알게 모르게 지은 죄를 뉘우치고 하느님의 대리자인 사제에게 고백하여 용서받는 일), 혼인성사(가톨릭에서 결혼예식을 일컫는 말. 혼배성사라고도 함), 견진성사(세례성사 다음에 받는 의식. 세례를 받은 신자가 믿음을 더욱 굳게 가지도록 하는 의식), 성체성사(가톨릭에서 성찬 예식을 일컫는 말. 예수의 몸과 피를 상징하는 빵과 포도주를 나눔), 종부성사(임종을 앞두고 영혼을 하느님께 의탁하는 의식. 병들어 죽음을 앞둔 이들이 받기 때문에 병자성사라고도 함), 성품성사(성직자로 임명된 이들에게 사제로서의 역할을 맡기는 성사)를 표현한 것을 알 수 있습니다.

사투르누스(토성) | 주피터(목성) | 마르스(화성) | sole(태양) | 비너스(금성) | 머큐리(수성) | luna(달)

대성당 파사드 쪽

신앙 | 자선 | 희망 | 신중함 | 정의 | 절제 | 굳은 의지

파사드에서 오른쪽 면

천문학 | 음악 | 기하학 | 문법학 | 수사학 | 논리학 | 수학

종탑으로 올라가는 출입구 쪽

세례성사 | 고해성사 | 혼인성사 | 견진성사 | 성체성사 | 종부성사

대성당 벽면 쪽(두오모 박물관 소장)

마지막으로, 3층에 설치된 조각상들을 봅시다.

3층에는 사면에 각각 4명씩, 모두 16명의 성서 속 인물과 예언자들의 입상이 세워져 있습니다. 다른 층과 마찬가지로 대성당 벽면 쪽은 살펴보기 어려운데, 두오모 박물관의 자료로 볼 때 다윗 왕과 솔로몬 왕, 그리고 여자 예언자들이 있었던 것으로 짐작됩니다.

이곳 조각상 중에서 '수염이 나지 않은 예언자, 하박국, 예레미아, 이삭을 제물로 바치는 아브라함, 고뇌하는 예언자' 등은 도나텔로의 작품이라고 합니다.

또한 '솔로몬, 다윗 왕, 여자 예언자 두 명, 파사드 오른쪽 면의 두 번째 이름을 알 수 없는 예언자'는 안드레아 피사노Andrea Pisano의 작품이고, '대성당 파사드 쪽 이름을 알 수 없는 예언자, 오바드야, 수염이 난 예언자'는 난니 디 바르톨로Nanni di Bartolo의 작품이며, 파사드 오른쪽 면 나머지 세 개의 이름을 알 수 없는 예언자는 마소 디 반코Maso di Banco의 작품이라고 합니다.

이름을 알 수 없는 예언자　　하박국　　　　예레미아　　　　오바드야

대성당 파사드 쪽

이름을 알 수 없는 예언자들

파사드에서 오른쪽 면

수염이 나지 않은 젊은 예언자　　수염이 난 예언자　　이삭을 재물로 바치려는 아브라함　　고뇌하는 예언자

종탑 올라가는 출입구 쪽

다윗 왕　　　　솔로몬 왕　　　　에리트래아의　　　　티부르티나의
　　　　　　　　　　　　　　　 여자 예언자　　　　여자 예언자

대성당 파사드 쪽(두오모 박물관 소장)

제단

북문

남문

동문

산 조반니 세례당

산 조반니 세례당 ②

Battistero di San Giovanni

>>>>>>>>>>>

산 조반니 세례당은 본래 본당으로 쓰인 건물인데 대성당이 완공되면서 세례당으로 쓰이게 되었습니다.

'산 조반니'는 세례자 요한John the Baptist을 말하며 그는 피렌체의 수호성인이니, 피렌체 시민들이 세례를 받는 세례당에 그의 이름을 붙이는 것은 당연한 일이었을 겁니다. 세례당의 동쪽 문 위에 세례자 요한으로부터 세례를 받고 있는 예수와 이를 바라보고 있는 천사 조각상이 있어 그 상징성을 말해줍니다.

동쪽 문 위의 세례 받는 예수 조각상

동쪽 문(천국의 문)
-구약성서 중 천지창조 등

산 조반니 세례당의 동쪽 문(산타 마리아 델 피오레 대성당의 정문에서 바로 보이는 문)인 '천국의 문'은 세례당 중에서 가장 주목받는 부분입니다.

산 조반니 세례당은 일단 세례당 내부에 들어가 천장을 올려다보면 비잔틴 양식의 아름다운 모자이크 천장화 때문에 넋을 잃게 되지만, 시간에 쫓기는 여행자들은 별도의 입장료를 내고 세례당 안으로 들어가는 걸 번거롭게 생각하는 경향이 있습니다. 사정이 그렇다 보니 세례당의 건물 외관만 훑어보고 총총히 발걸음을 옮기기 일쑤인데, 그런 그들에게 황금빛 찬란한 천국의 문은 훌륭한 볼거리가 되어주는 것입니다.

세례당의 동쪽에 위치한 문이니 그냥 동쪽 문이라고 해도 될 이 문에 '천국의 문Porta del Paradiso'이란 애칭을 붙여준 이는 미켈란젤로였습니다. 그가 이 문을 보고 감탄하여 "천국의 문으로서도 손색없다."는 말을 했다 하여 그 뒤로 천국의 문이라 불리게 된 것입니다.

세례당의 청동 문 제작을 위한 공모전에서 라이벌인 브루넬레스키를 누르고 당선된 기베르티는 동쪽 문을 제작할 때 두 개의 대문을 각각 다섯 칸씩, 모두 열 칸으로 나눈 다음 구약성서 속의 중요 인물들을 주인공으로 한 부조로 만들었습니다. 그는 이 문을 1425년에 만들기 시작하여 27년의 세월 동안 이것에만 매달린 끝에 1452년에 완성하였습니다. 그가 얼마나 혼신의 노력을 다해 완벽한 작품을 만들고자 했는지를 짐작할 수 있습니다.

훼손을 막기 위해 원작은 두오모 박물관Museo dell Opera del Duomo으로 옮겨 보존하고 있고, 관광객이 볼 수 있는 것은 복사본입니다.

부조에 원근법을 적용하여 당시 사람들에게 '조각을 회화처럼 만들었다.'는 비난을 듣기도 하였다지만, 정교하고 세련된 솜씨는 지금도 보는 이의 감탄을 자아냅니다.

산 조반니 세례당의 동쪽 문

천국의 문(동쪽 문) 부조

1	2
3	4
5	6
7	8
9	10

1. 아담과 이브의 창조
2. 아벨을 죽이는 카인
3. 노아의 일생
4. 이삭을 제물로 바치는 아브라함
5. 에서와 야곱
6. 야곱의 아들 요셉
7. 십계명을 받는 모세
8. 여호수아의 인도 아래 요르단 강을 건너는 이스라엘 사람들
9. 이스라엘 민족을 구한 영웅 다윗
10. 솔로몬과 시바의 여왕

아담과 이브의 창조

1. 아담과 이브의 창조

천국의 문의 맨 위 왼쪽 칸에는 아담과 이브의 창조를 주제로 한 부조가 새겨져 있습니다. 왼쪽 하단부에는 하느님이 최초의 인간 아담 Adam에게 영혼을 불어넣는 장면이 있는데, 이 장면은 바티칸 시스티나 예배당의 천장에 그려진 미켈란젤로의 '천지창조' 중 한 장면을 연상시킵니다. 하느님이 손가락 끝을 통해서 아담에게 영혼을 불어넣는 '아담의 창조'는 그 후 수많은 아류작을 낳았지요.

그리고 중앙에는 이브를 창조하는 장면이 있는데, 누워 있는 아담의 옆구리에서 이브가 탄생하는 것으로 묘사되고 있습니다. 그리고 오른쪽 하단부에는 에덴에서 추방당하는 아담과 이브의 모습이 보입니다.

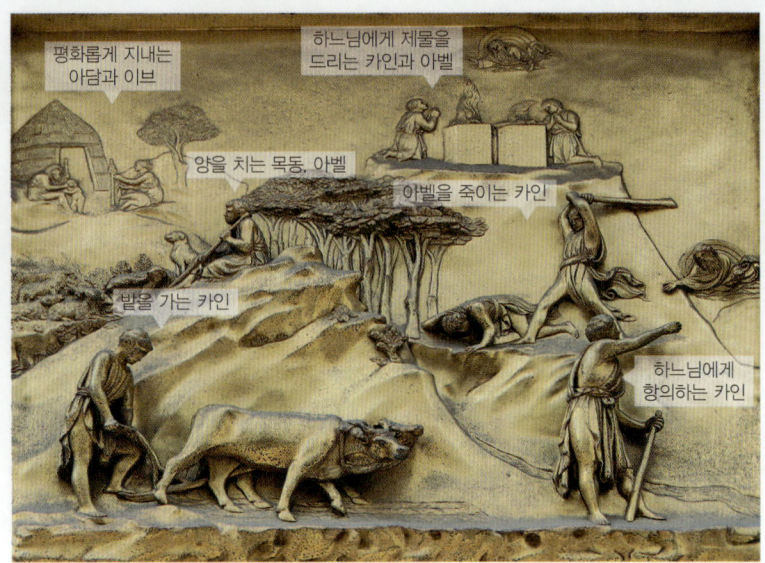

아벨을 죽이는 카인

2. 아벨을 죽이는 카인

경고를 무시하고 선악과를 따 먹은 이브에게 하느님은 "출산의 고통을 느끼게 될 것이다."라고 말하며 에덴에서 추방하였지요. 하느님의 말대로 에덴에서 쫓겨난 아담과 이브는 자식을 낳았는데, 그들의 첫째 아들이 카인Cain, 둘째 아들이 아벨Abel입니다. 인류 최초의 살인 사건은 바로 이 두 사람 사이에서 발생합니다.

이 부조에는 카인과 아벨에 관한 여러 가지 이야기가 한 화면에 담겨 있습니다. 화면의 왼쪽 상단은 아담과 이브가 두 아들과 더불어 오두막에서 평화롭게 지내는 장면입니다. 그 아래의 숲 근처에서 양을 치는 목동은 아벨이고, 화면 아래의 밭을 가는 이는 카인입니다. 그리고 오른쪽 상단에는 신에게 제물을 바치는 카인과 아벨의 모습이 표현되어 있는데, 왼쪽에 불길이 일어나는 것이 아벨의 것입니다. 목동이었던 아벨은 새끼 양을 제물로 바치고, 농부였던 카인은 곡식을 바쳤다고 합니다. 그런데 하느님이 아벨의 제물은 받아들이고, 카인의 것은 받아들이지 않았다는 뜻입니다. 이 일로 인해 카인은 하느님을 원망하고, 동생을 미워하게 됩니다.

그 아래는 아벨을 죽이는 카인의 모습으로, 이 부조의 클라이맥스에 해당되는 내용입니다. 동생을 미워한 카인은 아벨을 살해하고는 아무도 본 사람이 없을 거라고 생각했지만, 이 살인의 현장을 하느님이 보았지요. 카인에게 "카인아, 네 아우는 어디 있느냐?"라고 묻는 하느님과, "제가 아벨을 지키는 사람입니까? 제가 그걸 어떻게 알겠습니까?"라고 불손하게 대드는 카인의 모습이 오른쪽 하단에 나타나 있습니다.

하느님은 왜 아벨의 제물만 받고 카인의 것은 받지 않은 걸까요?

이에 대해 카인은 제물을 바치면서 정성을 다하지 않았고, 아벨은 정성을 다했으므로 하느님이 아벨의 것만 받아들인 것이라고 해석하는 사람들이 있습니다.

그런가 하면 카인은 맏아들이면서 농부였고, 아벨은 작은아들이면서 목동이었다는 점에 주목하여 하느님이 약자 편에 섰다는 의미로 해석하는 사람도 있습니다. 고대 중동에서는 장남이 모든 것을 상속받는 풍속이 있었고, 농부는 땅을 가진 존재였으니 카인은 부유한 신분이었다는 것이지요. 반면 작은아들은 상속에서 제외되는 데다가 목동이란 원래 떠돌아다니는 사람이니 아벨은 가난하고 힘없는 사람을 의미한다고 보는 것입니다. 그러므로 하느님은 가난하더라도 자신이 가진 것 중에서 가장 좋은 것을 정성껏 바치는 아벨을 기특하게 여겼고, 부유하면서도 의례적으로 제물을 드리는 카인은 탐탁잖게 생각했다는 해석입니다. 정확한 속내는 하느님만 알겠지요.

노아의 일생

3. 노아의 일생

구약성서의 '창세기' 편에 나오는 홍수 이야기는 널리 알려져 있습니다. '노아의 방주Noah's Ark'라는 제목으로 말이지요.

아담의 10대손인 노아는 의로운 사람이었습니다. 그렇기 때문에 타락한 인류를 멸하기 위해 하느님이 이 세상에 대홍수의 재난을 내렸을 때 그와 그의 가족은 살아남을 수 있었지요. 그는 하느님의 귀띔을 듣고 커다란 방주를 만든 다음, 자신의 가족과 동물 한 쌍씩을 태웁니다. 방주에 탈 수 있었던 생명을 제외한 모든 것은 그때 멸종했다고 합니다. 홍수가 끝난 후 노아가 하느님에게 감사의 제사를 올리자 하느님이 "다시는 물로 인류를 벌하지 않겠다."고 약속하며 그 표시로 무지개를 보여주었다는 이야기도 함께 전하지요.

청동 문의 부조는 대홍수가 끝난 이후의 장면을 묘사하고 있습니다. 기베르티는 특이하게 노아의 방주를 피라미드 모양으로 표현하였습니다. 성서에 따르면 방주는 3층 구조로, 길이 300큐빗cubit, 높이 30큐빗, 너비 50큐빗이었다고 하는데, 부조의 피라미드 모양 부분을 잘 보면 3층 구조이며, 가로 방향으로 x, xx, xxx, xxxx, xxxxx 표시(50을 뜻함)가 있고 세로 방향으로 x, xx, xxx 표시(30을 뜻함)가 있으며 피라미드의 오른쪽 사선 방향으로 CCC 표시(300을 뜻함)가 있습니다.

피라미드 아래쪽은 방주에서 노아의 가족과 동물들이 나오고 있는 장면입니다. 이때 누워 있는 시체는 노아의 가족만이 하느님에 의해 구원받았음을 강조하는 장치로 사용되고 있습니다.

그 아래에는 홍수가 끝나고 하느님께 제사를 지내는 장면이 묘사되고 있고, 오른쪽 위쪽에는 다시는 이러한 재앙을 내리지 않으리라 약속하며 무지개를 보여주는 하느님이 보입니다.

마지막으로 왼쪽 아래쪽에는 만취한 노아의 모습이 보입니다. 성서에 따르면 노아는 포도 재배를 시작하고 포도주를 최초로 만든 사람입니다. 포도주를 만든 노아는 어느 날 취하도록 마신 다음 알몸으로 쓰러져 잠이 들었는데, 노아의 세 아들 중 함Ham은 그 모습을 보고 킥킥대며 다른 형제들인 셈Shem과 야벳Japheth에게 알렸다고 합니다. 효심이 깊었던 셈과 야벳은 함으로부터 그 말을 듣고는 차마 아버지의 부끄러운 모습을 볼 수 없어 뒷걸음으로 다가가 옷으로 덮어주었어요. 술에서 깨어난 노아가 그 사실을 알고는 함을 저주하고, 셈과 야벳은 축복하였다고 하지요.

이삭을 제물로 바치는 아브라함

4. 이삭을 제물로 바치는 아브라함

신약성서는 '아브라함과 다윗의 자손 예수 그리스도의 세계라. 아브라함이 이삭을 낳고, 이삭은 야곱을 낳고, 야곱은 유다와 그 형제를 낳고…' 라는 말로 시작됩니다. 유대인의 혈통이 아브라함으로부터 시작된다는 말이지요.

아브라함은 백 살이 되도록 자식을 얻지 못했습니다. 그의 아내 사라Sarah는 몸종 하갈Hagar을 남편의 잠자리에 들여보내 아들을 얻도록 하는데, 그가 바로 이슬람교도들이 조상으로 섬기는 이스마엘Ishmael입니다. 이 때문에 아브라함은 이슬람교도들에게도 조상이 됩니다.

그다음에 하느님의 뜻으로 사라가 낳은 귀한 아들이 이삭Isaac입니다. '이삭'은 '웃음'이라는 뜻인데, 자신이 임신할 거라는 천사의 말을 듣고 믿지 못해 사라가 웃었기 때문에 그런 이름을 붙였다고 합니다.

이 부조의 왼쪽 하단에는 세 천사로부터 사라가 임신할 거라는 소식을 듣는 아브라함이 새겨져 있습니다. 무릎을 꿇은 채 경건한 자세로 천사의 말을 듣는 아브라함과는 달리, 사라는 뒤쪽에 서 있습니다. 이때 사라가 믿을 수 없는 이야기에 실소失笑를 했나 봅니다.

어쨌든 아브라함과 사라에게는 이삭이 참으로 귀한 아들이었습니다. 그런데 천만뜻밖에도 하느님이 그 귀한 아들을 제물로 바치라고 한 것입니다. 아브라함으로서는 차마 따를 수 없는 명령이었지만, '믿는 이의 아버지'란 이름에 걸맞게 순종하기로 합니다.

아브라함은 제단을 쌓은 다음 이삭을 제물로 바치려 하였는데, 그 순간 하느님이 "아브라함아, 네 믿음을 이제 내가 알았다."라고 하면서 이삭 대신 바칠 양을 내려주었다고 하지요.

부조의 오른쪽 상단에는 제단 위에 제물로 놓인 이삭을 죽이려 하는 아브라함과 그것을 말리는 천사의 모습이 나타나 있습니다.

아브라함은 이삭을 제물로 바치러 갈 때 당나귀를 타고 두 노예와 함께 떠났는데, 부조의 아래 오른쪽 부분이 그 내용을 뜻한다는 주장도 있으나(당나귀와 두 노예), 두 청년의 모습이 노예라기보다는 다정한 형제나 친구로 보여 이스마엘과 이삭을 뜻하는 것이라는 주장도 있습니다. 또한 당나귀는 하느님이 하갈의 복중에 이스마엘이 있을 때 그가 사람 중에 들나귀wild donkey(들이나 광야에 사는 길들이지 않은 야생 나귀. 성경에서는 처량하고 불쌍한 존재, 혹은 허망한 자를 뜻함)같이 될 것이라고 예언했다는 내용과 관련짓고, 그 위의 샘물은 사라에 의해 쫓겨난 하갈과 이스마엘이 광야에서 방황하다 가죽 주머니의 물이 떨어져 괴로워할 때 하느님이 샘물을 내려주었다는 일화와 관계가 있다고 봅니다.

에서와 야곱

5. 에서와 야곱

이 부조는 이삭Isaac의 아들들에 관한 것입니다.

이삭은 리브가Rebekah를 아내로 맞아 쌍둥이 아들 에서Esau와 야곱 Jacob을 낳았습니다. 아버지 이삭은 맏아들인 에서를 총애하고, 어머니 인 리브가는 작은아들인 야곱을 아꼈다고 합니다.

당시는 장자 상속이 당연시되던 시대였기 때문에 비록 쌍둥이 형제 라 해도 늦게 태어난 야곱에게는 별다른 권리가 없었습니다. 그 사실을 분하게 여긴 야곱은 어떻게 해서든 형으로부터 맏아들의 권리를 빼앗 으려고 했지요.

하루는 에서가 사냥 나갔다가 돌아와 무척 배고파하자 야곱이 죽 한 그릇을 주면서 맏아들의 권리를 양도받았다고 합니다(부조 중앙). 상트 페테르부르크의 에르미타주 미술관에 소장된 마티아스 스톰Matthias Stom

의 '에서와 야곱'에는 사냥에
서 돌아온 에서(오른쪽)에게
죽그릇을 건네는 야곱(왼쪽)이
보이며, 그들 사이에 형제의
어머니인 리브가가 보입니다.
야곱을 총애했다는 리브가가
야곱의 흉계에 동조하고 있음
을 알 수 있습니다.

마티아스 스톰, '에서와 야곱'(에르미타주 미술관)

　또한 야곱은 어머니와 짜고
속임수를 써서 아버지가 형에게 내리는 축복을 가로챘다고 합니다(부조
오른쪽 하단부). 그 시간에 에서는 산야를 돌아다니며 사냥하고 있었지요
(부조 오른쪽).

　야곱은 옳지 못한 행동으로 맏아들의 권리와 아버지의 축복을 얻었
지만, 형으로부터 해를 입지는 않을까 두려워 외삼촌이 사는 마을로 피
신합니다. 피신하는 중에 광야를 방황히며 고난을 겪었고, 그즈음에 하
느님 앞에서 자신의 잘못을 고백하고 용서를 빌었다고 합니다.

　창세기 28장에 보면 야곱이 광야를 헤매다 돌베개를 베고 자는 중에
꿈을 꾸었는데, 하늘에 닿은 사다리가 보이고 천사가 오르내리는 것이
보였다는 이야기가 나옵니다. 또한 '한 사람(천사로 추정)'을 만나 밤새
씨름을 한 끝에 승리한 후 그로부터 이스라엘('신과 씨름하다'란 뜻)이란
새 이름을 받았다고도 전해집니다.

　피신한 곳에서 결혼하고, 재산을 모으며 행복한 생활을 하던 야곱은
고향으로 돌아가서 여생을 보내고 싶은 욕망을 버릴 수 없어 20년의 세
월이 흐른 뒤 귀향한 후 형과 화해합니다.

야곱은 비록 옳지 못한 방법으로 형의 것을 가로챈 다음 광야를 방황하는 고난을 겪었지만 자신의 잘못을 인정하고 하느님 앞에 용서를 구했기 때문에 기독교에서는 의인으로 여겨지며, 그의 열두 아들은 훗날 이스라엘 열두 지파의 조상이 됩니다.

앞에서 야곱이 광야를 방황하다가 돌베개를 베고 잠을 잔 일화를 이야기하였습니다. 그것과 관련되어 흥미 있는 이야기가 전하기에 설명을 덧붙입니다.

스코틀랜드에는 스콘석Stone of Scone 또는 기적의 돌Stone of Destiny이라고 불리는 돌이 있는데, 여러 세기에 걸쳐 스코틀랜드 군주의 대관식에 쓰이던 신성한 물건입니다. 스콘석은 단순한 돌이 아니라 스코틀랜드 왕의 상징이며 스코틀랜드 독립의 상징인 것이지요. 한때 이 돌은 잉글랜드가 약탈하여 웨스트민스터 사원에 두었는데, 1996년에 영국 정부의 결정에 따라 스코틀랜드로 반환되었습니다.

그런데 이 돌이 바로 야곱이 베고 잤던 돌베개라는 것입니다. 광야에 있던 돌을 야곱이 기근을 피해 아들 요셉이 재상으로 있던 이집트로 갈 때 가져갔는데, 훗날 이집트 파라오의 딸 스코타Scota에 의해 스페인과 아일랜드를 거쳐 스코틀랜드로 전해졌다는 것입니다. 성서 속의 이야기와 역사적 사실이 결합되어 경계가 모호하지만, 야곱과 관련하여 재미있는 이야기이기에 소개했습니다.

스콘석(복제품)

야곱의 아들 요셉

6. 야곱의 아들 요셉

앞서 설명한 야곱Jacob은 먼저 결혼했던 레아Leah보다 나중에 결혼한 라헬Rachel을 더 사랑했습니다. 그런데 문제는 레아에게서는 여덟 명의 아들이, 라헬에게서는 두 명의 아들(요셉과 벤야민)만이 태어난 것입니다.

야곱은 라헬의 소생인 요셉을 제일 사랑했고, 요셉의 형들은 아버지의 사랑을 독차지하는 요셉을 질투했지요. 게다가 요셉이 아버지로부터 색동옷을 선물 받고, "부모님과 형들이 내게 절하는 꿈을 꾸었다."고 자랑한 일은 더욱 형들의 미움을 사게 되었고, 마침내 형들은 그를 우물에 빠뜨려 죽이려 합니다. 그러나 차마 죽이지는 못하고, 이집트의 노예 상인에게 팔아버립니다. 부조의 오른쪽 상단에 요셉을 미워한 형들이 그를 우물에 빠뜨려 죽이려고 하다가 노예 상인에게 팔아넘기는 모습이 보입니다.

이집트로 팔려간 요셉은 파라오의 관리인 보디발Potiphar의 집에서 일하며 성실함으로 인정을 받았지요. 그런데 보디발의 아내가 문제였습니다. 젊고 잘생긴 요셉에게 반한 그녀는 요셉을 유혹하려다 실패하자 도리어 요셉이 자신을 욕보였다며 남편에게 고해바쳤고, 아내의 말을 믿은 보디발은 요셉을 감옥에 가두었습니다.

감옥에서 요셉은 함께 갇혀 있던 죄수 두 명의 꿈을 해몽해주었는데, 이것이 그의 운명을 바꾸어놓았습니다. 요셉이 해몽한 내용이 잘 들어맞자 용하다는 소문이 났고, 그 덕분에 파라오에게까지 불려가 해몽을 하게 된 것입니다.

그 무렵에 파라오Pharaoh가 꿈을 꾸었는데, 일곱 마리의 살찐 암소가 풀을 뜯다가 비쩍 마른 일곱 마리의 암소에게 잡아먹히는 내용과 알차게 잘 여문 이삭 일곱 줄기가 쭉정이 이삭 일곱 줄기에게 먹히는 내용이었습니다. 파라오는 그 꿈의 의미를 알 수 없어 전전긍긍하다가 해몽을 잘한다는 요셉의 소문을 듣고 그를 불렀던 것입니다. 요셉은 파라오의 꿈 이야기를 듣고, "앞으로 7년 동안 풍년이 들다가 그 뒤로 7년 동안 흉년이 든다는 내용"이라며, 미리 흉년에 대비해야 한다고 말했습니다. 파라오는 요셉의 능력을 알아차리고는 총리로 삼고, 기근에 대비하도록 했습니다.

요셉 덕분에 대비를 잘한 이집트가 별 탈 없이 흉년을 넘기는 동안, 유대 땅에 살고 있던 사람들은 굶주림을 참을 수 없어 이집트로 먹을 것을 구하러 옵니다. 먹을 것을 구하러온 사람들에게 요셉은 식량을 나누어 주었습니다. 부조의 중앙에 식량을 받아 가는 사람들이 보입니다.

식량을 구하러 온 사람들 중에는 요셉의 형들도 있었습니다. 그의 형들은 출세한 동생을 알아보지 못했지만 요셉은 형들을 알아보지요. 요셉은 자신의 신분을 밝히지 않고 형들을 시험해 보고 싶어 벤야민(라헬의 두 번째 아들로, 요셉의 동복형제)의 자루에 몰래 은잔을 넣은 다음 도둑으로 몰았다고 합니다. 부조의 왼쪽 하단에 그런 내용이 새겨져 있습니다.

은잔 도둑으로 몰린 벤야민을 외면하지 않고 함께 전전긍긍하는 형들의 모습을 본 요셉은 마침내 자신의 정체를 밝혔고 형들은 놀라며 과거의 잘못을 사과했다고 하는데, 왼쪽 상단에 그 내용이 보입니다.

결국 요셉과 형제들은 눈물로 화해한 다음 아버지 야곱을 이집트로 모셔와 행복하게 살았다고 합니다.

십계명을 받는 모세

7. 십계명을 받는 모세

구약성서에서 가장 중요한 인물 중의 한 사람인 모세Moses는 유대인
들이 이집트 땅에서 노예 생활을 할 때 태어났습니다. 그때는 파라오가
유대인의 가정에서 태어난 사내아이는 모두 죽이라는 명령을 내린 때
라, 그는 태어나자마자 죽을 운명이었습니다. 그런데 그의 어머니가 차
마 아들이 죽는 것을 볼 수 없어 바구니에 담아 강물에 띄워 보냈지요.
그런데 강물에 떠내려온 바구니를 건져 그 속에 있던 모세를 구한 것은
얄궂게도 이집트의 공주였습니다. 그래서 모세는 공주의 자식으로 입
양되어 궁중에서 자라게 되지요. 모세란 이름은 '물에서 건져낸 아이'라

는 뜻입니다.

이집트의 공주가 모세를 건지는 모습을 본 모세의 친누나 미리암Miriam은 자신의 신분을 속인 채 공주에게 유모를 추천했는데, 바로 모세의 생모인 요게벳Jochebed이었습니다. 즉, 모세는 어머니에 의해 버려졌지만, 어머니의 품에서 자랄 수 있었던 것입니다.

뒤늦게 자신의 신분을 알게 된 모세는 유대인 노예를 학대하는 이집트 관리를 죽이고 황야로 도피합니다.

그곳에서 생활하던 중에 하느님으로부터 이집트로 돌아가 유대인들을 구하라는 명을 받고 두려움에 망설였지만, 신의 뜻을 거부할 수는 없었습니다. 할 수 없이 이집트로 돌아가 파라오에게 유대인 노예들을 해방시키라는 하느님의 뜻을 전하지만, 파라오가 그 말을 순순히 따를 까닭이 없었어요. 오히려 보란 듯이 유대인 노예들을 더 가혹하게 대합니다. 그러자 하느님은 이집트 땅에 차례차례 재앙을 내리고, 파라오는 열 번째 재앙—이집트 가정의 첫아들이 모조리 죽는 일—이 닥치자 마침내 굴복합니다. 자신의 맏아들까지 죽었기 때문이지요. 결국 파라오는 유대인들이 이집트 땅을 떠날 수 있도록 허용합니다.

그러나 모세의 인도 아래 유대인들이 모두 떠나자 파라오는 마음이 바뀌어 군대를 보냅니다. 노예로 부릴 수 없다면 차라리 모두 죽이겠다는 생각이 든 것이지요. 그러나 하느님은 모세에게 약속했듯이 기적을 보입니다. 유대인들이 지날 때는 홍해의 바닷물을 갈라 길을 내주고, 이집트 군사들이 뒤따라 그 길을 건너려 하자 다시 바닷길을 막아버린 것입니다. 이 극적인 장면은 그림이나 영화 등에서 다양하게 표현되었지요.

이반 아이바좁스키, '홍해를 건너는 유대인들'

    그러나 산 조반니 세례당의 문에 새겨진 모세 이야기는 그 뒤의 일화를 담고 있습니다. 이집트를 빠져나온 유대인들은 '젖과 꿀이 흐르는 땅' 가나안에 곧 도착할 줄 알았지만, 그곳에 닿는 길은 멀고도 험하기만 하였습니다. 그러자 사람들은 "차라리 이집트에서 노예로 살 때가 편하였다."고 불평불만을 늘어놓으며 모세를 원망하였습니다.

    그러다 모세와 유대인들이 시나이 산Mount Sinai에 이르렀을 때 하느님의 부르심을 받은 모세가 시종 여호수아를 데리고 시나이 산으로 올라갑니다. 여호수아는 산 중턱에서 모세를 기다렸으며 모세가 산에 오르자 구름이 산을 뒤덮었습니다. 산 아래 있던 유대인들은 천둥과 번개가 치고 시나이 산이 먹구름으로 뒤덮이는 모습을 보며 두려움에 떨었다고 합니다. 마침내 40일이 지나고 모세는 하느님에게 열 가지 계명을 받아서 내려옵니다. 그것이 바로 기독교에서 가장 중요하게 여기는 십계명Ten Commandments인 것입니다. 그 일련의 모습이 부조의 상단과 하단에 표현되어 있습니다.

여호수아의 인도 아래 요르단 강을 건너는 이스라엘 사람들

8. 여호수아의 인도 아래 요르단 강을 건너는 이스라엘 사람들

유대인을 이끌고 40년에 걸쳐 가나안Canaan 땅을 향해 진군하던 모세는 끝내 가나안 땅에 들어가지 못하고 지금의 요르단 땅에 있는 느보산Mt. Nebo에서 사망합니다. 그곳은 가나안에서 멀지 않은 곳인데, 목적지를 코앞에 두고 죽은 까닭은 딱 한 차례 하느님의 뜻을 의심한 죄 때문이라고 합니다.

모세의 뒤를 이어 유대인들을 이끈 지도자는 여호수아Joshua입니다. 그는 유대인에게 가나안 땅을 주겠노라는 하느님의 약속을 한 번도 의심하지 않았고, 자신에게 맡겨진 사명을 충실히 수행합니다. 유대인들은 불평하면서도 그의 신념에 이끌려 지시에 따랐다고 합니다.

성서에는 여호수아와 관련된 두 가지 인상적인 이야기가 전하는데, 그가 성궤(모세가 하느님으로부터 받은 십계명을 적은 석판을 넣은 상자로, 이때는 여호수아가 그것을 물려받았지요)를 들고 요르단 강을 건너려 하자 강이 바닥을 드러냈다는 것이 하나입니다. 이 부조의 아래쪽에 표현된 것이 바로 그 일화이지요.

요르단 강을 다 건넌 후, 하느님은 여호수아에게 이렇게 명령합니다. "열두 지파에서 대표를 한 사람씩 뽑은 다음, 그들로 하여금 드러난 강바닥에 있던 돌을 하나씩 정해 묵게 될 숙소에 가져다 두도록 하라."

부조의 오른쪽 아랫부분에 새겨진 것이 그 내용입니다. 돌을 간수하라고 한 것은, 훗날 자손들에게 요르단 강바닥이 드러나는 기적(즉, 하느님이 유대 민족을 특별히 사랑하고 보호한다는 의미)을 설명할 때 증거물로 삼기 위함이었던 것으로 보입니다.

또 하나의 일화는 예리고Jericho 성을 함락시킬 때 여호수아가 성궤를 메고 성 주변을 돌자 견고하기 이를 데 없는 성이 저절로 무너졌다는 것입니다. 부조의 윗부분에 그 내용이 보입니다.

예리고는 물이 풍부하고 땅이 기름진 곳에 세워진 고대 도시로, 여호수아 일행이 가나안 땅으로 가기 위해서는 반드시 통과해야 하는 곳이었습니다. 그러나 견고한 성으로 둘러싸인 부유한 도시를 오랜 세월 방랑하던 여호수아의 무리가 힘으로 함락시키는 것은 불가능했을 것입니다. 그런데 성궤를 메고 성 주변을 돌자 저절로 무너졌다는 것이니, 이것은 여호수아의 신심을 증명하는 일화이자, 성궤의 신성한 힘을 알려주는 일화이기도 합니다.

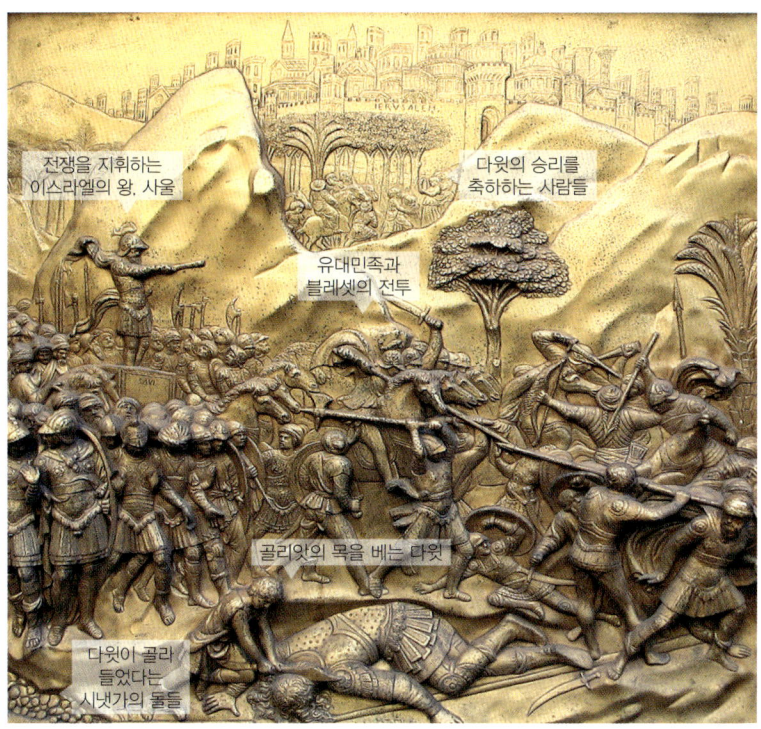

이스라엘 민족을 구한 영웅 다윗

9. 이스라엘 민족을 구한 영웅 다윗

이스라엘은 본디 힘이 약한 부족 국가로, 이웃 나라인 블레셋philistine (현재의 팔레스타인 지역. 성서의 블레셋 사람이 현재의 팔레스타인 사람과 혈통적으로 동일한 것은 아니다)으로부터 많은 괴롭힘을 당하는 처지였습니다.

베들레헴의 평범한 가정에서 태어난 양치기 소년 다윗David(?~BC961)이 이스라엘의 왕이 될 수 있었던 것은, 그가 블레셋의 거인 장수 골리앗Goliath을 죽였기 때문입니다. 골리앗을 죽임으로써 다윗은 이스라엘 사람들의 신망을 얻을 수 있었던 것입니다.

그는 균형 잡힌 몸매와 빛나는 눈동자를 가진 영리하고 잘생긴 소년이었다고 합니다. 그 당시 유대 민족은 여러 개의 부족국가로 나뉜 채 주변국으로부터 괴롭힘을 당하고 있었는데, 특히 블레셋의 잦은 침략은 큰 위협이 되었습니다. 블레셋에는 거인 골리앗이 있어 유대 민족에게 골칫거리였지만, 누구도 골리앗을 없앨 방법을 알지 못했지요.

그때 소년 다윗이 사울Saul 왕 앞에 나아가 골리앗을 처치하겠다고 합니다. 어른들도 엄두내지 못하는 일을 어린아이가 하겠다고 나서니 다들 어처구니없어 했지만, 달리 방법이 있는 것도 아니니 믿어보기로 합니다.

다윗은 어른들이 건네주는 무기를 다 마다하고, 냇가에서 주운 단단한 차돌맹이 몇 개를 손에 쥔 채 적진으로 향합니다. 골리앗은 자신을 상대하겠다며 다가오는 어린 꼬마를 보고 코웃음을 치지만, 이내 다윗이 던진 야무진 차돌맹이를 미간에 맞고는 쓰러지고 말지요. 다윗은 골리앗의 목을 베었고, 믿었던 장수를 허망하게 잃은 블레셋 병사들은 오합지졸로 흩어져 달아납니다. 어린 다윗이 블레셋의 군대를 물리친 것이지요.

위 부조는 골리앗과 다윗의 바로 그 싸움에 관한 내용을 담고 있습니다.

그러면 다윗과 골리앗 이전에는 두 민족 사이에 별다른 문제가 없었을까요? 전혀 그렇지 않습니다. 다윗보다 약간 이전에 살았던 한 인물의 이야기를 통해 우리는 그 사실을 알 수 있습니다. 바로 삼손Samson이지요.

그리스 신화에 천하장사 헤라클레스가 있다면, 구약성서에는 삼손이 있습니다. 그렇게 비교해도 될 정도로 삼손은 괴력을 타고 난 사람이었습니다. 그가 맨손으로 사자의 입을 찢어 죽였다는 일화를 들으면 네메아의 사자를 몽둥이로 때려죽인 헤라클레스가 떠오릅니다. 사자의 입을 찢는 삼손의 모습을 상트페테르부르크에 있는 표트르 대제의 여름 궁전에서 볼 수 있지요.

사자의 입을 찢는 삼손(상트페테르부르크 소재 표트르 대제의 여름 궁전 분수)

Guercino, '삼손과 델릴라'

아무튼 삼손은 이스라엘 백성들을 위해 하느님이 특별히 보낸 사람이었습니다. 그러나 그는 블레셋 여인인 델릴라Delilah를 사랑함으로써 하느님의 뜻을 저버리며, 그녀의 계략에 빠져 결국 불행한 운명을 맞게 됩니다. 자신의 힘의 원천이 머리카락임을 델릴라에게 알려주고, 델릴라가 그의 머리카락을 자름으로써 종이호랑이로 전락하고 마는 이야기는 많은 예술가들의 영감을 자극하는 소재가 되었지요.

삼손의 일화를 통해서도 우리는 이스라엘 민족과 블레셋 사람들의 오랜 반목과 갈등의 역사를 알 수 있습니다. 그래서 어떤 사람들은 현재의 이스라엘과 팔레스타인의 끝없는 분쟁이 이미 구약성서 시대부터 시작되었기 때문에 해결의 실마리를 찾을 수 없다고 말하기도 한답니다.

솔로몬과 시바 여왕

솔로몬과 시바의 여왕

10. 솔로몬과 시바의 여왕

맨 마지막 부조는 솔로몬Solomon 왕과 시바의 여왕Queen of Sheba이 만난 사실을 기록하고 있습니다. 화면의 중앙에 있는 두 사람이 솔로몬과 시바의 여왕입니다.

아라비아 남쪽에 대대로 여왕이 통치해온 부유한 나라가 있었는데, 그곳의 여왕 시바가 솔로몬의 명성을 듣고 그를 시험하기 위해 많은 보물을 가지고 방문하였습니다. 여왕은 일부러 까다로운 문제들을 솔로몬에게 물었는데, 왕은 해박한 지식을 동원해 시원스럽게 설명했다고 합니다. 그러자 여왕은 지혜로운 솔로몬에게 반하게 되었지요. 솔로몬

왕의 웅장하면서도 화려한 궁전, 질서정연하고 수준 높은 궁정 문화 등
도 여왕을 압도했을 것입니다. 부조 속 시바 여왕의 자세를 보면 매우
공손하여 솔로몬을 향한 그녀의 경외심이 느껴집니다.

솔로몬과 시바의 여왕 사이에서 아이가 태어났고, 그 아이가 나중에
에티오피아의 왕이 된다는 이야기도 있지만 역사적으로 검증된 주장은
아닙니다. 다만, 솔로몬에게 수많은 후궁이 있었고, 그중에는 타국 출
신도 많았다는 점을 고려한다면 전혀 가능성이 없는 이야기는 아닐 겁
니다. 솔로몬은 하느님으로부터 특별한 지혜를 선물 받았지만, 타국 출
신 후궁들을 위해 그녀들의 신을 위한 신전들을 지은 까닭에 하느님의
노여움을 샀다는 기록이 성서에 나올 정도니까요.

솔로몬과 시바의 여왕을 다룬 예술 작품은 무척 많습니다. 그 정도로
예술가들을 매혹시킨 주제라는 뜻이지요. 로렌초 기베르티가 구약성서
의 내용을 부조로 표현하면서 맨 마지막 자리에 솔로몬과 시바의 여왕
을 새겨 넣은 것 역시 그런 이유에서라고 생각됩니다.

후안 데 라 코르테(Juan de la Corte), '솔로몬과 시바 여왕의 만남'

>>>>>>>>>>>>

남쪽 문
— 세례자 요한의 일생

    현재 산 조반니 세례당의 출구로 이용되는 남쪽 문에는 안드레아 피사노Andrea Pisano가 제작한 세례자 요한의 일생을 담은 20개의 부조 작품이 있습니다. 세례자 요한은 기독교에서 중요한 인물이기 때문에 서양 미술에서 많은 작품이 생산된 데다가 특히 피렌체는 그를 수호성인으로 모셨기 때문에 더욱 많은 작품을 만날 수 있습니다. 이 책에서는 그에 대한 설명이 군데군데에 나옵니다.

남쪽 문 부조

1	2	11	12
3	4	13	14
5	6	15	16
7	8	17	18
9	10	19	20
A	B	C	D
E	F	G	H

1. 천사 가브리엘이 사가랴에게 수태고지 함
2. 벙어리가 된 사가랴
3. 마리아가 임신한 엘리사벳을 방문함
4. 세례자 요한의 탄생
5. 아이의 이름을 요한이라고 지음
6. 세례자 요한이 광야에서 생활함
7. 설교하는 요한
8. 그리스도가 오셨음을 널리 알림
9. 자신을 따르는 사람들에게 세례를 줌
10. 예수에게 세례를 줌
11. 세례자 요한이 헤로데스 안티파스를 비난함
12. 세례자 요한이 감옥에 갇힘
13. 세례자 요한의 제자들이 방문함
14. 요한의 제자가 예수를 방문함
15. 살로메의 춤
16. 세례자 요한의 참수
17. 요한의 머리를 헤로데스에게 바침
18. 살로메에게 요한의 머리를 보냄
19. 세례자 요한의 시신을 옮김
20. 세례자 요한의 장례
A. 소망
B. 믿음
C. 사랑/자선
D. 겸손
E. 불굴의 의지
F. 절제
G. 정의
H. 신중함

1. 천사 가브리엘이 사가랴에게 수태고지 함

사가랴는 아우구스투스 황제(BC 27~AD 14)가 로마 제국을 다스리던 시기의 인물로, 제사장이었습니다. 그는 부인 엘리사벳Elizabeth과 금슬이 좋았지만 늙도록 슬하에 한 점 혈육을 두지 못했습니다.

하느님에게 자식을 달라고 간절히 기도를 했지만 그의 기도는 별로 효과가 없는 듯했고, 자식 얻기를 거의 포기하고 있었지요. 그러던 어느 날, 제사 지낼 준비를 하고 있던 그에게 대천사 가브리엘이 찾아와 "하느님의 뜻으로 엘리사벳이 아들을 낳게 될 것이니, 이름을 요한John이라고 하라."는 이야기를 전합니다.

세례자 요한의 일생은 이렇게 그의 아버지 사가랴가 대천사 가브리엘로부터 수태고지를 듣는 장면부터 시작합니다.

2. 벙어리가 된 사갸랴

사가랴는 처음에 천사가 전해준 말을 믿지 않았습니다. 자신들이 자식을 낳기에는 너무 늙었다고 생각했기 때문입니다. 그러자 그는 갑자기 말을 할 수 없게 되었다고 합니다. 하느님의 뜻을 의심한 죄로 가벼운 벌을 받은 것입니다.

그의 굳어버린 혀는 아들이 태어나 하느님의 지시대로 이름을 '요한'이라고 짓는 순간 풀렸다고 합니다. 이 부조에는 갑자기 말을 할 수 없게 된 사가랴를 사람들이 의아하게 바라보는 장면이 담겨 있습니다.

3. 마리아가 임신한 엘리사벳을 방문함

여기에서의 마리아는 예수의 어머니인 성모 마리아The Holy Virgin Mary를 말하며, 엘리사벳은 사가랴의 아내이자 세례자 요한의 어머니를 말합니다.

성서에 의하면, 마리아와 엘리사벳은 사촌 자매 사이였다고 합니다. 그리고 이들이 만나는 이때는 엘리사벳이 요한을 잉태한 때이며, 마리아도 성령으로 잉태했다는 소식을 대천사 가브리엘로부터 들은 뒤였습니다.

뜻밖의 임신 사실을 알게 된 마리아가 기적 같은 임신을 한 사촌 언니를 찾아가 만나는 장면은 기독교 성화에서 자주 찾아볼 수 있는 주제입니다.

수태고지

말을 할 수 없게 된 사가랴

마리아와 엘리사벳의 만남

세례자 요한의 탄생

4. 세례자 요한의 탄생

이제 세례자 요한이 탄생했습니다. 그는 예수보다 먼저 세상에 태어나서 사람들을 회개하게 만들고, 예수가 이 땅에서 그의 사명을 다할 수 있도록 미리 준비하는 역할을 맡았다고 합니다.

마리아와 엘리사벳이 각자 임신한 상태에서 만났다는 사실을 통해 알 수 있듯이, 예수와 요한은 같은 또래였습니다. 아마도 요한이 6개월 남짓 먼저 태어났을 것입니다. 그래서인지 예수 관련 미술 작품에서 그와 비슷한 또래의 요한이 함께 있는 장면을 자주 볼 수 있습니다.

5. 아이의 이름을 요한이라고 지음

아들이 태어난 뒤, 아버지인 사가랴가 종이에 '요한'이라고 적는 장면의 부조입니다. 이때까지 그는 말을 못하는 벌을 받고 있었습니다. 그래서 말로 이름을 발표하지 못하고 종이에 적어서 사람들에게 알려주는 것입니다.

하느님의 뜻을 받들어 아들의 이름을 '요한'이라고 적는 순간, 그는 말을 할 수 있게 되었습니다. 일의 자초지종을 알게 된 사람들은 하느님의 신묘한 능력을 알고 더욱 경외하는 마음을 가졌겠지요.

6. 세례자 요한이 광야에서 생활함

요한의 유·소년기 삶에 대해서는 알려진 것이 별로 없습니다. 다만 어느 시기에 광야로 나가 고행을 겪으며 수도 생활을 했다는 것과, 사람들에게 "회개하라."고 가르치며 세례를 베풀었다는 사실, 그리고 예수도 서른 살 즈음에 그에게서 세례를 받았다는 사실 정도가 알려져 있을 뿐입니다.

그는 광야에서 생활할 때 메뚜기와 석청石淸을 먹고 살았고, 낙타 가죽으로 만든 옷을 입었다고 합니다. 이 때문에 기독교 성인 중에서 동물 가죽을 몸에 걸치고 있는 이가 있으면 세례자 요한으로 봅니다.

그는 피렌체의 수호성인이기도 했지만, 짐승 가죽 옷을 입은 성인이었기 때문에 피렌체 양모업자들의 수호성인이기도 했답니다.

7. 설교하는 요한

세례자 요한이 광야에서 사람들에게 외쳐 말하기를 "회개하라, 천국이 가까이 왔다." 하니 사람들이 몰려들었다고 합니다. 그의 설교가 어찌나 감동적이었는지 사람마다 "당신이 이 세상을 구하러 온 그리스도냐?"라고 물었다고 하지요.

8. 그리스도가 오셨음을 널리 알림

세례자 요한은 사람들에게 예수를 소개합니다. 예수야말로 하느님의 아들이며, 이 땅의 죄를 대신 짊어지기 위해 온 그리스도라는 것을 설교를 통해 널리 알린 것입니다.

그런 활동이야말로 요한이 하느님으로부터 받은 사명이었습니다. 요한은 예수보다 먼저 이 땅에 와서 예수가 활동할 수 있도록 미리 준비하라는 사명을 받고 태어났기 때문입니다.

이 부조는 세례자 요한이 사람들에게 예수를 소개하는 장면입니다.

요한의 이름을 짓다

광야의 세례자 요한

설교하는 요한

예수를 소개하는 세례자 요한

사람들에게 세례를 줌 　　　　　예수에게 세례를 줌 　　　　　세례자 요한이 헤로데스
　　　　　　　　　　　　　　　　　　　　　　　　　　　　　　안티파스를 비난함

9. 자신을 따르는 사람들에게 세례를 줌

세례자 요한이 사람들에게 회개하라고 가르치는 한편, 회개의 한 증
표로 물을 통해 세례를 베푼 것도 이즈음의 일이었습니다. 그의 이름
앞에 '세례자(세례를 베푼 사람)'라는 말이 붙는 것은 그 때문입니다.

10. 예수에게 세례를 줌

서른 살 무렵에 예수는 세례자 요한에게 세례를 받습니다. 이 장면은
기독교에서 매우 중요한 것이기 때문에 수많은 화가들이 작품으로 남
겼습니다. 피렌체의 성당과 박물관에도 무수히 많은 작품들이 남아 있
지요.

11~20. 세례자 요한의 죽음

11번부터 20번까지는 기독교와는 무관한 세례자 요한의 죽음에 관한
내용입니다.

예루살렘 헤롯왕의 아들이자 갈릴리의 통치자 헤로데스 안티파스
Herodes Antipas는 전처를 내쫓고 동생의 아내이자 조카인 헤로디아를 아

세례자 요한이 감옥에 갇힘　　제자들이 감옥에 있는 세례자 요한을 방문함　　세례자 요한의 제자들이 예수를 방문함

내로 삼았습니다.

그 사실을 안 세례자 요한은 그를 찾아가 패륜이라며 비난했고, 요한은 감옥에 갇혔습니다. 스승의 안위를 염려한 제자들이 찾아오자 요한은 그들을 예수에게 보냅니다. 그리고 "하느님이 약속하신 분이 당신입니까? 아니면 다른 이를 더 기다려야 합니까?"라고 묻게 합니다. 예수는 "너희가 보고 들은 것(즉, 예수가 여러 가지 기적을 행한 것)을 그대로 전하라."라고 하였고, 그 말을 들은 요한은 예수가 메시아임을 확신하고, 자신이 사명을 완수했다는 사실에 자부심을 느꼈다고 합니다.

헤로데스 안티파스는 사실 세례자 요한을 죽일 생각은 없었습니다. 요한을 선지자로 믿고 따르는 사람들이 낳았기 때문입니다. 하지만 그는 헤로디아의 계략에 의해 죽고 맙니다.

헤로데스 안티파스의 궁전에서 잔치가 있던 날, 헤로디아의 딸 살로메는 사람들 앞에서 멋진 춤을 춥니다. 살로메의 춤을 보고 크게 기뻐한 헤로데스 안티파스는 "왕국의 절반이라도 줄 테니 원하는 것이 있으면 말하라."고 하였고, 살로메는 어머니가 시킨 대로 세례자 요한의 머리를 달라고 하지요. 그리하여 그는 허망하게 목숨을 잃게 된 것입니다.

살로메의 춤　　세례자 요한의 참수　　세례자 요한의 머리를 헤로데스에게 바침

살로메에게 세례자 요한의 머리를 보냄　세례자 요한의 시신을 옮김　세례자 요한의 장례

　세례자 요한의 장례에 대한 기록은 찾아보기 힘듭니다. 다만 그의 사후에 제자들이 스승의 가르침을 널리 전하는 활동을 했다는 기록이 있는 것으로 보아 그에게 제자들이 있었음이 분명하므로, 그의 장례는 제자들에 의해 치러졌을 것으로 추정됩니다.

A~E. 기독교의 여덟 가지 덕목

문의 아래쪽 여덟 칸에는 기독교에서 중요하게 생각하는 덕목 여덟 가지가 부조로 새겨져 있습니다. 생김새와 의미를 구분할 수 있도록 사진으로 보여드리겠습니다.

A. 소망: 하늘로부터 왕관을 받고 있음

B. 믿음: 십자가와 성배를 쥐고 있음

C. 사랑/자선: 횃불과 풍요의 뿔을 들고 있음

D. 겸손: 촛불을 들고 있음

E. 불굴의 의지: 사자 가죽을 쓴 이가 몽둥이와 방패를 들고 있음

F. 절제: 칼을 칼집에 넣고 있음

G. 정의: 칼(단호함)과 저울(공평함)을 들고 있음

H. 신중함: 뱀을 쥐고 있음

A. SPES(Hope/소망) B. FIDES(Faith/믿음) C. CHARITAS(charity/사랑) D. HUMILITA(Humilility/겸손)

E. FORTITUDO(Fortitude/불굴의 의지) F. TEMPERANTIA (Temperence/절제) G. IUSTITIA(Justice/정의) H. PRUDENTIA(Prudence/신중함)

북쪽 문 부조

17	18	19	20
13	14	15	16
9	10	11	12
5	6	7	8
1	2	3	4
A	B	C	D
E	F	G	H

1. 수태고지
2. 예수의 탄생
3. 동방박사의 경배
4. 제사장들과의 토론
5. 예수의 세례
6. 사탄의 유혹
7. 성전에서 상인들을 쫓아냄
8. 물 위를 걷는 베드로
9. 예수의 변용
10. 나사로의 부활
11. 예루살렘 입성
12. 최후의 만찬
13. 겟세마네 동산에서의 기도
14. 예수의 체포

15. 채찍질을 당함
16. 빌라도 앞에 선 예수
17. 갈보리 언덕까지 걸어감
18. 십자가에서 죽음
19. 부활
20. 오순절
A. 사도 요한
B. 사도 마태
C. 사도 누가
D. 사도 마가
E. 성 암브로시오
F. 성 지롤라모
G. 성 그레고리오
H. 성 아구스티노

>>>>>>>>>>>>>

북쪽 문
─ 예수의 일생

로렌초 기베르티Lorenzo Ghiberti가 제작한 북쪽 문은 현재 세례당으로 들어가는 입구로 사용되고 있습니다. 세례당의 동쪽 문(천국의 문)이 워낙 유명세를 타는 바람에 북쪽 문은 별로 주목을 받지 못하는 신세지만, 이 문도 기베르티의 작품입니다.

브루넬레스키와 기베르티가 경합을 벌였던 청동 문 제작을 위한 공모전은 사실 북쪽 문을 만들기 위한 것이었습니다. 여기에서 기베르티의 시제품試製品이 당선작으로 뽑혔고, 기베르티는 1403년에 제작을 시작하여 21년 만인 1424년에 완성하였습니다.

완성작을 본 사람들은 감탄하며 동쪽 문 제작도 의뢰했는데, 그것이 바로 유명해진 천국의 문인 것입니다.

북쪽 문은 예수의 일생을 주제로 하였는데, 원작은 훼손을 막기 위해 보존 중이며 현재는 모작품模作品이 제작 중인 상태로 여행자들을 맞이합니다.

현재 산 조반니 세례당 북쪽에 설치된 문

1. 수태고지

수태고지Annunciation/受胎告知란, 하느님의 명을 받은 대천사 가브리엘이 마리아를 찾아와 성령으로 잉태하게 됨을 알려주는 것을 말합니다. 성모 마리아가 기쁜 소식을 듣는다는 의미로 '성모영보聖母領報'라고도 하지요.

부조 속 가브리엘은 마리아의 순결함을 상징하는 백합을 들고 있으며, 가브리엘의 전달이 삼위일체에 의해 이루어지는 것이라는 점을 강조하려는 듯 하느님(성부)이 위에서 내려다보고 있고, 비둘기(성령)가 함께 있습니다.

2. 예수의 탄생

기독교 신자가 아니라 해도, 예수 탄생에 관한 이야기는 어느 정도 알고 있을 것입니다.

요셉과 마리아가 인구 조사에 응하기 위해 베들레헴으로 가던 중에 태어났기 때문에 예수는 마구간에서 세상과 마주해야만 했습니다. 부조의 왼쪽 아래에 보이는 동물은 그 사실을 알려주고 있습니다.

그런가 하면 예수가 태어나던 순간 하늘에 무척 밝은 별이 나타나 세상에 그의 탄생을 알렸다고 합니다. 그 별을 보고 주변에 있던 목자牧者들이 찾아와 아기 예수에게 경배드렸다고 하는데, 오른쪽 위에 보이는 젊은이 두 사람이 바로 그때의 목자들로 보입니다.

3. 동방박사의 경배

예수가 탄생한 순간, 하늘에 밝은 별이 떠올랐다는 이야기를 앞에서 했습니다. 그런데 그 이전에 동방에 살고 있던 세 명의 박사는 세상을

수태고지　　　　예수의 탄생　　　　동방박사의 경배　　　　제사장들과의 토론

구할 이가 태어날 때는 반드시 신비로운 일이 생길 거라고 믿고, 그런 일을 발견하면 반드시 함께 그를 찾아가 경배를 드리자고 약속했다고 합니다.

드디어 신비로운 빛을 발하는 큰 별이 하늘에 나타나자, 그들은 자신들이 기다리던 순간이 왔음을 깨닫고 세 가지 보물(황금, 유향, 몰약)을 가지고 찾아가 아기 예수에게 경배드렸다고 합니다.

4. 제사장들과의 토론

예수의 소년 시절에 관해서는 별로 알려진 것이 없습니다만 열두 살 되던 해 유월절에 부모를 따라 예루살렘에 간 이야기가 전합니다.

유월절 예배를 마친 요셉과 마리아가 고향으로 돌아가다 보니 예수가 안 보이는 것이었습니다. 요셉과 마리아는 아들을 잃어버린 줄 알고 놀라서 찾아다녔는데, 나중에 찾고 보니 소년 예수는 성전 안에서 제사장들과 토론을 하고 있었습니다. 어린 소년이 어찌나 의젓하면서도 지혜로운지 주변에 있던 사람들이 모두 감탄하였다고 하지요.

요셉이 "어찌하여 네가 여기에 있느냐?"고 묻자 예수는 "제가 제 아버지의 집에 있어야 함을 어찌 모르셨습니까?"라고 대답했다고 합니다.

5. 예수의 세례

예수는 서른 살 되던 해에 요르단 강에서 세례자 요한으로부터 세례를 받고 공생애公生涯를 시작합니다.

공생애란, 예수가 자신의 사명이라고 생각한 인류 구원을 위해 활동한 것을 말하며, 세례 받은 후 십자가에서 죽을 때까지의 3년을 기독교에서는 예수의 공생애 기간이라고 합니다.

6. 사탄의 유혹

세례자 요한으로부터 세례를 받은 예수는 황야로 가 40일 동안 금식을 하며 기도했는데, 그때 예수는 세 차례에 걸쳐 사탄으로부터 유혹을 받았다고 합니다.

사탄은 먼저 "네가 만일 하느님의 아들이거든 돌을 빵으로 만들어보라."고 합니다. 금식으로 허기에 지친 예수를 흔들기 위함이었지요. 이에 예수는 "사람은 빵으로만 사는 것이 아니다."고 대답하여 사탄을 물리쳤습니다.

한 차례 유혹에 실패한 사탄은 다시 나타나 예루살렘 성전 꼭대기에서 뛰어내려 보라고 합니다. 하느님의 아들이 맞다면 하느님이 보호해 줄 것이니, 그것을 증명해 보라는 것이었지요. 이에 대해 예수는 "하느님을 시험하지 말라."며 단호하게 유혹을 뿌리칩니다.

마지막으로 사탄은 온 세상을 보여주면서 "만일 내게 엎드려 경배하면 이 모든 것을 네게 주리라." 하며 유혹합니다. 예수는 "하느님을 경배하고 다만 그를 섬기라."고 대답했다고 합니다.

기독교에는 금식과 특별기도의 기간으로 삼는 사순절이라는 것이 있습니다. 부활절 이전의 40일간을 말하는데, 이때 40이라는 숫자는 예

예수의 세례   사탄의 유혹   성전에서 상인들을 쫓아냄

수가 금식을 하며 사탄의 유혹을 받았던 기간을 나타냅니다.

7. 성전에서 상인들을 쫓아냄

유월절Passover 축제가 다가오자 예수는 제자들과 함께 예루살렘으로 갔습니다. 그런데 가서 보니 성전 안에 온갖 장사치들이 모여들어 장사를 하는 바람에 떠들썩하고 지저분하기 이를 데 없었습니다. 그 광경을 본 예수는 몹시 분노하여 채찍을 휘두르며 장사치들과 환전상들을 쫓아냈다고 합니다. 그때 예수가 했다는 말이 성서에는 이렇게 기록되어 있습니다.

"내 집은 기도하는 곳인데, 너희들이 강도의 소굴로 만들었다."

예수로서는 신성한 장소인 성전을 원래의 목적대로 사용할 수 있도록 정화한 것인데, 이는 예수에게 안 좋은 영향을 끼쳤습니다. 제사장들이 이 일로 인해 예수에 대해 불쾌한 감정을 가지게 되었고, 그를 없앨 궁리를 하기 시작했기 때문입니다.

제사장들의 음모에 응한 것이 바로 열두 제자 중의 한 사람이었던 유다로, 은화 30냥에 스승을 팔아 예수를 죽음으로 모는 것입니다.

8. 물 위를 걷는 베드로

4대 복음서에는 예수가 물 위를 걷는 기적을 행한 이야기가 나옵니다. 그중 마태복음에는 베드로가 예수의 말을 믿고 물 위를 걸었으나, 도중에 믿음이 약해져 물속에 빠졌다가 구조되었다는 이야기가 실려 있습니다.

어느 바람이 심하게 불던 날, 예수는 물 위를 걸어 제자들에게로 갑니다. 그것을 본 베드로가 "주님, 저더러 물 위로 걸어오라고 하십시오."라고 부탁하자, 예수는 "내게 오너라."라고 대답합니다. 베드로는 예수의 말을 듣고 물 위를 걸어갔는데, 갑자기 풍랑이 심해지자 무서운 생각이 들었고 곧 물에 빠지고 맙니다.

결국 예수에 의해 구조되었지만, 베드로는 "왜 의심을 품었느냐? 나를 믿었다면 빠지지 않았을 것이다."라는 꾸지람을 들었다고 합니다.

9. 예수의 변용

'예수의 변용變容/transfiguration'이란 말은, 예수의 모습이 변했다는 뜻입니다. 언제 어떻게 변했다는 뜻일까요.

예수가 한 번은 베드로, 세베대의 아들 야고보, 요한과 함께 높은 산(혹은 거룩한 산)에 오른 일이 있습니다. 그런데 한순간 예수의 얼굴이 태양처럼 빛나고, 옷은 흰빛에 감싸인 듯 했습니다. 그리고 구약성서의 인물인 모세와 엘리야가 나타나 예수와 함께 대화를 나누는 것이었습니다. 세 명의 제자는 그 모습을 보고 너무 놀라서 땅에 엎드렸다고 합니다.

이 사건은 예수가 하느님의 아들로서 사람들에게 명확하게 인식되는 계기가 되므로 기독교에서는 중요하게 생각합니다.

부조 속의 중앙에 서 있는 이가 예수이고, 양쪽에 서 있는 이들은 모세와 엘리야이며, 아래쪽에 엎드린 이들이 세 명의 제자입니다.

베드로가 물 위를 걷다

예수의 변용

나사로의 부활

10. 나사로의 부활

베다니Bethany 사람인 나사로는 예수와 잘 아는 사이였습니다. 그런데 어느 날 예수는 나사로가 죽었다는 연락을 받게 됩니다. 나사로의 집으로 찾아간 예수는 그의 무덤으로 인도되었습니다. 이때 무덤을 향하여 예수가 "나사로야, 나오너라." 하니, 무덤 속에서 부활한 나사로가 걸어 나왔다는 이야기입니다. 이때는 나사로가 죽은 지 나흘이 지난 후였습니다.

이 사건은 사람들에게 예수의 신비스런 능력을 보여주는 계기가 되었고, 제사장들이 예수를 죽이겠다고 결심하는 계기가 되기도 합니다. 기적을 행한 예수를 사람들이 신앙의 대상으로 삼는 데 경계심을 느꼈기 때문입니다.

청동 문 부조의 맨 오른쪽에 나사로를 부르는 예수가 서 있고, 그를 마주 보며 서 있는 왼쪽의 인물이 나사로로 보입니다. 시신을 싸는 천으로 온몸을 감고 있기 때문입니다.

11. 예루살렘 입성

유월절을 보내기 위해 예루살렘으로 들어오는 예수를 향하여 종려나무와 올리브나무 가지를 든 군중들이 "다윗의 자손께 호산나!"라고 외치며 환영합니다. '호산나hosanna'란, '구하옵나니, 이제 구원하소서.'의 뜻을 가진, 하느님을 찬양하는 말입니다. 그리고 군중들이 예수를 일컬어 '다윗의 자손'이라고 한 까닭은, 예수의 아버지인 요셉(성령으로 잉태된 예수와는 혈연관계가 아닐지라도)이 다윗의 후손이기 때문이었습니다.

스가랴서에는 예수의 예루살렘 입성을 이렇게 예언하고 있습니다.

"딸 시온아, 한껏 기뻐하여라. 딸 예루살렘아, 환성을 올려라. 보라, 너의 임금님이 너에게 오신다. 그 분은 의로우시며 승리하는 분이시다. 그 분은 겸손하시어 나귀를, 어린 나귀를 타고 오신다."

이런 구절 때문인지, 예수의 예루살렘 입성을 묘사한 그림이나 조각을 보면 나귀를 탄 예수의 모습이 공통적으로 나타납니다.

12. 최후의 만찬

기독교에서 예수의 탄생이나 십자가에서의 죽음만큼이나 널리 알려진 주제가 바로 최후의 만찬입니다. 유월절 첫날(혹은 전날) 예수가 제자들과 더불어 마지막으로 먹은 저녁 식사를 최후의 만찬이라고 합니다.

예수는 이때 이미 유다의 배반으로 자신이 죽음에 이르게 될 것을 알고 있었으며, 나머지 제자들도 자신을 모른다고 부인否認하리라는 것을 알고 있었습니다. 제자들을 향해 "너희들 중에 나를 배신하는 자가 있을 것이다."라고 말한 뒤, 베드로가 자신은 죽는 한이 있어도 절대 스승을 배신하지 않겠노라고 장담하자 "너는 내일 새벽닭이 울기 전에 나를 세 번 부인하리라."라고 말했다니 말입니다. 실제로 유다의 배신으

예루살렘 입성   최후의 만찬   겟세마네 동산에서의 기도

로 예수는 로마 병사들에게 끌려가고, "너도 한 패거리냐?"고 묻는 사람들에게 베드로는 "나는 저 사람을 모른다."고 세 번 부인합니다. 그때 새벽닭이 울었다고 하지요.

13. 겟세마네 동산에서의 기도

최후의 만찬을 마친 예수는 열두 제자 중에서 베드로, 큰 야고보, 요한을 데리고 겟세마네 동산으로 올라갑니다. 그곳에서 예수는 자신에게 다가오는 불행을 예감하며 하느님에게 간절히 기도를 올립니다.

"아버지여, 아버지께서는 모든 것이 가능하오니 이 잔(고난을 상징적으로 표현)을 내게서 옮기소서."

죽음을 앞두고 고통스러워하는 인간으로서의 면모가 느껴지는 기도입니다. 그러나 그는 곧 "그러나 나의 원대로 하지 마옵시고, 아버지의 원대로 하옵소서."라고 합니다. 하느님의 뜻을 따르겠다는 의미이지요.

예수가 이렇듯 고통 속에서 기도를 올리고 있을 때, 함께 간 세 명의 제자들은 잠들어 있었다고 합니다. 대부분의 미술 작품 속에서 세 사람은 잠들어 있고, 고통스러워하는 예수를 위로하는 것은 천사뿐입니다.

예수의 체포　　　채찍질 당하는 예수　　　빌라도 앞에 선 예수　　　십자가를 메고 골고다
언덕으로 가는 예수

14. 예수의 체포

예수가 겟세마네 동산에서 기도를 하고 있던 시간에 유다는 미리 약속한 대로 은화 30냥을 받은 다음, 로마 병사들을 이끌고 예수에게 옵니다. 유다는 자신이 입맞춤하는 사람이 예수라는 걸 미리 로마 병사들에게 알려주었지요.

예수의 체포 장면을 다룬 작품에서 예수와 입맞춤하는 사람은 배신자 유다이며, 그의 입맞춤은 비열한 약속의 상징인 것입니다.

15. 채찍질을 당함

로마 병사들에게 체포되어 끌려간 예수는 정식으로 재판을 받기도 전에 조롱거리가 되고 채찍질을 당하는 등 봉변을 당합니다.

예수가 예루살렘에 입성할 때 열렬히 환영한 군중들이 있었는가 하면, 예수에게 큰 기대를 걸었다가 실망한 사람들도 있었고, 예수 때문에 자신들의 영향력이 사라질까 봐 두려워한 사람들도 있었습니다.

실질적인 유대의 지배자였던 로마의 입장에서도 민중의 지지를 받는 예수는 위험스런 인물이었습니다. 예수의 운명은 그의 지지자가 아닌, 반대 세력의 손에 달려 있었던 것입니다.

16. 빌라도 앞에 선 예수

로마 제국의 식민지이던 당시 유대 땅을 다스린 이는 총독 빌라도였습니다. 죄인에 대한 처벌을 결정할 권한이 그에게 있었지요.

빌라도는 비록 예수에게 십자가형을 선고한 인물로 기록되어 기독교 입장에서는 악인이 되어버렸지만, 당시의 기록을 보면 그런 결정이 빌라도의 뜻이 아니었음을 알 수 있습니다.

예수를 끌고 와 십자가형에 처하라고 떠들어대는 사람들을 향해 빌라도는 "이 사람이 무슨 잘못을 하였느냐?"고 물었습니다. 십자가형에 처할 만큼 심각한 잘못을 하지 않았다고 보아 석방하려 한 것이지요.

그러나 군중들이 막무가내로 예수에게 중형을 선고하라고 요구하자, 그는 물을 가져오라고 하여 손을 씻은 뒤 "너희들이 알아서 하라. 그러나 나는 이 사람의 피에 대해서는 책임이 없다."고 선을 그었다고 합니다.

그러나 기독교 신자들의 신앙고백 기도문에 '예수가 본디오 빌라도에게 고난을 받아 십자가에 못 박혀 죽었다.'고 명확하게 기록됨으로써 그는 예수를 십자가형에 처한 사람으로 영원히 남게 되었습니다.

17. 갈보리 언덕까지 걸어감

갈보리Calvary 언덕은 해골을 의미하는 라틴어 '칼바리스calvaris'에서 비롯된 말로, 다른 말로 골고다 언덕이라고도 합니다. 예수가 십자가에 못 박혀 죽은 장소이지요.

십자가형을 선고받은 예수는 자신이 못 박힐 십자가를 메고 형장인 갈보리 언덕까지 걸어가는데, 가는 동안에 많은 일들이 일어납니다.

'십자가의 길'이라고 하여 14군데에서 일어난 일들을 정리한 것이 있는데, 참고삼아 적어보겠습니다. 예수가 죽음에 이르는 동안 일어난 일들을 짐작할 수 있습니다.

① 제1처 예수가 사형 선고를 받음

② 제2처 예수가 십자가를 지고 골고다 언덕으로 출발함

③ 제3처 예수가 첫 번째 넘어짐

④ 제4처 예수가 어머니 성모 마리아를 만남

⑤ 제5처 구레네 사람 시몬이 예수의 십자가를 대신 짐

⑥ 제6처 베로니카가 수건으로 예수의 얼굴을 닦아 줌

⑦ 제7처 기력이 다한 예수가 두 번째로 넘어짐

⑧ 제8처 예수가 자신을 위해 슬퍼하는 예루살렘 부인들을 위로함

⑨ 제9처 예수가 세 번째로 넘어짐

⑩ 제10처 형장에 도착한 예수가 옷 벗김을 당함

⑪ 제11처 예수가 십자가에 못 박힘

⑫ 제12처 예수가 십자가 위에서 죽음

⑬ 제13처 제자들이 예수의 시신을 십자가에서 내림

⑭ 제14처 예수가 무덤에 묻힘

18. 십자가에서 죽음

십자가형을 선고받은 예수가 십자가 위에서 죽는 장면이야말로 기독교의 가장 대표적인 이미지입니다. 십자가형이 유일하게 예수에게만 내려진 것은 아닙니다. 로마 시대에 중죄인에게 내리던 가혹한 처벌이 십자가형이었으므로, 예수가 죽을 때도 양쪽에 다른 죄인들이 있었습니다. 그러나 십자가 위에서 죽은 사람 가운데 인류 역사를 통틀어 가장 유명한 사람이 예수인 것만은 분명합니다.

십자가에서 죽음   예수의 부활   오순절

19. 부활

예수의 죽음이 인류의 죄를 대신 짊어지기 위한 그의 희생을 상징한다면, 부활은 그가 하느님의 아들로서 인간에게 영원한 삶의 유형을 보여주는 것이라고 할 수 있습니다.

예수는 죽은 뒤 아리마테아의 요셉이라는 사람이 장례를 주선하여 바위 무덤에 안장되었다고 합니다. 그런데 사흘 뒤에 부활하여 무덤 밖으로 나왔으며 제자들에게 모습을 드러냅니다. 제자들은 처음에는 믿지 못하지만, 예수가 부활하였음을 확인한 뒤로는 신앙심이 더욱 깊어지지요. 죽었다가 다시 살아났다는 것은 그가 하느님의 아들이라는 명백한 증거로 받아들여졌기 때문입니다.

20세기 이전까지는 성탄절보다 부활절이 더 중요한 기독교의 명절이었을 정도로 예수의 부활은 중요하고 핵심적인 주제입니다.

20. 오순절

오순절五旬節은 예수가 부활한 지 50일째 되는 날을 말합니다. 한자의 순旬은 '10'이란 숫자를 가리킵니다. 그러니까 기독교에서의 사순절(부활절 이전 주일을 뺀 사십일)이니 오순절이니 하는 것은 특정 사건 전후의 기간에 따라 그렇게 부르는 것입니다.

유대인들은 하느님이 시나이 산에서 모세에게 십계명을 준 날을 오순절로 여겨 중요하게 여기지만, 기독교인들은 오순절을 예수의 제자와 신도들에게 성령이 내린 날로 여겨 중요하게 생각합니다. 그래서 오순절을 성령강림절Whitsuntide/聖靈降臨節이라고도 합니다. 오순절에 성령을 경험(예수의 제자들이 모여 있을 때 급하고 강한 바람 소리가 나고 불의 혀처럼 갈라지는 것들이 그들 위에 하나씩 임함)한 제자들과 신도들은 예수의 가르침을 널리 알리기 위해 적극적으로 활동을 시작했으므로 기독교에서는 오순절을 교회의 탄생일로 생각하기도 합니다.

청동 문의 부조는 제자들이 성령을 경험하는 장면으로 보입니다.

A-H. 4대 복음서 저자와 4대 교부

예수의 일생을 다룬 부조들 아래쪽에 여덟 개의 부조가 더 있습니다.

윗줄은 4대 복음서의 저자(각각 사도 요한, 마태, 누가, 마가)를, 아랫줄은 기독교 교회의 4대 교부Father of Church/敎父로 일컬어지는 성 암브로시오, 성 지롤라모, 성 그레고리오, 성 아구스티노를 나타내는데, 각각 상징하는 바를 간략히 소개합니다.

4대 복음서 저자 중 요한San Giovanni Evangelista(요한복음)은 독수리가 상징이며, 마태San Matteo(마태복음)는 사람(또는 천사)이, 누가San Luca(누가복음)는 황소가, 마가San Marco(마가복음)는 사자가 상징입니다.

4대 교부 중 성 암브로시오Sant'Ambrogio(성 암브로우스)는 밀라노의 주교를 지냈으며 지금도 밀라노의 수호성인입니다. 그는 정통 기독교의 전례와 성직에 대한 개혁을 이룩한 사람으로, 이 부조에서는 두 권의 책을 지닌 모습으로 그를 묘사하고 있습니다.

성 지롤라모San Girolamo(성 제롬)는 성서를 라틴어로 번역한 사람으로, 부조에서는 왼쪽 책의 내용을 펜을 들고 있는 쪽의 책에 번역하여 옮겨 적는 모습으로 묘사하고 있습니다.

성 그레고리오San Gregorio(교황 그레고리우스 1세)는 가톨릭 성가聖歌를 정비한 인물로, 그에 의해 정리된 성가를 '그레고리안 챈트'라고 합니다. 오른손에 펜을 들고 있는 것은 그가 악보를 정리하는 모습으로 보이며, 왼쪽 귀 옆의 새는 그가 비둘기 형상을 한 성령으로부터 선율을 전해 듣고 성가들을 직접 작곡했다는 전설을 표현한 것으로 여겨집니다.

성 아구스티노Sant' Agostino(성 어거스틴)는 자신의 과오를 숨김없이 고백하는 참회록(고백록)을 집필한 사람입니다. 주교복을 입은 것에서 알 수 있듯이 히포의 주교를 지냈으며, 부조에서 오른쪽 손으로 자신을 가리키고 다른 손에 책을 들고 있는 것은 아마도 자신의 잘못을 고백한 책을 남긴 행적을 표현한 것으로 보입니다.

A. 사도 요한 / 독수리

B. 사도 마태 / 천사

C. 사도 누가 / 황소

D. 사도 마가 / 사자

E. 성 암브로시오 / 두 권의 책

F. 성 지롤라모 / 성서 번역

G. 성 그레고리오 / 새와 악보

H. 성 아구스티노 / 자신을 가리킴

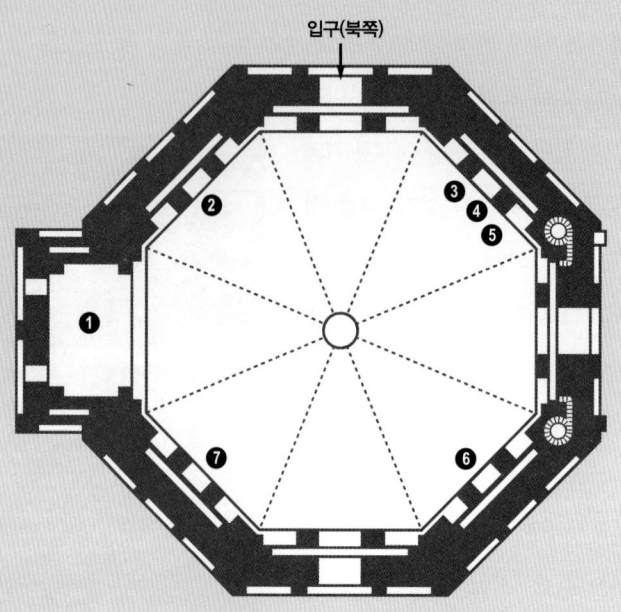

입구(북쪽)

❶ 제단

❷ 대립 교황 요한 23세의 영묘

❸ 젊은 예언자

❹ 나이든 예언자

❺ 예언자 예레미아

❻ 세례용 수반

❼ 세례자 요한 석상

세례당 서쪽에 있는 제단

앞서 동쪽과 남쪽, 그리고 북쪽에 있는 청동 문을 살펴보았습니다. 그렇다면 서쪽에는 왜 문이 없을까요? 그건 바로 서쪽에 제단이 위치하고 있기 때문입니다. 세례당의 중심이 서쪽인 것이지요.

산타 마리아 델 피오레 대성당이 지어지기 전까지 대성당의 역할을 했다고 하는 산 조반니 세례당은 기존에 있던 건물에서 가져온 자재들을 재활용하여 지었다고 하는데, 제단 부분의 대리석들을 보면 그런 주

산 조반니 세례당의 제단

장에 수긍이 갑니다. 녹색과 흰색의 대리석을 주로 사용하여 소박한 무늬를 새긴 것이 오히려 마음을 편안하게 만드는 것 같습니다.

대립 교황 요한 23세의 영묘

제단을 바라보고 섰을 때 오른쪽 벽에 보이는 영묘는 대립 교황 요한 23세Antipope John XXIII(1410~1415년 재위)의 것입니다. 도나텔로와 그의 제자인 미켈로초가 설계했다고 알려져 있습니다.

여기서는 먼저 대립 교황이란 말이 무슨 의미인지를 알아볼 필요가 있습니다. 대립 교황對立敎皇이란 말 자체는, 교회법에 따라 선출된 정당

제단 옆 대립 교황 요한 23세의 영묘   대립 교황 요한 23세의 영묘

한 교황에 대립하여 부당하게 교황위教皇位를 주장하거나 행사한 성직자를 말합니다. 교회 역사에서 그런 경우가 종종 있었는데, 주로 종교계가 혼란스럽던 중세 말기에 나타난 현상입니다.

아비뇽 유수Avignonese Captivity는 교회와 교황의 권위가 땅에 떨어진 상징적인 사건입니다. 1309~1377년까지 7대에 걸쳐 로마 교황청을 남프랑스의 아비뇽으로 이전한 사건인데, 정확하게 말하자면 교황이 프랑스 왕의 압력을 받아 로마 교황청으로 가지 못하고 아비뇽에 붙잡혀 있었던 것입니다.

이렇게 되자 교회는 분열되었고, 내부의 혼란을 틈타 2명 혹은 3명의 교황이 동시에 나타나 자신이 적법한 교황이라고 주장하는 사태가 벌어졌습니다. 교회사에는 이러한 대립 교황의 수가 37명이나 되는 것으로 기록되어 있습니다.

누가 적법한 교황이고 누가 대립 교황인지는 각각의 사례마다 교회가 판단할 일이지만, 분명한 것은 산 조반니 세례당에 묻혀 있는 요한 23세는 대립 교황으로 본다는 점입니다. 그 당시에 정통성을 인정받은 교황은 그레고리오 12세Gregorius PP. XII(제205대 교황)였고, 아비뇽에 베네딕토 13세Benedikt XIII(1394~1417)가 있었는데 그는 대립 교황으로 봅니다. 그리고 피사 공의회에서 선출된 대립 교황 요한 23세가 또 있었으니, 혼란이 극심한 때였습니다.

그러면 정통 교황이 아닌 대립 교황 요한 23세의 영묘가 종교적으로 피렌체에서 매우 중요한 장소인 산 조반니 세례당에 묻혀 있는 이유는 무엇일까요.

이 문제는 피렌체의 실질적 지배자였던 메디치 가문과 그의 관계에서 답을 찾아야 합니다.

나폴리의 하층계급 출신인 발다사레 코사Baldassare Cossa라는 사람에게 메디치 가문이 돈을 빌려준 일이 있습니다. 메디치 가문은 원래 고리대금업으로 부를 축적하였으므로, 금전 거래를 한 사람이 한둘이 아니었을 것입니다.

그런데 별로 고매하지 못한 인격의 소유자인 발다사레 코사는 빌린 돈으로 추기경 자리를 삽니다. 그 당시의 성직 매매는 공공연한 비밀이었지요.

메디치 가문으로서는 어쨌든 자신의 고객이 추기경이란 높은 성직에 올랐으니 반가웠을 것입니다. 든든한 배경이 생긴 셈이니까요. 그래서 그 후로도 돈 거래를 계속하며 관계를 유지했습니다. 그런데 그가 1410년에 피사 공의회에서 교황으로 선출된 것입니다.

요한 23세가 피사에서 교황으로 선출된 무렵에는 이미 로마와 아비뇽에 교황임을 자처하는 사람들이 있었습니다. 그런데 피사에서 교황을 다시 선출했으니 세 명의 교황이 동시에 존재하는 상황이 되었습니다.

세 명의 교황이 난립하는 상황이 되자 신성로마제국의 황제였던 지기스문트Sigismund는 신변 보장을 약속하고 독일의 콘스탄츠 공의회에 3명의 교황을 초대했습니다. 그러나 그는 약속을 어기고 3명의 교황을 모두 폐위시키고, 자신의 힘으로 단 한 명의 교황을 선출해 버렸습니다. 요한 23세는 하이델베르크 성에 유폐되었고, 3만8천 플로린Florin(현재의 약 150억 원 정도로 추정)이라는 거액의 벌금이 부과되었습니다. 인질이 된 요한 23세에게는 그렇게 많은 몸값을 지불할 능력이 없었습니다. 그래서 손을 벌린 곳이 메디치 가문이었지요.

메디치 가문의 창시자라 할 수 있는 조반니 디 비치 데 메디치(코시모 데 메디치의 아버지)는 이 대목에서 중요한 결정을 합니다. 폐위된 교황 요한 23세에게 거액을 대출해주기로 한 것입니다. 그것은 받을 가능성이 별로 없는 위험한 거래였지요. 그리고 실제로도 돌려받지 못합니다. 인질에서 풀려나 피렌체로 돌아온 요한 23세가 일 년 뒤 사망하기 때문입니다.

그런데 조반니 디 비치는 거액을 날린 것에 연연하지 않고, 도리어 그의 영묘를 산 조반니 세례당에 만들면서 당대의 유명한 장인들에게 작업을 맡긴 것입니다. 사람들이 볼 때는 이해하기 어려운 일이었지만, 어리석어 보이는 그의 결정이 메디치 가문을 피렌체 제일의 명문가로 만들었습니다.

메디치 가문이 몰락한 교황 요한 23세에게 끝까지 의리를 지키는 것을 보면서 로마의 교황청이 메디치 은행을 주거래 은행으로 삼았기 때문입니다. 교황청의 주거래 은행이 되면서 메디치 가문의 사업이 승승장구하기 시작하였으니, 조반니 디 비치의 투자는 고도의 계산 끝에 결정한 승부수였던 셈입니다.

산 조반니 세례당의 대립 교황 요한 23세의 영묘를 보면서 우리는 메디치 가문의 번영의 원인에 대해 생각해 보게 되고, 신용의 중요성에 대해서도 다시금 생각해 보게 됩니다.

세 명의 예언자 조각상

세례당의 입구에 해당하는 북쪽 문으로 들어서면 세 명의 조각상이 보입니다. 실내로 들어선 상태에서는 왼쪽에 해당하지요.

설명문을 보면 왼쪽은 'Profeta Imberbe(수염이 나지 않은 예언자, 즉 젊은 예언자)'이고, 가운데는 'Profeta Barbuto Il Pensieroso(수염이 난 사려 깊은 예언자)'이며, 오른쪽은 'Profeta Geremia(예언자 예레미야)'라고 되어 있습

세 명의 예언자 조각상

니다.

젊은 예언자와 나이 든 예언자가 예레미아의 젊은 시절과 노년 시절을 표현한 것인지는 명확하지 않습니다. 다만 오른쪽의 인물이 예레미아라고 밝혀져 있기 때문에 여기서는 예레미아에 대해 알아보겠습니다.

예레미아는 BC 7세기 무렵의 이스라엘 예언자로, 『구약성서』의 「예레미아서」, 「애가Lamentations/哀歌」의 저자로 알려져 있습니다.

「예레미아서」는 하느님의 가르침을 담은 예언서로, 하느님의 뜻에 복종하는 것만이 심판을 피할 수 있는 유일한 길임을 설교하는 내용입니다. 그 당시 사람들은 예루살렘 성전을 불멸의 존재로 여기며 하느님이 절대로 예루살렘을 벌하지는 않을 거라고 믿었다고 합니다. 그리하여 마음 놓고 불의를 저질렀는데, 예레미아는 그런 사람들을 향해 40년 동안 꾸준히 하느님의 뜻을 올바로 알아야 한다고 설교했습니다. 그러나 사람들은 예레미아의 말에 귀를 기울이지 않았고, 부패한 관리와 사제들은 자신들에 대한 신의 징벌을 예언하는 예레미아를 미워해 감옥에 가두기까지 했습니다.

「애가」는 이스라엘 왕국과 예루살렘의 멸망을 한탄하는 내용의 서정시입니다. 예레미아를 그린 미술 작품들을 보면 깊은 슬픔에 잠긴 모습으로 표현되는데, 「애가('슬픈 노래'라는 뜻)」의 저자이기 때문에 그렇다고 합니다.

바티칸의 시스티나 예배당 천장에서도 우리는 슬픔과 고뇌에 빠진 예레미아의 모습을 찾아볼 수 있습니다. 천장화의 오른쪽 맨 아래에 보이는 인물이 예레미아인데, 천장화에 등장하는 인물들 중에서 가장 심각한 고민에 빠져 있는 듯한 자세입니다.

BC 601년 신바빌로니아의 왕 네부카드네자르 2세Nebuchadnezzar II는

시스티나 예배당의 천장화와 고민에 빠진 듯한 예레미야(부분 확대)

예루살렘을 함락시킵니다. 예레미아의 예언이 들어맞은 것이지요. 예루살렘이 함락된 후, 그는 이스라엘 사람들에게 이집트로 가지 말 것을 호소했으나 도리어 그들에게 납치되어 끌려갔고, 그곳에서 우상숭배를 반대하다가 돌에 맞아 순교하였다고 전해집니다. 그의 나이 60여 세 무렵의 일로 추정됩니다.

　그는 이스라엘 백성들이 포로가 되어 바빌론으로 끌려갈 것(바빌론 유수)을 예언했고, 동시에 바빌론의 멸망과 이스라엘 사람들의 해방도 예언했습니다. 바빌론에서 포로 생활을 하며 비참하게 살던 이스라엘 사람들은 뒤늦게 예레미아의 예언을 기억하며 해방의 날을 기다렸다고 합니다.

>>>>>>>>>>>>
세례용 수반

비록 지금은 사용하지 않아 굳게 닫혀있지만 과거에는 주 출입문이었던 동쪽 문(천국의 문)의 오른쪽(세례당 내부에서 문을 바라보았을 때)에 세례용 수반이 있습니다. 그리고 출구로 이용되는 남문을 기준으로 볼 때 세례용 수반의 반대편 위치에 세례자 요한의 조각상이 서 있답니다.

산 조반니 세례당은 말 그대로 세례를 베풀기 위한 용도로 사용되었

남쪽 문을 중심으로 세례용 수반은 왼쪽에, 세례자 요한의 조각상은 오른쪽에 있다.

기 때문에, 피렌체에서 태어난 아기들은 대부분 이곳에서 세례를 받는다고 합니다. 물론 피렌체가 낳은 위대한 인물들도 이곳에서 세례를 받았지요. 단테나 조토 등 르네상스의 천재들도 예외가 아니었습니다.

여행을 하다 보면 수많은 사물을 만나게 되는데, 모르고 보면 평범한 물건도 거기에 얽힌 사연을 알고 보면 각별한 느낌을 받는 경우가 많습니다. 산 조반니 세례당의 세례반도 무심히 지나치면 대수롭지 않은 물건일 수 있지만, '예전에 단테가 여기에 담긴 물로 세례를 받았다는 말이구나.' 하는 생각을 하고 보면 느낌이 색달라지는 것입니다.

세례반洗禮盤, 또는 세례대洗禮臺라고도 하는 세례용 수반은 기독교에서 세례용 의식에 쓰이는 용기를 말합니다. 기독교에서의 세례가 죄를

산 조반니 세례당의 세례용 수반

씻는 의식으로서 중요한 의미를 가지니, 그 의식에 필요한 세례반도 중요한 성구聖具라고 할 수 있습니다. 세례반을 본 김에 세례에 대해 더 알아봅시다.

세례는 대개 세 가지 방식으로 구분됩니다. 침수 세례Immersion라고 하여 세례 받는 사람의 몸을 물에 잠기게 하였다가 꺼내는 방식이 있는데, 이는 초기의 세례 방식이며 산 조반니 세례당의 천장화에 보이는 예수의 세례 장면(372쪽 참조)은 침수 세례를 연상시킵니다.

그런가 하면 많은 양의 물을 머리 위에서 쏟아 붓는 방식Pouring이 있고, 적은 양의 물을 흩뿌리는 관수 세례Affusion 방식도 있습니다. 산 조반니 세례당의 동쪽 문 위에 있는 조각상은 마지막 방식인 '물을 흩뿌리는 세례'로 보입니다.

세례는 그리스도 안에서 다시 태어남을 상징하는 의식인데, 새 신자들은 세례를 통하여 교회의 정식 구성원이 되는 것이니 대성당 못지않게 중요한 곳이 바로 세례당인 것입니다.

세례자 요한의 조각상

세례용 수반의 반대편 위치에는 세례자 요한의 조각상이 있습니다.

그렇다면 이 조각상의 주인이 세례자 요한이라는 것을 어떻게 알 수 있을까요? 그에 대한 답을 찾기 위해 조각상과 함께 몇 점의 그림을 비교하며 살펴봅시다. 이들 작품을 보면 공통적으로 나타나는 요소들이 있답니다.

먼저 그가 들고 있는 십자가가 보입니다. 그리고 어린 양이 보이며, 몸에 걸친 짐승 가죽이 보입니다. 이 세 가지가 바로 세례자 요한의 상

세례자 요한의 조각상   바르톨로메오, '세례자 요한'   카라바조, '세례자 요한'

362

징인 것입니다.

세례자 요한이 들고 있는 십자가는 그가 예수의 동반자로서 세상에 예수의 존재를 알리고, 예수가 세상을 구하러 온 메시아임을 알렸다는 사실에 바탕을 둔 것입니다.

그의 곁에 있는 어린 양은 그가 예수를 일컬어 "보라, 이 세상의 죄를 지고 가는 하느님의 어린 양을Ecce Agnus Dei."이라고 했다는 요한복음의 구절을 연상시킵니다. 때때로 그가 들고 있는 십자가에 글귀가 쓰인 리본이 감겨 있는 경우가 있는데, 바로 그 말 "하느님의 어린 양을 보라."는 문장입니다. 산 조반니 세례당의 세례자 요한도 마찬가지로 그 글귀가 적힌 십자가를 들고 있습니다.

그가 몸에 두른 동물 가죽 천은 '광야에서 생활하며 동물 가죽으로 만든 옷을 입고, 메뚜기와 석청을 먹으며 살았다.'는 기록에 근거한 것입니다. 그가 고행의 수행 생활을 하면서 세상 사람들을 일깨우기 위해 노력했다는 뜻이지요.

도메니코 베네치아노Domenico Veneziano가 그린 그림을 보면 비단옷을 벗고 동물 가죽옷으로 갈아입는 사막의 세례자 요한Saint John in the Desert이 보입니다. 그리고 세례당의 조각상도 동물 가죽을 걸치고 있는 것을 확인할 수 있습니다.

다만 어린 양을 생략한 것은 십자가의 글귀로 대신하면서 조각상을 간결하게 유지하려고 한 것으로 보입니다.

도메니코 베네치아노, '사막의 세례자 요한'(워싱턴 내셔널 갤러리)

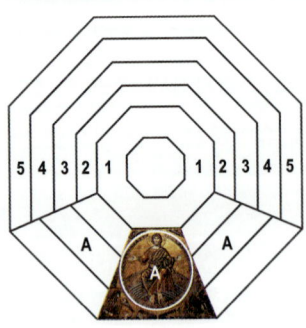

천장화 구조

A. 최후의 심판
1. 천사들의 합창
2. 창세기(천지 창조와 낙원 추방. 노아와 홍수)
3. 요셉의 일생
4. 예수의 일생
5. 세례자 요한의 일생

천장화

이제 고개를 들어 천장을 봅시다. 화려한 모자이크 그림이 입을 벌어지게 만드는군요.

산 조반니 세례당의 천장화는 대략 두 부분으로 나누어 볼 수 있습니다.

서쪽(제단 쪽)에 눈에 띄게 보이는, 예수의 모습을 중심으로 한 양쪽 삼각형 공간이 하나(A)이고, 나머지 동심원 모양의 모자이크 부분이 다른 하나(1~5)입니다.

예수의 모습을 중심으로 한 양쪽 삼각형 공간(A)에는 최후의 심판과 관련된 모자이크가, 그 외 동심원 부분에는 각각 천사들(1), 천지창조와 낙원 추방, 그리고 노아와 홍수(2), 요셉의 일생(3), 예수의 일생(4)이 묘사되어 있고, 마지막인 맨 바깥쪽 원(5)에는 세례자 요한의 일생이 그려져 있습니다.

여기서는 동심원에 해당하는 모자이크(2~5)를 장면별로 살펴보면서 각 주제가 어떻게 표현되었는지 확인한 후, 최후의 심판이 묘사된 모자이크화(A)를 살펴보도록 하겠습니다.

1. 창세기

하느님은 낮과 밤, 하늘과 땅, 식물과 새, 물속에 사는 생물, 땅 위의 모든 생물과 아담을 차례대로 창조천지창조/Genesis/Creation하고, 아담의 갈빗대를 취해 이브를 창조했다고 합니다.

1/천지창조, 2/아담의 창조, 3/이브의 창조

하지만 아담과 이브는 뱀의 유혹에 넘어가 죄를 저지르고 낙원에서 추방됩니다. 아담과 이브를 내쫓는 천사는 미카엘입니다.

4/뱀의 유혹, 5/하느님의 질책, 6/낙원 추방

낙원에서 추방된 아담과 이브가 낳은 카인과 아벨이 하느님께 제사를 지낼 때 하느님이 아벨의 제물만 받아들이자 카인은 하느님을 원망하고 동생을 미워한 나머지 아벨을 죽입니다.

7/농사짓는 아담과 물레질하는 이브, 8/제물을 바치는 카인과 아벨, 9/아벨을 죽인 카인

세상의 인간들(아담과 이브의 자손들)이 타락의 길로 치닫자 하느님은 홍수로 전부 없애고 세상을 다시 지으리라 결심했습니다. 다만 의로운 사람이었던 노아에게는 커다란 방주를 짓도록 명합니다.

10/대홍수 전의 타락한 사람들, 11/노아와 세 아들, 12/배를 짓는 노아와 세 아들

완성된 배에 모든 동물 한 쌍씩과 노아와 가족들이 승선하자 40일 동안 폭우가 쏟아져 세상 모든 것을 쓸어갔습니다. 오직 방주에 탔던 생명체만이 목숨을 구할 수 있었습니다.

13/방주로 들어가는 노아의 가족과 동물들, 14/홍수 때 죽은 사람과 동물들

2. 요셉 이야기

천국의 문에서 소개했던 요셉 이야기입니다.

요셉은 어느 날 "형들의 보릿단이 내 보릿단에 절을 하고, 형들의 별이 내 별에게 절을 했다."는 꿈 이야기를 합니다. (나중에 형들이 이집트로 먹을 것을 구하러 와서 요셉에게 고개를 숙였으니, 꿈이 맞긴 맞았던 셈입니다.)

1/요셉의 꿈, 2/꿈 이야기를 하는 요셉, 3/아버지가 사 준 색동옷을 입고 자랑하는 요셉

요셉을 미워한 이복형들은 요셉을 우물에 빠뜨려 죽이려다가 노예 상인에게 팔아버리죠. 요셉은 이집트로 팔려가게 됩니다.

4/상인에게 팔리는 요셉, 5/요셉이 죽었다고 부모에게 알림, 6/요셉이 이집트로 팔려감

이집트로 간 요셉은 보디발의 집에서 성실하게 일하였으나, 보디발의 아내가 자신의 유혹에 요셉이 넘어오지 않자 그를 모함하였고, 그는 감옥에 갇히게 되었습니다.

7/보디발의 집에 팔려감, 8/보디발 아내로부터 모략을 당함, 9/감옥에 갇힘

감옥에서 죄수들의 꿈을 풀어주던 요셉은 마침내 파라오의 꿈을 해몽해 주게 되었고, 이집트에 닥칠 기근을 예언하고 미리 대비책을 세워 높은 지위에 오릅니다.

10/파라오의 꿈, 11/파라오의 꿈을 해몽하는 요셉, 12/이집트의 기근을 예언함

이집트가 흉년을 넘기는 동안, 요셉의 형제들은 굶주림을 참을 수 없어 이집트로 먹을 것을 구하러 오고, 요셉과 형제들은 눈물로 화해합니다. 그리고 아버지 야곱을 이집트로 모셔와 행복하게 살았다고 하지요.

13/곡식을 저장함, 14/형제들을 용서함, 15/아버지를 만남

3. 예수의 일생

예수의 일생에 대해서는 잘 알려져 있습니다. 천사가 마리아를 찾아와 성령으로 잉태할 것임을 알려주었고(수태고지), 마리아는 사촌언니 엘리사벳을 찾아가 기쁨을 나눕니다. 그 뒤 베들레헴의 초라한 마구간에서 예수가 태어나지요.

1/수태고지, 2/마리아와 엘리사벳의 만남, 3/예수 탄생

예수가 태어나자 동방박사들이 찾아와 경배를 드립니다. 동방박사들이 아기 예수의 탄생을 헤롯왕에게 알리려 하자 꿈에 천사가 나타나 그들을 만류했고, 동방박사들은 고향으로 돌아갑니다.

4/동방박사의 경배, 5/동방박사의 꿈, 6/동방박사의 귀향

마리아와 요셉은 아기 예수가 태어난 지 40일이 되는 날, 성전을 찾아가 봉헌 드렸습니다. 헤롯왕은 베들레헴에서 태어난 아기를 모두 죽이라고 명령하였지만, 다행히 요셉의 꿈에 천사가 나타나, "아기를 데리고 이집트로 피하라."고 알려주어 예수는 목숨을 구할 수 있었습니다.

7/아기 예수의 성전 봉헌, 8/이집트로 피하라는 천사의 알림, 9/이집트로의 도피

하지만 나머지 아기들은 로마 병사의 손에 목숨을 잃었습니다. 그리고 예수와 제자들의 마지막 만찬과 예수의 체포 장면이 이어집니다.

10/로마 병사에 의한 영아 살해, 11/최후의 만찬, 12/예수의 체포

마지막으로 십자가에서 목숨을 잃은 예수와, 십자가에서 내려진 예수, 죽은 지 사흘 만에 부활한 예수의 모습도 보입니다.

13/십자가에서 죽음, 14/십자가에서 내림, 15/예수의 부활

4. 세례자 요한의 일생

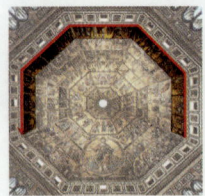
사가랴에게 대천사 가브리엘이 찾아와 아들을 낳게 될 것임을 알립니다. 부부는 태어난 아기의 이름을 천사의 말대로 '요한'이라고 짓습니다. (일시적으로 말을 할 수 없게 된 사가랴가 종이에 아기의 이름을 적어서 보여주고 있습니다.) 요한은 광야에서 고행하며 수도 생활을 했다고 하지요.

1/수태고지, 2/요한이라고 이름 지음, 3/광야의 요한

세례자 요한은 사람들에게 설교를 하고 자신을 따르는 이들에게 세례를 줍니다. 그리고 구원자 그리스도가 오셨음을 널리 알리지요.

4/요한의 설교, 5/세례를 주는 요한, 6/예수가 메시아임을 사람들에게 알리는 요한

세례자 요한은 예수에게도 세례를 줍니다. 이것은 요한에게 주어진 중요한 임무였지요. 요한은 이복동생의 부인이던 헤로디아와 결혼한 헤로데스 안티파스를 찾아가 간음이라고 비난했고 이 일로 감옥에 갇힙니다.

7/예수에게 세례를 줌, 8/헤로데스 왕을 찾아가 비난함, 9/감옥에 갇힌 요한

요한은 감옥으로 찾아온 제자들에게 예수를 찾아가 그가 진실로 메시아인지 묻게 하고, 예수의 대답을 들은 요한은 그가 메시아임을 확신하고 자신이 사명을 완수했음을 깨닫습니다. 한편 헤로데스의 궁전에서는 연회가 열리고, 헤로디아의 딸 살로메는 춤으로 헤로데스를 현혹시킵니다.

10/요한이 제자를 예수에게 보냄, 11/예수의 대답을 듣는 제자들, 12/춤추는 살로메

헤로데스가 살로메에게 소원을 묻자 그녀는 요한의 머리를 요구했고, 그렇게 하여 목숨을 잃은 세례자 요한의 장례가 치러집니다.

13/참수당하는 세례자 요한, 14/요한의 머리를 바침, 15/세례자 요한의 장례

5. 판토크라토르와 최후의 심판

 세례당 천장화 중에서 가장 주목할 부분이며 천장화의 중심이라고 할 수 있는 둥근 원 안의 예수의 모습을 먼저 자세히 봅시다. 비잔틴 교회의 돔(천장)에 장식된 이러한 형식의 예수상을 '판토 크라토르Pantokrator'라고 하는데, 판토크라토르란 '우주의 지배자, 만물의 권능자'를 의미하는 말로, 기독교에서는 축복을 내리면서 앉아 있는 구원자로서의 예수를 그린 형상形像을 의미합니다.

판토크라토르의 가장 기본적인 형상은 머리가 길고 수염을 기른 장년의 예수가 머리에 후광을 두르고 있으며, 오른손으로는 축복을 내리고 왼손에는 복음을 상징하는 책을 들고 있습니다. 그리고 주로 상반신의 상태로 나타나지요.

판토크라토르는 특히 비잔틴 미술에서 활발하게 다루어졌는데, 이전의 기독교 성화에서 제자들이나 성인들과 함께 있던 예수의 모습에서 벗어나 다른 인물들보다 월등히 크고 엄숙한 인상을 지닌 존엄한 지배자Maestas Domini로 그려졌습니다.

대개 교회 건물의 중앙 돔 꼭대기에 판토크라토르를 배치하고, 그 아래쪽에는 천사들을, 그리고 주변에는 성인들과 예언자들을 배치하는 것이 일반적입니다.

비잔틴 미술의 최고봉이라고 할 수 있는 이스탄불의 성 소피아 성당Hagia Sophia에서 우리는 아름답고 사실적이며 판토크라토르의 원형에

산 조반니 세례당의 판토크라토르   성 소피아 성당의 판토크라토르

해당하는 예수의 모습을 볼 수 있습니다.

하지만 산 조반니 세례당의 판토크라토르는 그 모습이 조금 다릅니다.

상반신이 아닌 전신의 모습이 보이고 오른쪽 손바닥은 하늘을, 왼쪽 손바닥은 땅을 가리키는 모습을 하고 있지요. 이것은 '최후의 심판'을 묘사하고 있는 주변 모자이크와 연관이 있어 보입니다. 하늘을 향하고 있는 오른쪽 손(보는 이의 입장에서는 왼쪽) 맨 아랫부분에는 천사의 인도를 받으며 천국으로 가는 사람들의 무리가 보이고, 반대편에는 지옥에 떨어진 사람들의 끔찍한 모습이 보이지요.

예수의 오른쪽(바라보는 이에게는 왼쪽), 천국으로 가는 사람들

예수의 왼쪽(바라보는 이에게는 오른쪽), 지옥에 떨어진 사람들

　최후의 심판이 묘사된 모자이크를 조금 더 자세히 들여다봅시다. 선택받은 영혼들 쪽에는 영혼들이 관에서 걸어 나와 천사들의 환대를 받는 모습(오른쪽)이 보입니다. 그리고 옥좌에 앉아 있는 세 명의 형상은 삼위일체를 상징(왼쪽)하며, 그들의 무릎 위에 있는 이들은 하느님의 자애로운 보살핌을 받는 사람들을 의미합니다.

　한편, 지옥에서는 깨어난 이들이 그들의 무덤을 떠나지 못하거나 악마(괴물)에 의해 끌려가 뱀에게 먹히고 꼬치에 꿰어 구워지는 형벌을 받고 있습니다. 화염에 휩싸인 괴물은 지옥에 떨어진 사람을 양손에 쥐고 있고, 입으로는 이미 게걸스럽게 먹어치우고 있습니다.

5장

산타 크로체 성당

Chiesa di Santa Croce

미켈란젤로 광장Piazelle Michelangelo에서 내려다보면 피렌체의 중요한 건물들이 눈에 들어옵니다. 아래 사진에서 종탑을 가진 건물들 중 왼쪽에 보이는 것이 베키오 궁전, 가운데가 산타 마리아 델 피오레 대성당, 오른쪽이 산타 크로체 성당입니다. 멀리서 보기에도 산타 크로체 성당은 작지 않은 건물임을 알 수 있습니다.

이 성당은 청빈과 겸손한 삶을 추구하는 탁발 수도회인 프란체스코회Franciscan Order(정식 명칭은 '작은 형제들의 수도회')에서 세운 것이기 때문에 처음에는 조촐한 규모로 설계되었다고 합니다. 그러나 경제적으로 부유했던 피렌체의 상인들이 적극적으로 후원하면서 지금과 같이 커졌으며, 프란체스코 수도회 소속의 성당으로서는 가장 큰 규모입니다.

미켈란젤로 광장에서 내려다본 피렌체 시가 모습

산타 크로체 성당 앞에는 널찍한 광장이 조성되어 있으며, 그곳에서 바라본 성당 건물은 매우 단아한 느낌을 줍니다. 산타 마리아 델 피오레 대성당(두오모)처럼 외부 조각이 섬세하지는 않지만, 정갈한 느낌을 주는 흰색 대리석 때문에 차분한 아름다움을 느끼게 되는 것입니다. 참고로, 산타 크로체 성당의 파사드는 건축 당시의 작품이 아니라 1853년에 니콜로 마타스Nicolò Matas라는 유대인 건축가에 의해 완성되었습니다.

중앙 문 위에는 프란체스코 수도회의 상징이 보입니다. 바로 산타 크로체 성당이 프란체스코 수도회 소속 교회라는 사실을 알려주는 표지입니다.

산타 크로체 성당의 정면 파사드. 작은 사진은 프란체스코 수도회의 상징 부분 확대

산타 크로체 바실리카(본당) ①

Basilica di Santa Croce/
Basilica of Santa Croce
>>>>>>>>>>>

　이탈리아에서는 고딕 양식이 크게 발달하지 못했는데, 산타 크로체 성당은 13~14세기 고딕 양식의 특징이 남아 있는 건물로 꼽힙니다. 건물 뒤편의 종탑은 19세기에 새로 지은 것이니 논외로 하더라도, 내부의 첨두아치(끝이 뾰족한 형태의 아치)와 좁고 긴 형태의 스테인드글라스를 보면 고딕 양식이 반영되었음을 알 수 있지요.

산타 크로체 성당 내부의 첨두아치　　　　산타 크로체 성당의 스테인드글라스

산타 크로체 성당은 건물 자체보다는 그 안에서 안식을 취하고 있는 위인들 때문에 더욱 유명합니다. 피렌체가 낳은 위대한 인물들이 그곳에 묻혀 있으니까요. 미켈란젤로, 갈릴레오 갈릴레이, 마키아벨리, 로시니 등이 그들입니다. 피렌체 출신으로서 산타 크로체 성당에 묻힌다는 것은 큰 영광이므로, 산타 크로체 성당을 프랑스의 위인들이 잠들어 있는 파리의 팡테옹Pantheon에 빗대어 '피렌체의 팡테옹'이라고 하기도 합니다.

그러나 위대한 인물들뿐만 아니라 성당에 묻히기를 소망했던 신자들(아마도 성당 측에 상당한 비용을 지불했을 것이 분명한)도 함께 잠들어 있다는 것을 바닥을 보면 알 수 있습니다. 바닥을 조각보처럼 보이게 하는 것이 모두 개인의 무덤 표시인 것입니다.

이곳에서는 중앙 제단을 비롯하여 바실리카 내부의 예배당과 무덤(또는 기념비)들을 살펴보면서 피렌체의 자부심을 높여주는 위인들을 만나보도록 하겠습니다.

산타 크로체 성당 바닥의 무덤 표지석

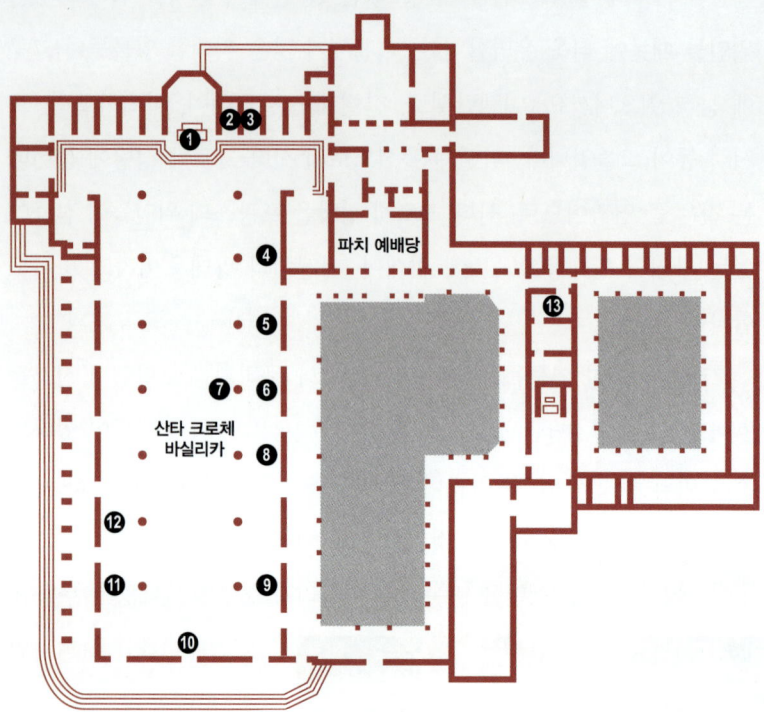

산타 크로체 성당 평면도

파치 예배당

산타 크로체
바실리카

❶ 중앙 제단   ❷ 바르디 가문의 예배실
❸ 페루치 가문의 예배실   ❹ 안토니오 로시니의 영묘
❺ 도나텔로의 '수태고지'   ❻ 마키아벨리의 영묘
❼ 설교단   ❽ 단테의 가묘
❾ 미켈란젤로의 영묘   ❿ 장미창
⓫ 갈릴레오 갈릴레이의 영묘   ⓬ 레오나르도 다 빈치의 기념비
⓭ 산타 크로체 성당 부속 박물관

중앙 제단과 제단화

먼저, 성당 안으로 들어가서 중앙 제단을 봅시다. 드높은 공간감을 주는 첨두아치와 스테인드글라스의 창문이 고딕 양식의 특징을 보여줍니다.

산타 크로체Santa Croce란 말이 '성스러운 십자가Saint Cross'를 뜻하기 때문인지, 중앙 제단 위에 커다란 십자가가 매달려 있습니다. 이런 형태의 십자가는 산타 크로체 성당에서 여러 번 볼 수 있답니다. 더불어 십자가 아래에 위치한 아뇰로 가디Agnolo Gaddi가 그린 제단화도 눈여겨보시기 바랍니다.

산타 크로체 성당의 중앙 제단

바르디 가문의 예배실

중앙 제단의 양옆에는 여러 가문의 예배실이 배치되어 있습니다. 성당 안에, 그것도 제단과 가까운 곳에 가문의 예배실을 갖는다는 것이 어떤 의미인지에 대해서는 '르네상스가 피렌체에서 꽃핀 이유는'이라는 글에서 설명했습니다.

중앙 제단 바로 오른쪽에 있는 공간은 바르디 가문의 예배실입니다. 당시 바르디 가문의 경제력과 영향력을 짐작할 수 있는 위치이지요.

실제로 바르디 가문은 14세기까지 피렌체에서 큰 영향력을 행사한 귀족 가문입니다. 중앙 제단 바로 옆자리를 차지했다는 것과 당대 최고의 화가였던 조토Giotto에게 장식을 맡겼다는 사실만으로도 그 가문의 위세를 충분히 짐작할 수 있습니다.

바르디 예배실의 주제는 '성 프란체스코의 일생'입니다. 예배실 앞에 프란체스코의 입상이 그려진 패널이 서 있는데, 잘 보면 그 주변으로 그의 일생을 그린 작은 그림들이 사방을 둘러싸고 있습니다.

또한 예배실 안쪽의 벽면에는 조토가 그린 프란체스코의 일생에 관한 프레스코화가 있는데, 사실 조토는 같은 주제의 그림을 이미 그린 적이 있습니다. 프란체스코의 고향인 아시시에 있는 성 프란체스코 성당에 프란체스코의 일생을 그렸던 것입니다. 그러니까 바르디 예배실의 그림은 조토가 자신의 그림을 복제한 것이지요. 두 곳의 그림을 비

중앙 제단과 바르디 가문의 예배실

교하면서 성 프란체스코의 생애를 확인해 보면 재미있을 것입니다.

이 성당 중앙 회랑 중간쯤에 있는 설교단에도 그의 일생에 관한 부조가 새겨져 있는데 이렇게 그의 일생이 여러 번 등장하는 이유는, 산타 크로체 성당이 성 프란체스코에게 봉헌된 성당이면서 이탈리아에서 가장 큰 프란체스코 수도회 소속의 성당이기 때문일 것입니다.

이탈리아 중부의 작은 도시인 아시시Assisi에서 태어난 프란체스코는 가톨릭 수사이자 설교가였으며 프란체스코 수도회의 창설자입니다. 부

입은 옷을 벗어서 아버지에게 돌려주는 프란체스코. 각각 바르디 가문의 예배실 프레스코화(왼쪽),
아시시 성 프란체스코 성당 프레스코화(오른쪽)

유한 가정에서 태어나 젊은 시절에는 방탕한 생활을 했다고 전해집니
다. 세속적 출세를 꿈꾸며 전쟁에도 참전했는데, 1204년에 전쟁터로
향하던 중에 환시幻視를 체험합니다. 그 뒤 고향으로 돌아갔지만 더 이
상 세속적 생활에서 즐거움을 느낄 수 없었습니다. 그는 가난한 사람들
과 더불어 청빈한 삶을 살면서 신에게 헌신하겠다고 결심하고 실천에
옮기자 추종하는 무리가 생기게 되었습니다. 그 일이 계기가 되어 설립
한 것이 프란체스코 수도회입니다. 프란체스코 수도회는 순종과 청빈
을 가장 큰 덕목으로 삼는 수도회입니다.

그에 관해서는 여러 가지 일화가 전해지는데, 그중에서 몇 가지만 소
개하겠습니다.

먼저, 아버지와 절연하고 상속권을 포기한 일입니다. 부유한 상인이
었던 그의 아버지는 아들이 가난한 사람들을 위해 살겠다면서 집을 나
가자 이해할 수 없었습니다. 그래서 아들의 마음을 돌리기 위해 설득도
하고 압력도 넣었지만 소용없었습니다. 그러자 그의 아버지는 부자父子

성흔을 받는 프란체스코. 각각 바르디 가문의 예배실 프레스코화(왼쪽), 아시시 성 프란체스코 성당 프레스코화
(오른쪽)

간의 인연을 끊겠다고 합니다. 프란체스코는 그런 아버지에게 도리어
"이제부터 제게는 하느님 아버지 한 분밖에 안 계십니다."라고 대답한
후, 입은 옷(아버지의 돈으로 산)을 벗어서 돌려주었다고 합니다.

예수는 십자가에서 죽을 당시 다섯 군데(손과 발, 그리고 옆구리)에 상처
를 입었는데, 프란체스코도 똑같은 위치에 상처가 생겼다는 일화는 유
명합니다. 그것을 '프란체스코의 성흔聖痕', 혹은 '프란체스코의 오상五
傷'이라고 합니다. 1224년에 성 미카엘 대천사 축일(9월 29일)을 준비하
기 위해 베르나 산에서 단식기도를 하고 있던 프란체스코는 두 손과
발, 그리고 옆구리에 상처가 생기는 특별한 체험을 하게 됩니다. 예수
와 같은 위치에 상처를 입는다는 것은 기독교에서는 특별한 은총으로
여기므로 이에 관한 그림도 많은 편입니다.

다소 전설적인 내용도 있는데, 프란체스코가 술탄에게 기독교만이
진리임을 설득하기 위해 불 속으로 걸어 들어 갔는데 전혀 화상을 입지
않고 무사히 빠져나왔다고 합니다.

그가 새들에게 설교했다는 일화도 소개하지 않을 수 없군요. 하루는 프란체스코가 몇몇 수사들과 함께 길을 가다가 많은 새들이 앉아 있는 나무를 보았습니다. 그걸 본 프란체스코는 새들에게 설교를 하겠다며 나섰습니다. 동료들은 그런 프란체스코를 의아하게 바라보았지만 그는 진짜로 새들을 상대로 설교를 시작했고, 놀랍게도 새들은 한 마리도 날아가지 않고 끝까지 그의 설교를 들었다고 합니다. 자연을 향한 그의 애정을 알 수 있는 일화이며, 자연까지도 감동시킨 그의 진정한 신앙심을 알려주는 일화입니다.

그는 1226년 10월 3일에 선종善終(가톨릭에서 임종하며 성사를 받아 큰 죄가 없는 상태에서 죽는 일)했고, 1228년 7월 16일에 오랜 친구이자 추기경 시절에 프란체스코회의 보호자로 지냈던 교황 그레고리오 9세Gregorius PP. IX에 의해 시성諡聖(죽은 후 성인으로 인정됨)되었습니다.

바르디 가문은 비록 소박하고 검소한 삶과는 거리가 멀었지만, 청빈한 수도사의 대명사인 프란체스코의 가호를 받아 죽은 뒤 영혼이 천국으로 갈 수 있기를 소망했을 것입니다.

프란체스코의 선종. 각각 바르디 가문의 예배실 프레스코화(왼쪽), 아시시 성 프란체스코 성당 프레스코화(오른쪽)

페루치 가문의 예배실

페루치Peruzzi 가문의 예배실은 바르디 가문 예배실의 오른쪽에 붙어 있습니다. 바르디 가문의 예배실과 마찬가지로 조토가 프레스코 벽화를 그렸는데 세례자 요한의 일생을 주제로 했습니다. 세례자 요한은 피렌체의 수호성인이므로 부자들이 예배실 주제로 선호했을 것 같습니다.

페루치 가문은 바르디 가문과 더불어 메디치 가문이 본격적으로 피렌체를 주름잡기 전까지 막강한 영향력을 행사하던 가문입니다. 산타 크로체 성당 안에 나란히 예배실을 가졌다는 것은 그들의 경제력이 막상막하였다는 의미일 것입니다.

당시 피렌체의 부자들은 금융업(고리대금업과 환전업을 포함하는)과 무역업을 통해 막대한 부를 쌓

페루치 가문의 예배실

았는데, 그것을 이용하여 그들은 천국으로 가는 차표를 사려고 했습니다. 예배실을 치장하기 위해 쓰는 돈이 일종의 천국행 차비인 셈이었지요.

페루치 예배실의 프레스코화는 세월에 풍화되어 선명하지 않습니다. 그렇지만 세례자 요한의 일생을 알고 있는 사람이라면 무슨 내용인지 알아볼 수 있을 정도는 됩니다.

세례자 요한의 일생에 대해서는 앞에서 이미 설명하였으니 그 내용을 떠올리며 사진을 살펴봅시다.

대천사 가브리엘의 수태고지

세례자 요한의 탄생(오른쪽)과 아들의 이름을 짓는 사가랴(왼쪽)

헤로데스의 연회와 세례자 요한의 죽음

세례자 요한의 승천

안토니오 로시니의 영묘

페루치 가문의 예배실에서 오른쪽 회랑 쪽으로 돌아오면 조아키노 안토니오 로시니Gioacchino Antonio Rossini(1792~1868)의 영묘가 있습니다. 로

시니는 오페라 '세비야의 이발사'를 작곡한 이로 유명합니다. 볼로냐에 서 음악을 공부했고, 밀라노의 스칼 라 극장에서 데뷔하여 호평을 받았으 며, 베네치아, 나폴리, 로마 등지에서 도 많은 인기를 얻었다고 합니다. 빈, 런던, 파리 등에서도 작품을 발표하 는 등 활발하게 활동하며 '이탈리아의 모차르트'라는 별칭을 얻었지만, 건강 문제로 활동을 일찍 중단한 것이 아 쉬운 점입니다.

로시니의 영묘

도나텔로의 '수태고지(Annunciation)'

무덤은 아니지만 로시니의 영묘에서 가까운 쪽에 아름다운 부조가 있기에 잠시 보고 지나가려 합니다. 이것은 바로 대천사 가브리엘이 마리아를 찾아와 성령으로 잉태할 것이라고 알려주는 장면을 표현한 '수태고지'입니다.

이 부조는 도나텔로Donatello 가 1435년경에 제작한 것으로 알려졌으며, 조각가로서의 그의 역량을 짐작할 수 있는 수작秀作입니다. 무릎을 꿇은 채 수태고지하는 가브리엘과 왼손에 책을 들고 오른손은 가슴에 얹은 자세로 가브리엘의 말을 듣는 마리아를 새긴 것으로, 내용은 특별할 것이 없지만 조각이 매우 사실적인 데다가 금박을 입혀 고귀한 느낌을 주는 작품이므로 눈여겨볼 필요가 있습니다.

도나텔로, '수태고지'

마키아벨리의 영묘

도나텔로의 수태고지 부조에서 오른쪽으로 더 이동하다 보면 마키아벨리Niccolo Machiavelli의 영묘가 있는데,『군주론』의 저자인 마키아벨리에 대해서는 우피치 미술관에서 설명한 바 있습니다.

그의 영묘 상단에는 외교를 상징하는 여인상이 세워져 있으며, 그의

영묘에 새겨진 비문의 의미는 '어떠한 찬사로도 부족한 이름 니콜로 마키아벨리, 1527년에 죽다'라는 의미라고 합니다.

마키아벨리의 영묘

설교단

중앙 제단을 보고 섰을 때 오른쪽의 중간 지점에 설교단說教壇/pulpit이 있습니다. 설교단은 확성기가 없던 시절에 성당 안에 모인 신도들에게 효과적으로 설교하기 위해 약간 높은 위치에 설치한 단壇을 말하며, 르네상스 시대에 만들어진 이 설교단은 부조 장식이 특히 아름답다는 평가를 받습니다.

산타 크로체 성당의 설교단   산 로렌초 성당의 설교단

설교단의 형태는 대개 벽면에 설치된 것과 기둥에 의해 지탱되는 독립 형태로 나뉘는데, 산타 크로체 성당의 경우는 전자에 속하며 후자의 경우는 산 로렌초 성당에서 볼 수 있습니다.

정교하면서 사실적인 설교단 부조는 베네데토 다 마이아노Benedetto da Maiano의 솜씨입니다. 모두 다섯 장의 부조 판으로 이루어진 설교단의 장식은 앞서 언급했듯이 성 프란체스코의 생애를 다루고 있습니다. 이미 설명한 프란체스코의 생애를 떠올리며 맨 왼쪽의 부조부터 그 내용을 확인해 봅시다.

교황 인노첸지오 3세를 만나 프란체스코 회의 설립을 인가받는 프란체스코

술탄 앞에서 불 속으로 들어가 보이는 프란체스코

다섯 군데의 상흔를 받는 프란체스코

프란체스코의 죽음

수도사들이 술탄 앞에서 참수당하는 장면

DANTI·ALIGHERIO
TVSCI
HONORARIVM·TVMVLVM
A·MAIORIBVS·TER·FRVSTRA·DECRETVM
ANNO·M·DCCC·XXIX·
FELICITER·EXCITARVNT·

NEL·VII·CENTENARIO·DELL
NASCITA
L·ASSOCIAZIONE·NAZIONAL
DEI·COMUNI·ITALIANI
MCCLXV - MCMLXV

NEL·VII·CENTENARIO·B
NASCITA
L·ASSOCIAZIONE·STVDIVM
MCCLXV - MCML·V

단테의 가묘

단테의 가문

피렌체를 대표할 만한 인물을 단 한 사람만 꼽으라고 한다면, 조금 고민은 해야겠지만 역시 단테를 꼽을 수밖에 없을 것 같습니다. 그리고 단테에게 가장 사랑했던 도시가 어디냐고 묻는다면, 그는 틀림없이 피렌체라고 대답할 것 같습니다.

단테는 중세의 문학, 철학, 신학, 수사학을 총괄하여 근대 유럽 문학의 지평을 열었다는 평가를 받는 이탈리아의 위대한 시인이자 신앙인, 사상가입니다.

그는 라벤나Ravenna에서 숨을 거두고 그곳에 묻혔기 때문에 산타 크로체 성당에 있는 것은 그의 가묘假墓입니다. 그의 육신은 라벤나에 잠들어 있지만 영혼만큼은 피렌체로 돌아왔을 것만 같습니다. 그가 피렌체를 사랑했고, 피렌체 사람들 또한 그를 사랑하고 있으니까요.

그런데 그는 왜 피렌체를 떠나 라벤나에서 죽어야 했을까요?

그는 젊은 나이에 정치에 뛰어들었는데, 피렌체 공화정 6인의 최고 정무위원에 선출될 정도로 정치적 능력이 있는 편이었습니다. 그런데 문제는 당시의 피렌체가 파벌 싸움이 치열했다는 점입니다. 교황파 Guelfa와 황제파Ghibellina가 투쟁하던 때였는데, 단테는 그중 교황파에 속했습니다. 교황파가 황제파를 몰아내고 정권을 잡을 때만 해도 단테에게는 큰 문제가 없어 보였습니다. 그런데 교황파가 다시 교황을 지지하는 흑당Neri와 교황을 반대하는 백당Bianchi으로 분열된 것입니다. 단테는 백당에 속했지요.

교황 보니파키우스 8세Bonifacius VIII의 요청을 받은 샤를Charles de Valois의 군대가 피렌체로 진격하자 1301년 10월에 단테는 다른 두 명과 함께 피렌체의 특사로서 교황을 설득하기 위해 로마에 파견되었습니다. 그런데 그 와중에 흑당은 백당의 일원이었던 단테에게 뇌물 수수 혐의를 뒤집어씌운 다음 엄청난 액수의 벌금과 2년 동안의 추방, 그리고 공직 자격을 영구적으로 박탈한다는 처분을 내립니다. 단테는 피렌체로 돌아가고자 했지만, 추방령이 내려진 뒤라 마음대로 할 수 없었습니다. 설상가상으로 기한 내에 벌금을 내지 않았다는 이유로 그는 귀국하면 그 즉시 사형에 처해질 것이라는 통보를 받습니다. 그가 끝내 피렌체로 돌아갈 수 없었던 데에는 이런 사연이 있는 것입니다.

그의 시련에 찬 삶은 위대한 명작 『신곡神曲』의 바탕이 되었습니다.

그는 피렌체 시민들이 자신을 계관시인桂冠詩人(뛰어난 시인을 일컫는 호칭으로, 고대 그리스에서 명예로운 시인이 월계나무 가지를 머리에

산타 크로체 성당 앞의 단테 동상

쓴 데서 기원함)으로 맞이해 줄 것을 희망하였으나, 라벤나에서 말라리아에 걸려 객사함으로써 그의 꿈은 덧없이 사라지고 말았습니다. 산타 크로체 성당 앞 광장에 서 있는 단테의 동상 머리 위에 월계관이 씌워져 있는 것은, 그의 안타까운 소망에 대한 피렌체 시민들의 답변인 것 같습니다.

피렌체에서는 지금도 끊임없이 라벤나 측에 단테의 유해를 돌려달라고 요청한다고 합니다. 그러나 라벤나의 반응은 냉담하고, 피렌체 사람들은 라벤나에 있는 단테의 무덤을 밝히는 촛불을 제공하는 것으로 만족할 수밖에 없다는 것입니다.

그 대신 피렌체의 위인들이 잠든 산타 크로체 성당에 그의 가묘를 만들어 놓고 그를 기억하는 것으로 아쉬움을 달래는 것입니다.

순정남 단테의 불멸의 사랑 이야기

단테는 베아트리체라는 소녀를 죽는 순간까지 잊지 못한 순정남으로 널리 알려졌습니다.

단테는 아홉 살 때 아버지의 손에 이끌려 참석한 포르티나리 가문의 파티에서 소녀 베아트리체를 보고는 한눈에 반합니다. 그 뒤로 한 번도 마주치지 못하다가 9년 뒤에 베키오 다리에서 우연히 한 번 더 만난 것이 그들이 이승에서 가진 인연의 전부였습니다. 단테는 단테대로, 베아트리체는 베아트리체대로 결혼하여 각자의 길을 갔으니까요.

그러다 몇 년 뒤 베아트리체가 죽었다는 소식을 들은 단테는 몹시 비통해하며, 베아트리체를 그리워하는 마음을 담은 시집 『새로운 인생』을 간행합니다. 평생에 딱 두 번 만났을 뿐인 여인을 그토록 절절하게 사랑했다는 것이 오히려 의아할 정도로 단테는 평생 베아트리체를 그리워했습니다.

베아트리체가 죽은 뒤, 단테는 정치에 입문합니다. 교황파와 황제파로 나뉘어 치열하게 싸우는 틈바구니에서 몸부림치다가 단테는 추방 명령을 받았고, 고향인 피렌체로 돌아가기 위해 끝없이 노력했지만 끝내 망명지인 라벤나에서 숨을 거두고 맙니다.

망명 생활을 하던 불우한 시절에 단테는 교회와 정치의 부패, 그리고 그로 인해 고통받는 민중의 참혹한 현실을 목격하고는 기독교적인 세계관을 바탕으로 한 대 서사시 『신곡』을 쓰기 시작합니다. 지옥과 연옥, 그리고 천국을 인간들에게 보여줌으로써 뼈를 깎는 회개와 이웃에 대한 사랑만이 인류를 구원할 수 있다는 메시지를 전달하려 한 것이지요. 『신곡』 속에서 단테는 베아트리체를 인류를 구원의 길로 안내해주는 길잡이로 설정합니다. 베아트리체에 대한 그의 사랑이 완성되는 순간이지요.

단테와 베아트리체가 두 번째 만났다는 베키오 다리는 여러 가지 이유에서 관광객들의 발길을 끕니다.

피렌체의 도심을 가로질러 흐르는 아르노 강에는 여러 개의 다리가 있는데, 그 가운데 가장 유명한 것이 베키오 다리입니다. 멀리서 보아도 확연히 구분이 되는 건, 유일하게 지붕이 있는 다리이기 때문이지요.

제2차 세계 대전 때 피렌체가 공격을 받아 대부분의 다리들이 파괴되었는데, 다행히도 베키오 다리는 피해를 면했다고 합니다.

베키오 다리

400

베키오 다리가 피렌체를 대표하는 다리가 될 수 있었던 데는 몇 가지 이유가 있습니다. 앞에서 말한 바와 같이 피렌체에서 가장 오래된 다리이면서 원형을 잘 보존하고 있다는 점이 큰 장점이지요. 그러면서 외형이 아름답기까지 하니 금상첨화입니다.

그리고 과거에는 푸줏간·대장간 등이 들어섰던 지저분한 공간이었는데, 현재는 귀금속 가게들이 즐비한 공간으로 화려하게 변신했다는 점도 사람들의 호기심을 불러일으키지요. 르네상스 이후 귀금속 공예품을 만드는 장인들이 이곳으로 몰려들면서 피렌체는 귀금속 공예의 산실이 되었으니, 피렌체가 사랑하고 자랑할 수밖에 없는 소중한 공간인 것입니다.

베키오 다리에서 사람들이 남다른 감회를 느끼는 또 하나의 이유는, 그곳이 바로 단테와 베아트리체가 운명적인 만남을 가졌던 곳이기 때문입니다. 어렸을 적에 한 번 본 뒤로 베아트리체를 잊지 못하던 단테는 9년 뒤 베키오 다리 앞에서 그녀를 다시 만나는데, 그는 그 순간을 "천국의 모든 경계를 훔쳐본 것 같았다."고 표현했습니다.

영국의 화가 헨리 홀리데이Henry Holiday가 그린 '베아트리체를 만난 단테Dante meets Beatrice'에는 그 다리 앞에서 운명처럼 마주친 두 사람이 등장합니다. 애절하면서도 간절해 보이는 단테와는 달리, 베아트리체는 단테에게 별 관심이 없는 듯 보입니다. 그러나 전하는 이야기에 따르면, 베아트리체는 이때 단테에게 의례적인 인사말을 건네고 지나갔다고 합니다.

그런데 어떤 곳에는 단테와 베아트리체가 만난 곳이 산타 트리니타 다리Ponte S. Trinita라고 쓰여 있는데, 헨리 홀리데이의 그림을 보면 베키오 다리에서 만난 것이 맞는 듯합니다. 그림 속 인물들 뒤로 보이는 아치 세 개의 다리가 산타 트리니타 다리인데, 그렇다면 단테가 서 있는 곳이 위치로 보아 베키오 다리이기 때문입니다.

단테의 애틋하면서 슬프게 엇갈려버린 사랑을 생각하면서 베키오 다리를 걸어보는 것도 피렌체 여행에서 각별한 의미가 될 것 같습니다.

단테의 흔적을 좀 더 찾아보고 싶다면 단테의 생가로 알려진 단테 박물관과, 단테가 결혼식을 올린 곳이자 베아트리체가 잠들어 있는 산타 마르게리타 교회를 방문해 보기 바랍니다.

헨리 홀리데이, '베아트리체를 만난 단테'

단테 생가와 그의 흉상, 단테의 옆모습처럼 보이는 바닥 돌(작은 사진)　산타 마르게리타 교회(일명 단테 교회)

두오모에서 시뇨리아 광장으로 가다 보면 건물 벽면에 그의 흉상이 붙어 있는 집이 나오는데 이곳은 단테의 생가로 알려져 있으며, 현재는 단테 박물관으로 이용되고 있습니다.
건물 안으로 들어가 보면 '과연 이것들이 단테와 무슨 관련이 있는 걸까?' 싶은 잡다한 물건들이 전시되어 있어 다소 실망스럽긴 하지만, 그의 생가라는 점만으로도 중요한 장소가 됩니다.
생가 앞에는 좀 재미있는 게 있는데, 집시 할머니가 바닥에 물을 뿌려주며 보라고 권유하는 것은 단테의 옆모습을 새긴 것으로 보이는 바닥 돌입니다.

단테의 집과 지척에 있으며 '단테 교회'라고도 불리는 산타 마르게리타 교회는 아주 작고 어두침침합니다. 웅장한 규모의 성당이 즐비한 유럽에서 이 정도의 교회는 작은 기도소처럼 보입니다.
그런데도 많은 사람들이 이곳을 찾는 이유는 아마도 베아트리체의 무덤을 보기 위해서일 겁니다. 단테가 평생을 두고 연모한 여인이 이곳에 묻혀 있는 것입니다. 그런데 뭇 남성들의 로망이자, '구원久遠의 여인'의 대명사인 그녀의 무덤치고는 조금 초라해 보입니다.
그리고 벽에는 단테와 베아트리체가 마주치는 순간을 그린 그림이 걸려 있습니다. 베아트리체의 무덤과 이 그림들만으로도 이 교회는 그들의 사랑을 증언하는 성지가 됩니다.
그런데 그림을 잘 보면 그들의 만남이 산타 마르게리타 교회 앞에서 이루어진 것으로 표현되어 있습니다. 그림 속 교회의 입구가 현재의 모습과 똑같기 때문입니다. 그러나 알려진 바로는 단테는 베아트리체를 어렸을 적에 파티에서 한 번 보았고, 성인이 되어서는 베키오 다리에서 우연히 마주친 것이 전부라고 합니다. 아마도 이 그림들은 산타 마리게리타 교회가 단테와 베아트리체에게 중요한 의미가 있다는 점에 착안하여 그들의 애틋한 관계를 나타내고자 한 것으로 보입니다.
그리고 이 교회에는 단테와 베아트리체와는 상관이 없는 성화가 하나 걸려 있습니다. 아마도 이

베아트리체의 무덤　　　　　단테와 베아트리체의 만남을 그린 그림들

교회의 원래 이름이 '산타 마르게리타 교회'인 것으로 볼 때, 성녀 마르게리타(영어식으로는 마가 레트)를 주인공으로 한 그림으로 보입니다.

성녀 마르게리타는 터키 안디옥 지방에서 태어났는데, 유모의 영향으로 기독교인이 되었다고 합니다. 그 지방을 다스리던 로마 총독이 그녀를 보고는 미모에 반해 납치한 다음, 결혼을 강요 했습니다. 마르게리타는 끝내 결혼을 거부하였고, 화가 난 총독은 그녀에게 기독교인이라는 죄 명을 씌워 가두고 모진 고문을 했습니다. 신화적인 이야기이지만, 용으로 변한 악마에게 잡아먹 히기까지 했다고 합니다. 물론 마르게리타는 용의 배를 가르고 무사히 밖으로 나왔으므로, 그녀 를 그린 성화는 주로 용을 제압한 형태로 나타납니다. 임종의 순간에 그녀의 이름을 부르면 악 마로부터 보호받을 수 있다는 믿음은 그로부터 비롯된 것입니다.

결국 그녀는 4세기 초 기 독교를 가장 가혹하게 박 해한 로마 황제 디우클레 티아누스 때 목이 잘리 는 형벌을 받으며 순교했 다고 합니다. 그녀는 죽는 순간, 출산의 고통으로부 터 부인들이 구원받기를 기원했다고 전해지며, 마 르게리타는 출산을 돕는 수호성인으로 여겨집니다.

성녀 마르게리타가 그려진 성화

미켈란젤로의 영묘

>>>>>>>>>>>>

미켈란젤로의 영묘

스스로는 조각가로 평가받고 싶어 했고 실제로 조각가로서 위대한 작품을 많이 남겼지만, 화가로서의 위대성도 높이 평가해야만 하는 르네상스의 천재가 바로 미켈란젤로Michelangelo Buonarroti입니다. 그의 영묘를 보면, 후대인의 그런 고뇌가 엿보입니다.

영묘 상단부에는 십자가에서 내려진 예수의 시신을 부축하는 사람들을 그린 그림이 보입니다. 오른쪽부터 사도 요한, 성모 마리아, 마리아 막달레나로 추정됩니다. 이것은 미켈란젤로가 가장 마지막까지 천착했던 조각 주제인 '피에타'를 떠올리게 하는 그림입니다. 즉, 그림과 조각을 절묘하게 결합하여, 미켈란젤로가 두 분야에서 막상막하의 업적을 남겼다는 의미를 담은 것 같습니다.

영묘 상단부의 그림

그림 아래에는 그의 흉상이 있습니다. 미켈란젤로의 영묘는 사망 전에 이미 바사리가 제작해 놓았다고 합니다. 예술가들은 단명한다는 속설을 비웃듯이 그는 당시로써는 놀라운 나이인

미켈란젤로 흉상　　　조각을 상징하는 여인상　　　회화를 상징하는 여인상　　　건축을 상징하는 여인상

89세까지 장수했습니다. 그래서인지 흉상도 나이든 모습으로 새겨졌습니다.

영묘 하단부에는 세 명의 여인이 조각되어 있는데, 미켈란젤로가 조각가이자 화가이자 건축가였던 것을 알려주듯 세 여인은 각각 조각, 회화, 건축을 상징합니다. 손에 조각상을 들고 있는 여인은 조각을, 붓을 들고 있는 여인은 회화를, 건축 설계에 필요한 도구를 들고 있는 여인은 건축을 뜻하지요.

>>>>>>>>>>>

장미창

　마지막으로 반대쪽 회랑에 있는 무덤을 하나 더 살펴볼 텐데, 그 전에 지나게 되는 서쪽 면(입구가 있는 곳)의 장미창rose window을 잠시 살펴보겠습니다.

　고딕 양식의 교회 건축물에서 자주 보이는 원형 창을 '장미창'이라고 합니다. 꽃잎을 닮은 장식 틀tracery에 색유리 조각을 끼워 넣어 완성하고 보면 마치 활짝 핀 꽃송이처럼 보이기 때문에 그런 이름이 붙은 것입니다. 고딕 양식의 건축물 중에서 스테인드글라스가 아름답기로 이름난 파리 노트르담 대성당의 장미창을 보면 그 이름이 꽤 적절하다는 것을 알 수 있을 것입니다.

노트르담 대성당의 장미창

그런데 화려하고 아름다운 꽃이 비단 장미만이 아닌데, 굳이 장미꽃에 비유한 데에는 무슨 이유가 있지 않을까요? 그것은 아마도 가톨릭에서 장미꽃이 성모 마리아를 상징하고, 지혜를 상징하기 때문일 것입니다. 가톨릭에서는 성모 마리아에게 바치는 기도를 할 때 사용하는 묵주를 '로사리오rosario'라고 하는데, 이는 '로사리움(성모님께 영적인 장미꽃 다발을 바친다는 뜻)'에서 유래된 말로 장미꽃이 곧 성모 마리아를 상징하는 셈이지요.

산타 크로체 성당의 장미창

이러한 장식 창은 예수를 태양으로 여기는 로마네스크 성당의 둥근 창이 발달한 것으로 고딕 양식에서 특히 많이 쓰였습니다. 장미창은 교회 정면의 가장 큰 창을 화려하게 장식하는 경우가 대부분이었지요.

글자를 모르는 신자들을 위해 성서의 내용을 그림으로 표현한 경우이거나, 아니면 여러 색깔의 유리를 통해 들어오는 빛으로 교회 안을 신비스러운 분위기로 만들고자 한 경우이거나, 어느 쪽이든지 장미창은 교회 장식에 중요한 요소였습니다.

산타 크로체 성당의 장미창은 성서의 내용을 담고 있습니다.

십자가에서 내려지는 예수를 주제로 삼은 이것은 색유리를 잘게 잘라서 그림처럼 정교하게 짜 맞춘 것으로, 중세인의 깊은 신앙심이 이렇게 아름다운 작품을 만들어냈다고 생각하면서 보면 좋겠습니다.

>>>>>>>>>>>>
갈릴레오 갈릴레이의 영묘

갈릴레오 갈릴레이Galileo Galilei의 영묘에서는 망원경을 들고 있는 그의 상반신 조각상이 눈길을 끕니다. 여러 분야에 걸쳐 눈부신 업적을 남겼지만, 그중에서도 특히 천문학자로서의 공이 크다는 뜻으로 읽히는 영묘 디자인입니다. 그러나 그가 수학과 물리학 분야에서 남긴 성과도 무시할 수는 없습니다.

갈릴레이는 코페르니쿠스의 지동설을 지지하는 책을 썼다가 교황청과 대립한 일이 널리 알려져 있습니다. 천체 관측을 통해 알아낸 사실을 바탕으로 지동설과 성서 사이에 모순이 있음을 제자들에게 설명했는데, 이것이 교황청의 심기를 건드려 "더 이상 지동설에 대해 말하지 말라."는 경고를 받습니다.

1632년 2월에 출간된 『프톨레

갈릴레이의 영묘

마이오스와 코페르니쿠스의 2대 세계 체계에 관한 대화Dialogo sopra i due massimi sistemi del mondo, tolemaico e copernicaon』에서 그는 온건한 방법으로 지동설을 설명했지만, 7월에 교황청에 의해 금서로 지정되었으며 1633년 1월에는 이단심문소의 명령으로 로마로 소환되었습니다. 당시 종교재판에서 이단으로 몰린다는 것은 목숨을 위협받을 정도로 심각한 문제였지요.

결국 갈릴레이는 몇 차례의 심문을 받고, 앞으로 이단 행위를 하지 않겠다는 서약을 해야만 했습니다. 심문소를 나오면서 그가 "그래도 지구는 돈다."고 중얼거렸다는 이야기가 돌 정도로 신앙과 과학 사이에서 갈등을 겪었을 그의 고뇌가 충분히 짐작됩니다.

그 뒤 그는 『두 개의 신과학新科學에 관한 수학적 논증과 증명』을 네덜란드에서 출간하고 속편을 집필하던 중에 세상을 떠납니다. 교황청에 의해 이단으로 몰렸던 그는 공식적으로 장례를 치를 수 없었고, 묘지를 만드는 일조차 허용되지 않았다고 합니다. 위대한 과학자의 쓸쓸한 죽음이었습니다.

망원경을 들고 있는 갈릴레이

그가 죽은 지 350여 년 뒤인 1992년에 교황 요한 바오로 2세는 갈릴레이 재판이 잘못된 것이었음을 인정하고 갈릴레이에게 사죄하였습니다. 현재 교황청은 천문대를 가지고 있으면서 천문학 연구에 많은 투자를 하고 있는데, 이것을 갈릴레이를 박해한 것에 대한 반성으로 해석하는 시각도 있답니다.

레오나르도 다 빈치의 기념비

피렌체 근교의 빈치 마을에서 태어난 레오나르도 다 빈치는 르네상스 시대의 가장 위대한 천재였습니다. 인류 역사상 그처럼 다양한 분야에서 놀랄 만큼 탁월한 상상력을 발휘한 인물을 찾기란 쉬운 일이 아닙니다.

그러나 그는 고향에 묻히질 못했습니다. 그의 무덤은 프랑스 중부에

앵그르, '다 빈치의 임종을 지키는 프랑수아 1세'

있는 앙브아즈 성Le chateau d'Amboise에 있습니다. 탁월한 재능을 타고났
지만 메디치 가문으로부터 신뢰를 받지 못했던 그는 밀라노로 가서 활
동하다가 그곳에서도 정착하지 못하고 떠돌아다닙니다. 말년에는 프랑
스로 건너가 프랑수아 1세의 후원을 받으며 살다가 그곳에서 숨을 거
두었는데, 그나마 다행인 것은 프랑수아 1세가 그를 매우 후대했다는
점입니다. 다 빈치의 임종 순간을 그린 앵그르의 작품을 보면, 프랑수
아 1세가 그의 마지막 순간을 지킨 것을 알 수 있습니다.

　비록 다 빈치의 무덤은 피렌체에 없지만, 피렌체 사람들은 위대한 천
재 레오나르도 다 빈치가 피렌체 근교 출신인 것을 고려하여 산타 크로
체 성당에 기념비를 세워주었습니다. 갈릴레이의 무덤 오른쪽에 있으
니 꼭 확인해 보시기 바랍니다.

레오나르도 다 빈치의 기념비

치마부에의
'예수가 매달려 있는 십자가(Crucifix)'

　산타 크로체 성당 부속 박물관Museo dell'Opera di Santa Croce에 있는 이
작품은 손상이 심해 보는 이를 안타깝게 만듭니다. 1966년에 피렌체
를 덮친 대홍수 때 물에 잠겨 피해를 입은 것이라고 합니다. 손상 전
의 모습을 재현한 것과 비교해 보면 차이를 알 수 있습니다. 치마부에
Cimabue(1240?~1302?)의 생몰연대를 생각하면, 산타 크로체 성당에서 발견되

치마부에, '십자가에 매달린 예수'(원본)　　　치마부에, '십자가에 매달린 예수'
　　　　　　　　　　　　　　　　　　　　(1966년 이전 상태의 모습으로 재현한 것)

는 십자가들의 원형에 해당되는 작품인 셈입니다.

피렌체 출신의 치마부에는 피렌체화파의 시조라고 일컬어집니다. 피렌체에 르네상스가 도래하기 이전에 회화 분야에서 이름을 떨친 사람이지요. '르네상스 미술의 시조'라고 일컬어지는 조토의 스승이라는 설이 있으나 확실한 것은 아니라고 합니다. 치마부에가 조토의 스승이라고 믿는 사람들은 다음과 같은 그럴듯한 이야기를 전하기도 하지요.

하루는 치마부에가 그림을 그리다가 잠깐 자리를 비웠는데, 어린 조토가 스승의 그림 한 귀퉁이에 파리 한 마리를 그려 넣은 것입니다. 나중에 돌아온 치마부에가 그림에 앉은 파리를 쫓으려고 했는데 움직이지 않아 자세히 보니 조토가 그려 넣은 것이었다는 이야기지요. 조토의 그림 솜씨가 그 정도로 뛰어났다는 걸 강조하기 위한 이야기일 텐데, 1266년생인 조토의 나이를 생각한다면 그가 치마부에에게 그림을 배웠다고 해도 크게 이상할 것은 없어 보입니다.

단테의 『신곡神曲』에 치마부에와 조토가 함께 언급된 재미있는 구절이 있습니다.

"그림에서는 치마부에가 가장 뛰어나다는 평을 들었는데, 지금에 와서는 조토의 명성만이 높고 그의 이름은 희미하게 되었네."

물론 이 말은 조토의 명성을 설명하기 위한 것이지만, 조토 이전에는 치마부에가 가장 유명한 화가였음을 알려주는 말이기도 합니다. 전기작가傳記作家인 바사리가 『미술가 열전』을 쓰면서 치마부에부터 시작한 것도 그런 점이 고려된 것으로 보입니다.

치마부에, '천사와 함께 있는 성모자'(아시시 성 프란체스코 성당)

치마부에, '성 삼위일체의 성모'
(우피치 미술관)

　그의 작품으로 가장 유명한 것은 아시시에 있는 성 프란체스코 성당의 프레스코 벽화, 우피치 미술관에 소장된 '성 삼위일체의 성모Maesta of Santa Trinita' 등입니다.

파치 예배당 ②

Capella de Pazzi/Pazzi Chapel

>>>>>>>>>>>>

　파치 예배당은 산타 크로체 성당 내부를 다 둘러본 다음에 수도원과
통하는 오른쪽 문으로 나오면 만날 수 있습니다. 밖으로 나와서 왼쪽을
보면 예배당 입구가 보입니다.

파치 예배당 입구

파치 예배당은 피렌체의 유력 가문이었던 파치 가의 수장 안드레아 파치Andrea Pazzi를 위해 브루넬레스키가 1430년에 설계했으나 건물이 완공되기 전인 1446년에 사망하는 바람에 미켈로초의 손에 맡겨져 1452년에 완공되었다고 합니다. 여기서는 이 건물의 구조적 특색에 대한 이야기보다 먼저 파치 가문에 대해 설명하도록 하겠습니다.

파치 가문은 '위대한 로렌초' 형제를 암살하려다가 실패한 후 멸문당한 가문으로 유명합니다. 물론 파치 예배당은 그 사건이 있기 전, 그러니까 파치 가문이 아직은 피렌체에서 영향력을 행사하던 시절에 지어진 것입니다. 그러면 파치 가문이 왜 메디치 가문의 등에 칼을 꽂게 되었는지를 알아봅시다.

교황 식스투스 4세Sixtus PP. IV는 동로마 제국의 멸망 후 위기에 빠진 가톨릭과 교황의 권위를 다시 세우기 위해 나름대로 노력한 사람입니다. 그는 그러기 위해서는 재정적인 안정이 무엇보다도 필요하다고 생각했지요. 그래서 자신의 측근을 성직자로 임명해 교회 수입을 교황청으로 끌어들이려고 시도합니다.

그런데 피렌체의 경우는 메디치 가문에서 강력하게 반발하고 나선 것입니다. 피렌체 공화국에서 막강한 영향력을 행사하던 메디치 가문으로서는 교황의 일방적인 결정이 불쾌했을 수도 있고, 교황의 측근이 대주교로 부임하면 교황의 영향력에서 벗어날 수 없다고 생각했을 수도 있지요.

하여간 메디치 가문의 반발에 부딪혀 뜻을 이루지 못한 식스투스 4세는 곧바로 보복에 들어갑니다. 메디치 은행 로마 지점에서 관리하던 교황청의 금고를 회수하고, 메디치 가문에 맡겨 운영하던 교황청 소유의 명반(양모 염색의 필수적 원료) 광산도 빼앗은 것입니다. 이런 조치는 메디치 가문에 큰 타격이 되었지요.

교황청은 메디치 가문에서 빼앗은 이권을 파치 가문에 넘겨줍니다. 두 가문은 오랜 적대 관계였는데, 교황이 파치 가문의 손을 들어준 것입니다. 그뿐만 아니라 교황은 파치 가문과 손을 잡고 메디치 가문의 두 후계자(로렌초 데 메디치와 줄리아노 데 메디치)를 암살하려는 계획을 세웁니다. 이것이 1478년에 일어난 '파치 가문의 음모'로, 줄리아노는 그 자리에서 사망하고 로렌초는 간신히 목숨을 건집니다.

암살 음모가 실패로 돌아가자 교황은 나폴리 왕국과 연합해 피렌체를 침공하려 하고, 로렌초는 위기에 빠진 조국을 구하기 위해 목숨을 걸고 나폴리 왕을 찾아가 3개월에 걸친 협상 끝에 평화 협정을 체결하는 것입니다. 그 공적을 길이 남기기 위해 산드로 보티첼리에게 그리도록 한 작품이 '팔라스와 켄타우로스'이며, 그 이후로 그를 '위대한 로렌초'라고 부르기 시작합니다.

그러면 파치 가문은 어떻게 되었을까요.

암살에 참여한 사람들은 분노한 시민들에 의해 죽임을 당했고, 파치 가문 사람들은 피렌체에서 추방되었으며, 주모자였던 베르나르도 반디는 콘스탄티노플로 피신했으나 결국 피렌체로 압송되어와 시민들이 보는 앞에서 교수형을 당했습니다. 그 이후로 파치 가문은 메디치 가문이 피렌체의 실질적 군주로서 군림하는 것을 어딘가에 숨어서 지켜봐야만 했겠지요.

파치 예배당에 서면 파치 가문의 경건한 신앙심보다는 피비린내 나는 권력 쟁탈의 역사가 먼저 떠오릅니다.

파치 예배당의 건축적 특징

이 건물은 우선 필리포 브루넬레스키의 작품이라고 해서 관심을 받습니다. 피렌체의 랜드 마크인 산타 마리아 델 피오레 대성당의 돔을 완성한 천재 건축가의 손길이 닿았다는 이유만으로 말이지요.

이 건물은 외관상 정사각형 평면 위에 펜던티브 돔pendentive dome을 얹

산타 크로체 성당(왼쪽)과 파치 예배당(중앙). 파치 예배당의 펜던티브 돔을 볼 수 있다.

은 단순한 구조로 보입니다. 펜던티브 돔이란 비잔틴 제국의 교회 건축물에서 보이는 지붕의 한 유형으로, 이스탄불의 성 소피아 성당에서 보이는 것처럼 정사각형 그리스형 십자가Greek Cross(더하기 부호처럼 생긴 십자가) 형태의 평면에 반구형半球形 지붕을 올린 것을 말합니다. 반구형 지붕은 로마의 판테온에서 이미 활용되었지만 그것은 원형 평면 위에 원형 지붕을 얹은 것이라 난이도 면에서 펜던티브 돔과는 비교가 안 된다고 합니다. 평면과 지붕의 형태가 다를 경우, 공사의 난도難度는 크게 높아진다고 하는군요.

예배당 안에서 보면 펜던티브 돔의 구조를 더욱 잘 이해할 수 있습니다.

파치 예배당의 규모는 그리 크지 않습니다. 그리고 안에 들어가서 보면 내부 구조가 단순하다는 생각을 하게 됩니다. 브루넬레스키는 후기로 갈수록 보는 이를 압도하는 거대한 규모보다는 사람들이 편안하게 접근할 수 있는 아담한 크기human scale의 건축물을 선호했다고 하는데, 파치 예배당은 그런 그의 생각이 반영된 대표작인 것입니다.

파치 예배당은 기둥

파치 예배당 내부. 정사각형 평면과 반구형 돔을 확인할 수 있다.

과 아치는 회청색을, 벽은 백색을 띤 단순한 구성이며 코린트식 기둥이
라는 고전적 요소를 도입하면서도 독창적인 모습을 하고 있습니다.

르네상스 당시에 지어진 피렌체의 종교 건축물 내부는 당시의 경제
적 부유함을 과시하듯 매우 화려하기 일쑤인데, 파치 예배당은 비교적
수수하면서 소박한 모습인 것이지요. 이것이 주문자인 파치 가문의 뜻
에 의한 것인지, 아니면 설계자인 브루넬레스키의 생각에 의한 것인지
는 알 수 없지만, 이와 같은 검소한 예배당 장식이 '인간 위에 군림하는
신과 신 앞에 위축된 인간'이라는 중세적 가치관에서 벗어나려고 시도
한 것이라면 르네상스식 가치관의 표현이라고 봐도 좋을 듯합니다. 다
만, 이곳이 한 가문의 예배당이라는 점을 고려한다면, 성당 안에 있는
예배실보다는 규모가 큰 편이라고 할 수 있습니다. 이 건물이 세워질
당시의 파치 가문이 어느 정도 막강한 세력을 누렸는지를 짐작할 수 있
는 단서가 됩니다.

>>>>>>>>>>>>
돔 천장의 4대 복음서 저자

파치 예배당의 돔 천장을 올려다보면 네 귀퉁이에 새겨놓은 둥근 모양의 부조가 눈에 띕니다.

이 원형의 채색 테라코타terracotta 부조는 루카 델라 로비아Luca della Robbia의 작품입니다.

루카 델라 로비아는 피렌체에서 도자기로 유명했던 집안 출신으로,

파치 예배당의 천장

채색 테라코타(점토를 구워서 만든 도기)에 유약을 바르는 기술을 개발하여 많은 걸작을 남겼다고 합니다. 도자기로 제작된 작품은 세부묘사가 가능했고 유약을 발라 내구성이 뛰어났으며, 색이 부드럽고 온화하여 우아한 느낌을 주는 데다 비용이 많이 들지 않는 실용성까지 갖추고 있어서 건축을 장식하는 데 애용되었습니다.

돔 주변을 장식하는 이 원형의 부조들은 성서의 4대 복음서 저자들을 나타낸 것입니다. 이곳뿐만 아니라 성 베드로 성당 등 많은 성당 건물의 돔 주변으로는 4대 복음서 저자가 배치되어 있지요.

4대 복음서의 저자들은 그들을 상징하는 물건을 통해 신분을 확인합니다. 이 부조들에는 싱징물이 명확하게 나타나 있으므로, 누구인지를 아는 데 도움이 됩니다. 때로는 상징물만 있어도 그것이 해당 복음서 저자를 나타낸다고 본답니다.

먼저, 마태Matthew는 예수의 열두 제자 중 한 사람으로 『마태복음』의 저자입니다. 그는 천사와 함께 있는 것이 일반적입니다. 뒤에서 설명할 열두 제자를 새긴 부조에도 천사와 함께 있습니다.

마가Mark는 베드로와 친밀한 관계였는데 베드로로부터 들은 이야기를 바탕으로 마가복음을 썼다고 알려져 있습니다. 베드로는 예수의 수제자로서 스승에 대해 잘 알고 있었기 때문에 그의 기억에 의존해 기록된 『마가복음』은 신뢰성이 있다고 보는 편입니다. 마가의 상징은 사자

베네치아 산 마르코 광장의 사자상

인데, 베네치아 공화국이 마가(이탈리아식으로는 마르코)를 자신들의 수호 성인으로 삼은 뒤 산 마르코 광장에 사자상을 세운 것은 그 때문입니다.

누가Luke에 대해서는 별로 알려진 것이 없습니다. 사도 바울과 함께 여행했고, 바울이 그를 일컬어 '사랑받는 의사인 누가'라고 했다는 정도가 전부입니다. 누가는 특이하게도 예수의 어머니인 마리아의 초상화를 그린 화가였으므로, 화가들의 수호성인이 되었다고 합니다. 미술학교 이름에 그의 이름이 자주 등장하는 것은 그 때문이라고 하는군요. 누가의 상징물은 황소인데, 아마도 그가 쓴 『누가복음』이 제사장인 사가랴의 이야기로부터 시작되기 때문으로 짐작됩니다.

『요한복음』의 저자 요한John은 독수리와 함께 나타나는데, 스페인에서는 '요한의 독수리'가 독실한 가톨릭 신앙을 상징하는 표지로 사용될 정도였습니다. 요한은 예수의 변용The Transfiguration이 일어날 때 현장에 있었으며, 로마 병사에게 체포되기 직전인 겟세마네 동산에서도 예수와 함께 있었고, 예수가 십자가에서 죽을 때도 끝까지 자리를 떠나지 않았다고 합니다. 그래서 예수로부터 "내 어머니를 잘 보살펴 달라."는 부탁을 들은 유일한 제자가 되었으며, 열두 제자 중에서 유일하게 예수의 장례에 참여한 제자이기도 합니다.

마태   마가   누가   요한

예배당 벽면의 열두 제자

파치 예배당의 내부 벽면에는 역시 루카 델라 로비아의 작품인 예수의 열두 제자를 새긴 부조가 붙어 있습니다. 다만 예수를 은화 30냥에 팔아넘긴 유다는 배신자라서인지 빠졌고, 그 자리를 사도 마티아가 대신 차지하고 있습니다. 예수의 열두 제자를 표현할 때 유다 대신 사도 바울이나 마티아가 대신 들어가는 경우가 있는데, 파치 예배당은 마티아를 넣었습니다.

그런데 그림이나 조각에 표현된 예수의 열두 제자는 얼굴만 보아서는 구별하기가 힘듭니다. 대부분 긴 머리카락과 덥수룩한 수염을 하고 있어 비슷해 보이기 때문입니다. 그래서 각자 가지고 있는 물건을 통해 신분을 확인하는데, 파치 예배당의 부조도 마찬가지입니다. 다만 몇 사람은 특정한 상징물이 없어 명확히 알 수 없으므로 설명은 하되 사진은 뒤에 한꺼번에 붙여넣도록 하겠습니다. (알파벳으로 표기된 이름은 순서대로 라틴어와 영어임)

베드로Petrus/Peter는 원래 이름이 시몬Simon이었으나, 예수가 그에게 '반석'이라는 뜻의 아람어 '케파ㅋㅌ/kefa'라는 새 이름을 지어주었다고 합니다. 이것을 고대 그리스어의 '반석'에 해당하는 말로 바꾼 것이 '페트로스'로 그의 이름은 여기서 온 것입니다. 열두 제자 중의 한 사람인 안

열쇠를 들고 있는 베드로   X자형 십자가를 들고 있는 안드레아   조가비가 달린 지팡이를 들고 있는 큰 야고보

드레아와는 형제간이며, 예수로부터 하늘나라의 열쇠를 받았다고 하여 열쇠를 든 사람을 베드로로 봅니다. 또한 네로 황제 당시 순교하면서 십자가에 거꾸로 매달려 죽었으므로 거꾸로 된 십자가도 그의 상징물이 되었습니다. 그는 예수의 수제자로 초대 교황으로 인정되며, 그의 무덤 위에 지은 것이 바로 바티칸의 성 베드로 대성당입니다.

안드레아Andreas/Andrew는 베드로의 동생이며, 러시아에 복음을 전파했다고 합니다. 그래서 러시아의 수호성인이지요. 네로 황제 당시 마케도니아 지역에서 체포되어 순교했는데, 스스로 X자형 십자가를 요구하여 그 위에서 죽음을 맞았습니다. 그가 X자형 십자가를 요구한 이유는 X가 고대 그리스어로 '그리스도(Χριστός, 크리스토스)'라는 단어의 첫 글자이기 때문이었다고 합니다. 그의 상징물은 X자형 십자가이며, 어부 출신이었으므로 물고기와 그물을 들고 있을 때도 있습니다.

큰 야고보Iacobus Maior/James the Greater는 '세베대의 아들 야고보'라고도 불리며, 다음에 소개할 사도 요한과 형제간입니다. 예수가 로마 병사들에게 체포되어 갈 때는 겁에 질려 달아났지만 예수의 부활을 확인한 후에는 다른 제자들처럼 선교 활동에 나섰다가 44년에 예루살렘에서 기독교를 탄압하던 헤로데스 아그리파 1세에 의해 참수형을 당하며 순교합니다. 그는 열두 제자 중에서 가장 먼저 순교한 사람으로 알려졌으며, 참수당할 때 사용된 긴 칼이 상징물입니다. 그는 순례자들의 수호성인이기도 한데, 특히 그가 선교를 위해 이베리아 반도에 갔을 때 걸었던 길이 지금은 산티아고 순례길이란 이름으로 많은 사랑을 받고 있습니다. 그래서 그의 상징물은 지팡이나 조가비일 때도 있는데, 파치 예배당의 부조에는 지팡이와 조가비가 등장합니다.

요한Ioannes/John은 예수에게 세례를 준 요한John the Baptist과 구별하기 위해 '사도 요한John the Apostle'이라고 합니다. 『요한복음』의 저자이며, 예수가 십자가에서 죽을 때 곁을 지킨 유일한 제자입니다. 또한 모든 제자들이 순교했는데, 오직 요한만이 90세까지 살았고 편안한 가운데 임종을 맞이했다고 합니다. 그의 상징은 독수리(앞에서 설명함)와 술잔인데, 요한이 독이 든 잔에 성호를 긋자 잔속의 독이 뱀으로 변했다는 일화에서 비롯된 것으로 보입니다.

필립보Philippus/Philip는 원래 세례자 요한의 제자였으나 예수를 따라나서 예수의 제자가 되었습니다. 바르톨로메오를 예수에게 인도한 사람

독수리와 함께 있는 요한　　　　살가죽을 벗길 때 사용한 칼을 들고 있는　　　설계 도면을 들고 있는 도마
　　　　　　　　　　　　　　　바르톨로메오

으로 터키의 히에라폴리스(현재의 파묵칼레)에서 십자가형을 받고 죽은 것으로 알려져 있습니다. 그래서 그의 상징물은 십자가이며, 때로는 용과 함께 표현되기도 하는데 이것은 그가 용의 모습을 한 괴물을 신앙의 힘으로 무찌른 적이 있기 때문이라고 합니다.

바르톨로메오Bartholomaeus/Bartholomew는 에티오피아, 인도, 페르시아 등지에서 선교활동을 하였고, 아르메니아에서 체포되어 순교하였다고 합니다. 그는 산 채로 가죽이 벗겨져 죽음을 맞았으므로 그의 상징물은 살가죽을 벗길 때 사용한 작은 칼, 혹은 벗겨진 살가죽입니다.

도마Thomas/Thomas는 예수의 부활을 처음에는 믿지 않았지만 예수의 상처를 직접 확인한 후에는 믿게 되었다는 일화가 전해지므로 그림에는 예수의 상처를 확인하는 모습으로 그려집니다. 목수로 일하면서 선교 활동을 하다가 인도에서 순교했다고 알려졌기 때문에 그의 상징물은 목공용 직각자와 책 등입니다.

마태Matthaeus/Matthew는 『마태복음』의 저자로서 책을 들고 있거나 글을 쓰고 있는 모습이 대부분이며, 천사(혹은 날개 달린 사람)와 함께 있는 경우가 많습니다. 예수의 제자가 되기 전에는 세금을 징수하는 관리였기 때문에 때때로 돈을 지니고 있는 모습일 때도 있습니다.

천사와 함께 있는 마태　　몽둥이를 들고 있는 작은 야고보

작은 야고보Iacobus Minor/James the Less는 '알패오의 아들 야고보'라고 하기도 합니다. '세배대의 아들 야고보'와 구별하기 위해 작은 야고보라고 부릅니다. 작은 야고보는 예수의 동생

인 야고보와 동일 인물인지에 대한 논란이 있으며, 몽둥이에 맞아 순교한 것으로 알려졌습니다. 그래서 방망이나 몽둥이를 들고 있는 사도를 작은 야고보로 봅니다.

타대오Iudas Thaddaeus/Jude Thaddaeus는 도끼에 목이 잘려 순교했으므로 도끼가 상징물이고, 시몬Simon Cananeus/Simon the Zealot은 톱에 목이 잘려 순교했으므로 톱이 상징물입니다. 두 사람은 페르시아에서 함께 활동하다가 순교한 것으로 보입니다.

유다의 배신과 자살로 인해 11명이 된 사도들이 의논하여 한 명을 더 뽑기로 하였는데, 요셉과 마티아 두 사람이 추천되었습니다. 둘 중에서 제비뽑기에 당첨되어 마지막 사도가 된 사람이 바로 마티아Matthias/Matthias인데, 그는 사도가 되자마자 예루살렘을 떠나 선교 활동을 하다

가 악숨에서 도끼에 찍혀 순교했다고 알려져 있습니다.

신분을 정확히 알 수 없는 사도들을 사진으로나마 보여드리겠습니다.

신분을 알 수 없는 사도들

피렌체에서는 스탕달 신드롬을 조심하라

프랑스의 작가 스탕달은 1817년의 어느 날,
피렌체의 산타 크로체 성당에서 그림 한 점
을 보게 됩니다. 귀도 레니가 그린 '베아트
리체 첸치'라는 작품이었지요. 이 작품은 현
재 로마 바르베리니 궁전Palazzo Barberini의 2
층에 있는 국립미술관Galleria Nazionale D'arte
Antica에 소장되어 있습니다.

이 작품을 보는 순간, 스탕달은 충격에 가까
운 감동을 느끼게 됩니다. 다리에 힘이 빠지
고, 정신이 몽롱해질 정도로 황홀한 감정을
느꼈다고 그는 고백했지요. 그 이후로 '스탕
달 신드롬'이란 말은, 예술 작품을 보고 격
렬한 흥분 상태에 빠지거나 일시적 착란 증
세를 일으키는 순간을 일컫는 말이 되었습
니다.

귀도 레니, '베아트리체 첸치의 초상'

그런데 특히 피렌체에는 스탕달 신드롬을 일으키게 하는 예술 작품이 많기 때문에 주의해야 한
다는 말이 떠돌아다닙니다. 스탕달에게 그런 증세를 느끼게 한 '베아트리체 첸치'뿐만 아니라 우
피치 미술관에 있는 '비너스의 탄생' 앞에서도 많은 사람들이 스탕달 신드롬을 경험한다고 합니
다. 아카데미아 미술관에 있는 미켈란젤로의 '다비드' 또한 주의가 필요한 작품이라니, 피렌체에
가는 사람은 역설적인 이야기지만 그 작품들은 꼭 찾아가 볼 필요가 있겠습니다.

통계 숫자의 근거는 알 수 없지만, 해마다 피렌체에서 스탕달 신드롬을 경험하는 사람이 10여
명이나 된다니, 대단한 도시입니다.

그럼, '스탕달 신드롬'이란 말을 낳은 귀도 레니의 '베아트리체 첸치'는 어떤 작품일까요?

그림을 보면, 커다란 눈망울을 가진 아름다운 소녀가 물끄러미 앞을 바라보고 있는데, 어쩐지
살짝 슬픈 기색이 느껴집니다. 이 소녀의 이름이 바로 베아트리체 첸치입니다.

베아트리체는 지금 사형을 선고받고, 집행을 기다리고 있는 중입니다. 이 아름다운 소녀가 어쩌
다 그런 중한 벌을 받아야만 하는 죄를 지은 것일까요?

베아트리체는 프란체스코 첸치의 딸로, 이탈리아 전역에 미모가 소문날 정도로 아름다운 소녀
였습니다. 그러나 그녀의 아버지인 프란체스코는 귀족이었지만 난폭하고 비열한 인간이었지요.
가족들에게 자주 폭력을 휘두른 것은 물론이거니와, 친딸인 베아트리체를 감금한 뒤 성폭행하
기까지 한 무뢰배였던 것입니다.

베아트리체의 가족들(계모 루크레치아 페트로니, 친오빠 자코모, 이복동생 베르나르도 등)은 인간말

아킬레 레오나르디(Achille Leonardi), '감옥의 베아트리체 첸치를 그리는 귀도 레니'

종인 가장을 죽이기로 모의한 다음, 힘을 합쳐 그를 살해하는 데 성공합니다. 그러나 조사 끝에 살인 사건의 진상이 드러나고, 프란체스코 살해에 가담한 사람들은 사형을 선고받습니다.

진작부터 프란체스코의 비열함을 알고 있었던 로마 시민들은 이들의 행위가 정당방위라고 주장하며 사형을 집행하지 말 것을 요구했지만, 교황 클레멘스 8세는 1599년 9월 11일 새벽녘에 형 집행을 명령합니다. 로마 산탄젤로 광장에서 베아트리체는 참수형을 당하지요.

귀도 레니는 그녀가 참수형을 당하기 직전에 초상화를 그릴 수 있는 기회를 가졌다고 합니다. 위의 그림은 귀도 레니가 감옥에 갇힌 베아트리체 첸치를 찾아가 처형 직전에 초상화를 그리는 모습을 담은 것인데, 그것이 실제로 있었던 사실인지에 대해서는 의견이 일치하지 않습니다.

항간에 떠돌아다니는 '베아트리체 첸치의 초상'은 귀도 레니의 원작이 아니라, 그의 제자였던 엘리자베타 시라니Elisabetta Sirani의 작품입니다. 원작보다 모방작이 더 널리 알려진 예인 것이지요.

엘리자베타 시라니, '베아트리체 첸치의 초상'

6장

아카데미아 미술관

Galleria dell'Accademia

피렌체에서의 시간이 넉넉하지 못해 단 한 군데의 미술관밖에 갈 수 없다면, 아무래도 우피치 미술관을 택하게 되겠지요. 그러나 다행스럽게도 한 군데 정도 더 갈 수 있는 여유가 생긴다면, 그때는 아카데미아 미술관으로 발길을 돌리게 될 것입니다.

그렇다면 아카데미아 미술관을 찾는 사람들의 가장 큰 관심사는 무엇일까요. 당연히 미켈란젤로의 대리석 조각상 '다비드'의 원본 작품일 것입니다. 미켈란젤로 광장의 청동 모작품模作品을 보았어도, 베키오 궁전 앞의 대리석 모작품을 보았어도 어딘지 아쉽습니다. 피렌체까지 와서 모작품만 보고 간다는 것이 마음에 걸린다면, 혹은 원작을 보았다는 뿌듯한 자부심을 느끼고 싶다면 시간을 만들어서라도 아카데미아 미술관에 가야 할 일입니다.

아카데미아 미술관은 이름 그대로 학생들을 상대로 미술을 가르치는

아카데미아 미술관의 입장을 기다리는 줄

교육 기관이었다고 합니다. 그러다 1784년 토스카나 주를 다스리던 피에트로 레오폴도Pietro Leopoldo 대공大公이 자신이 수집한 고전 미술 작품을 학교에 기증하면서 미술관이 세워졌다고 합니다.

우피치 미술관과 마찬가지로 아카데미아 미술관도 많은 관람객들이 줄을 서서 입장을 기다리는 곳이기 때문에 미리 예약하고 가는 것이 좋습니다. 아니면 피렌체 카드Firenze Card를 구입하여 입장 시간을 단축하는 게 좋겠습니다. 피렌체 카드는 사용을 개시한 때로부터 72시간 동안 피렌체의 버스(트램 포함)를 무제한으로 탈 수 있고, 산 로렌초 성당을 제외한 성당과 수도원, 박물관과 미술관, 궁전 등을 무료로 입장할 수 있는 여행자 전용 카드입니다. 72유로(2014년 현재)의 비용이 부담스럽기는 하지만, 피렌체 카드를 가진 사람은 관광 명소에 우선 입장할 수 있는 혜택이 주어지므로 구입을 고려해 보는 것도 좋습니다.

피렌체 카드 소지자(예약자 포함)와 일반 관람객을 구분하여 입장시키는 미술관 입구

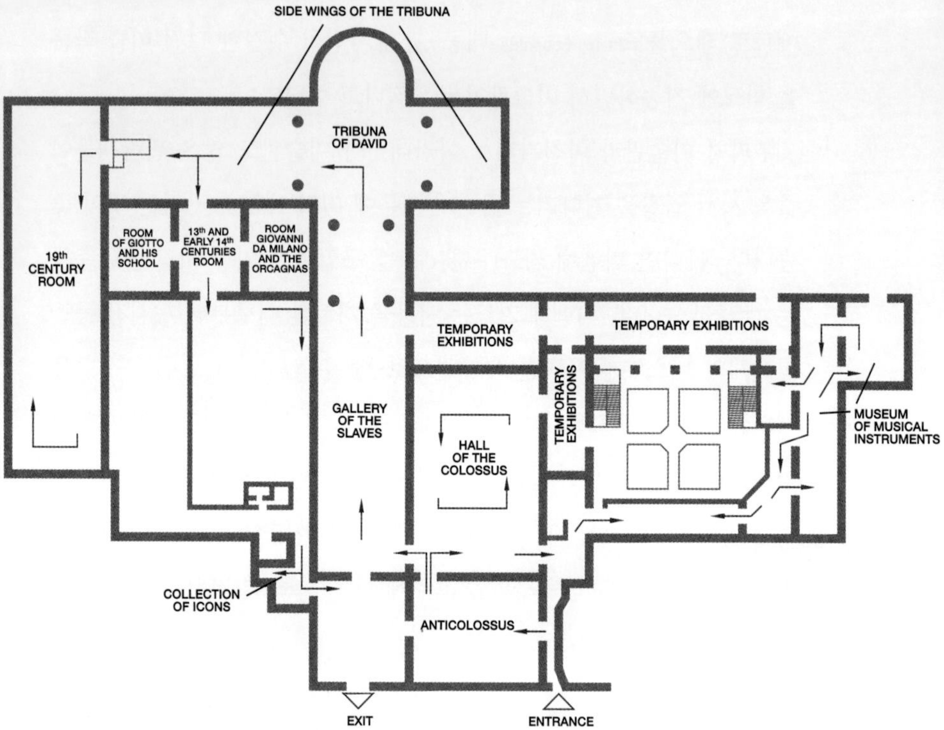

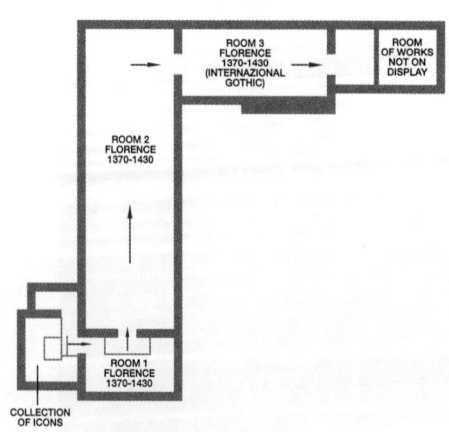

SIDE WINGS OF THE TRIBUNA

TRIBUNA
OF DAVID

19th
CENTURY
ROOM

ROOM
OF GIOTTO
AND HIS
SCHOOL

13th AND
EARLY 14th
CENTURIES
ROOM

ROOM
GIOVANNI
DA MILANO
AND THE
ORCAGNAS

TEMPORARY
EXHIBITIONS

TEMPORARY EXHIBITIONS

TEMPORARY
EXHIBITIONS

MUSEUM
OF MUSICAL
INSTRUMENTS

GALLERY
OF THE
SLAVES

HALL
OF THE
COLOSSUS

COLLECTION
OF ICONS

ANTICOLOSSUS

EXIT

ENTRANCE

ROOM 3
FLORENCE
1370-1430
(INTERNAZIONAL
GOTHIC)

ROOM
OF WORKS
NOT ON
DISPLAY

ROOM 2
FLORENCE
1370-1430

ROOM 1
FLORENCE
1370-1430

COLLECTION
OF ICONS

아카데미아 미술관 평면도

미켈란젤로의 노예상
GALLERY OF THE SLAVES

　오랜 시간 동안 줄 서서 기다렸다가 아카데미아 미술관 안으로 들어서게 되면 핵심 작품이라고 할 수 있는 미켈란젤로의 '다비드' 조각상을 향해 곧장 직진하고 싶은 것이 인지상정입니다. 그 작품이야말로 아카데미아 미술관의 대표 선수나 다름없기 때문입니다.

　그러나 사람들의 눈에 잘 띄지 않아서 그렇지, 다비드상을 향해 가는 길목 양쪽에 미켈란젤로의 미완성 조각품들이 여러 점 전시되어 있답니다.

미켈란젤로의 미완성 조각품들이 놓여 있는 '노예의 방'

젊은 노예   깨어나는 노예   수염이 있는 노예   아틀라스

이 방의 이름이 'GALLERY OF THE SLAVES'인 이유는 노예상이라고 부르는 미켈란젤로의 4가지 미완성 조각상이 있기 때문이며, 이들은 각각 젊은 노예The Young Slave, 깨어나는 노예The Awakening Slave, 수염이 있는 노예The Beared Slave, 아틀라스Atlas라고 불립니다.

여기서는 조각상들을 하나하나 살펴보기보다 아틀라스에 대해 알아보는 것으로 대신하겠습니다. 아틀라스는 티탄Titan 신족神族의 신이었습니다. 그는 티탄 신들과 올림포스 신들이 싸울 때 티탄 신에 속해 올림포스 신들에 대항했는데, 전쟁에 진 탓에 제우스로부터 천공天空(드넓은 하늘)을 메고 있어야만 하는 벌을 받게 되었다고 합니다. 푸른 하늘이 왜 떨어지지 않고 늘 같은 모습으로 있을 수 있는지 궁금했던 옛날 사람들이 생각해낸 이유가 거인이 하늘을 떠받치고 있기 때문이라는 것이고, 그 거인이 바로 아틀라스인 것입니다.

이곳의 아틀라스상이 미완성이라 그 형태를 짐작하기 어렵다면, 런던 자연사박물관의 '천공을 메고 있는 아틀라스' 조각상과 비교해 보면 좋을 것입니다.

이곳에 미켈란젤로의 조각상들이 미완성 상태로 남아 있게 된 이유는 다음과 같습니다.

천공을 메고 있는 아틀라스,
런던 자연사박물관(복제품)

1505년 교황 율리우스 2세는 당대의 위대한 예술가 미켈란젤로에게 묘지 제작을 맡깁니다. 당시의 많은 권력자들이 그랬듯이 성대한 묘지를 제작함으로써 사후에 자신의 권위를 드높이고자 했겠지요. 이 방에 있는 노예상들은 묘지 아래층의 기둥에 위치할 예정이었는데, 계획이 계속 변경되고 마침내 재정 문제로 주문이 취소되기에 이르러 미완성의 상태로 남아 있게 된 것입니다.

결국 교황 율리우스 2세의 묘는 그의 사후 그 규모가 대폭 축소된 채 산 피에트로 인 빈콜리 성당San Pietro in Vincoli에 안치됩니다.

마지막으로 이곳 조각상들을 통해 더 생각해 볼 수 있는 것은, 교황의 묘지에조차 성서 속 인물이 아닌 평범한 인간이 조각상으로 장식될 예정이었다는 사실을 통해 신 앞에 보잘것없던 인간의 존재가 작품의 소재가 될 만큼 사회 분위기가 달라졌다는 사실을 알 수 있다는 점이라 할 수 있습니다.

1505, 1513, 1516, 1532년 당시 묘지 설계의 변화 예상도

1545년 완성된 교황 율리우스 2세의 묘
(산 피에트로 인 빈콜리 성당 소재)

미켈란젤로의 팔레스트리나 피에타
GALLERY OF THE SLAVES

이번에는 '팔레스트리나 피에타Palestrina Pieta'라고 불리는 미켈란젤로의 또 다른 작품을 살펴보도록 하겠습니다. 피에타란 말은 이탈리아어로 '슬픔', 혹은 '자비를 베푸소서'라는 뜻인데, 미술에서는 십자가에서 내려진 예수의 시신을 안고 있는 성모 마리아를 표현한 것을 일컫습니다.

'팔레스트리나 피에타'

미켈란젤로는 피에타 제작에 많은 관심을 가졌던 것으로 알려졌습니다. 그의 대표작이라고 할 수 있는 성 베드로 대성당의 피에타는 그의 나이 20대 초반인 1498~1499년경에 완성되었고, '론다니니 피에타Pietà Rondanini(밀라노 스포르체스코 성 소장)'는 세상을 떠나기 며칠 전까지 작업했다니, 일생 동안 매달린 주제가 바로 피에타라고 해도 지나치지 않을 것입니다.

피렌체 두오모 박물관Museo del Duomo에 소장된 '반디니 피에타Bandini Pieta'는 그의 두 번째 피에타로 알려져 있습니다. 바티칸에 있는 피에타를 제외하고는 '론다니니 피에타'도 '반디니 피에타'도 미완성 작품으로 분류됩니다.

'팔레스트리나 피에타' 또한 미완성 작품입니다. 메디치 가문의 별장인 팔레스트리나에서 발견되어 그렇게 불리는데, 만약 완성되었다면 '반디니 피에타'와 비슷한 느낌을 주지 않을까 하는 생각이 듭니다.

이 작품 속의 두 여인은 성모 마리아(예수를 안고 있는 여인)와 마리아 막달레나(옆에서 부축하고 있는 여인)로 보입니다. 예수의 죽음을 다룬 미술품에서 십자가 곁을 끝까지 지킨 두 여인은 대개 그들이기 때문입니다.

비록 완성하지는 못했지만 대가의 숨결이 고스란히 깃들어 있는 작품을 보면서, 완성되었다면 어떤 모습일지를 상상해 보는 것도 작품을 감상하는 한 가지 방법이 아닐까 생각합니다.

'피에타'(성 베드로 성당)　　'론다니니 피에타'(스포르체스코 성)　　'반디니 피에타'(피렌체 두오모 박물관)

미켈란젤로, '다비드'

골리앗을 쓰러뜨린 다비드
TRIBUNA OF DAVID

피렌체를 대표하는 조각품을 하나만 꼽으라고 하면 사람마다 의견이 다를 수 있겠지만, 필자의 생각에는 다비드상David을 능가할 만한 작품은 없을 것 같습니다. 르네상스 시대 조각의 거장이었던 미켈란젤로가 대리석을 깎아 만든 다비드상은 보는 사람의 찬사를 불러일으키는 힘이 있습니다. 바로 그 작품이 아카데미아 미술관에 있는데, 그 앞에는 항상 많은 인파로 북적거립니다.

다비드상 앞의 인파

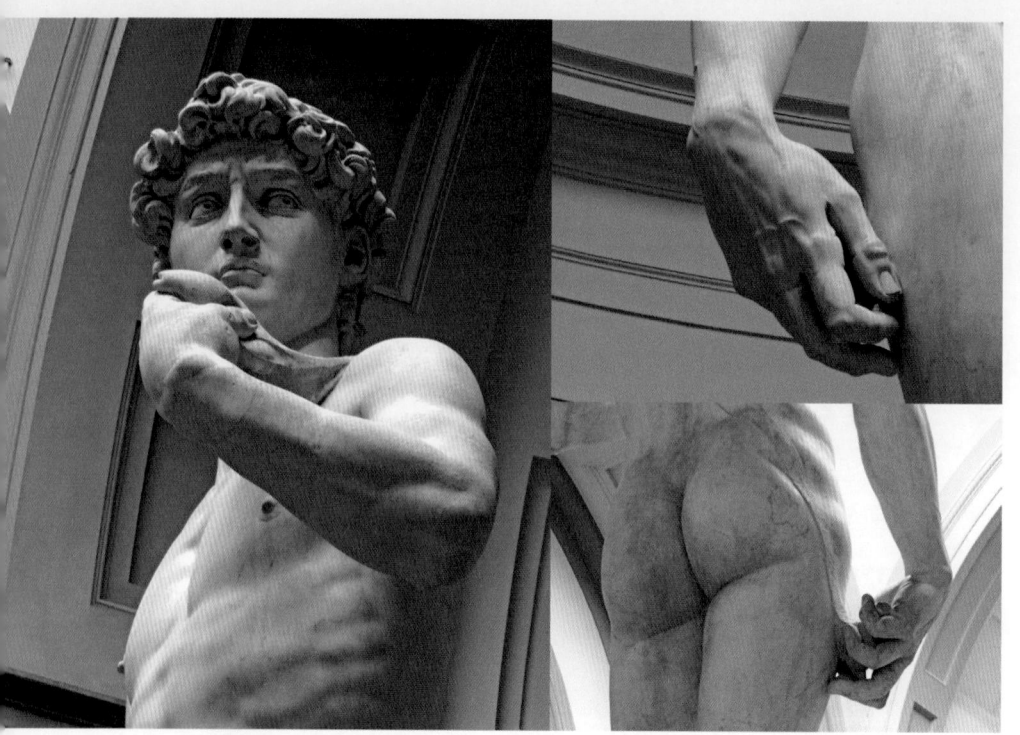

다비드상 부분 확대

　많은 사람들이 이 작품을 보기 위해 몰려든다면, 단순한 유명세 때문만은 아닐 것입니다. 미켈란젤로의 3대 걸작 중의 하나로 손꼽힐 만큼 작품성이 뛰어나기 때문이겠지요.

　먼저 작품을 감상해 봅시다. 돌을 깎아 만들었다는 것이 안 믿어질 정도로 사실적임을 알 수 있습니다. 튀어나온 핏줄을 통해 피가 도는 것 같고, 살갗은 체온이 느껴지는 듯해 진짜 사람의 신체를 보는 것만 같습니다.

　그런데 다비드는 누구일까요? 다비드는 이미 우리가 산 조반니 세례당의 동쪽 문(319쪽)에서 만났던 그 '다윗'입니다. 이 다비드상은 소년 다윗이 블레셋의 거인 장수 골리앗에게 돌을 던질 때의 모습을 묘사한 것입니다.

조각에서 다윗은 왼쪽 어깨에 물매용 끈Sling(투석용 끈)을 메고 있고, 오른손에는 돌멩이를 쥐고 있습니다. 미켈란젤로는 다윗이 돌멩이를 던지기 직전의 긴장된 순간을 표현하고 있는 것입니다.

그런데 소년이 아닌 청년 다윗을 새긴 것은 사실과 다른 것입니다. 아마도 젊은 남자의 신체를 통해 아름다운 인간의 몸을 표현하려고 일부러 성서의 내용을 왜곡한 것이 아닐까 합니다.

골리앗을 물리친 일로 사람들의 신임을 얻은 다윗은 사울 왕의 사위가 되어 출세의 탄탄대로를 달리는 듯했지만, 자신의 자리를 위협하지 않을까 의심하는 사울 왕을 피해 떠돌이 신세가 되기도 했습니다.

그러나 다윗이 떠난 후 블레셋의 공격을 다시 받은 사울 왕은 전쟁에 패한 후 자살하였고, 유대인들은 다윗을 불러 왕위에 오르게 합니다. 다윗이 유대의 두 번째 왕이 되는 것은 그러한 과정을 거친 것입니다.

왕이 된 다윗은 많은 업적을 남기지요. 이스라엘을 통일하고, 예루살렘을 수도로 삼았으며, 유대교를 확립하여 유대인들의 정신적 지주로 삼았습니다. 용맹한 장수이자 시인이었던 그는 구약성서 〈시편〉의 많은 부분을 직접 썼다고 알려졌습니다.

그러나 이상적인 군주의 모범 답안 같은 그도 오점을 남긴 부분이 있습니다. 바로 자신의 부하인 우리아Uriah의 아내 밧세바Bathsheba와 간통하고, 그 사실을 감추기 위해 우리아를 사지死地로 내몰아 죽게 한 것입니다.

다윗은 어느 날 목욕하는 여인을 보고 사랑의 감정을 느꼈는데, 얀 마시스Jan Massys의 그림 '다윗과 밧세바David and Bathsheba'에 당시의 상황

얀 마시스, '다윗과 밧세바'

이 묘사되어 있습니다. 즉, 궁전에서 우연히 밧세바의 목욕하는 모습을 본 다윗(그림 왼쪽 위)은 신하를 보내 밧세바에게 자신을 뜻을 전하고, 밧세바는 왕의 명을 받아 궁전으로 들어갔던 것입니다.

다윗의 부정한 행위를 다 알고 있었지만, 누구도 감히 왕의 잘못을 입에 담지 못하고 있을 때 그의 비열한 행동을 준엄하게 꾸짖은 이가 선지자 나단Nathan입니다. 그는 다윗을 찾아와 욕심 많은 부자 이야기를 들려줍니다. 즉, 많은 가축을 가진 부자가 양 한 마리를 가진 가난한 농부의 것을 빼앗았다면 그의 행위가 옳으냐고 물었지요. 다윗은 분연히 대답합니다. "그런 못된 놈은 죽어 마땅하다."고. 그러자 나단은 일갈합니다. "당신이 바로 그 부자이다."

그는 다윗에게 "우리아의 아내와 간통하고, 우리아를 죽음으로 몰아 넣었으니 앞으로 당신의 가족은 영원히 폭력에 시달릴 것이며, 밧세바가 낳는 아이는 죽을 것이다."라고 예언합니다.

　나단의 예언대로 다윗은 아들이 일으킨 반란을 겪어야 했고, 밧세바가 낳은 첫 아이는 죽고 맙니다. 뒤늦게 자신의 잘못을 깨달은 다윗은 하느님 앞에 진심으로 회개하였고, 신이 그를 용서한 것인지 밧세바가 다시 낳은 아들 솔로몬Solomon은 죽지 않고 살아서 아버지의 뒤를 이어 왕이 됩니다. 슬기로운 군주로서 역사에 아름다운 이름을 남기는 솔로몬 왕이 바로 회개한 다윗의 아들인 것입니다. 그러나 밧세바는 성서에 끝내 우리아의 아내로 기록되었으니, 다윗의 부적절한 처신은 지울 수 없는 오점으로 남았습니다.

　미켈란젤로는 화가로서도 출중한 능력을 발휘하였지만(바티칸 시스티나 예배당의 천장화와 벽화), 조각가로서 더 탁월한 능력을 세상에 선보였습니다. 그래서인지 바티칸 박물관 입구의 라파엘로 좌상은 붓과 팔레트를 들고 있는 데 비해 미켈란젤로는 조각용 망치를 들고 있습니다.

바티칸 박물관 입구의 미켈란젤로와 라파엘로

에로스인가, 제롭인가
19th CENTURY HALL

19th CENTURY HALL(19세기의 방)에는 많은 조각상들이 별다른 기준 없이 잔뜩 전시되어 있어 다소 어수선한 느낌을 줍니다.

이 방 입구의 맞은편 벽에 걸린 '헤로데스를 비난하는 세례자 요한'은 뒤에서 설명할 예정이니, 위치를 눈여겨보시기 바랍니다.

19세기의 방에서 등에 날개를 단 사내아이가 무언가를 들고 있는 형태의 부조를 보았습니다.

이 꼬마 아이는 누구일까요? 당연히 사랑의 신 에로스를 떠올리는

헤로데스를 비난하는
세례자 요한

19th CENTURY HALL

날개 달린 어린아이의 부조

아우렐리오 루이니(Aurelio Luini), '활을 든 큐피드' 　　귀도 레니, '성모 승천'

사람이 많을 것입니다. 정말 이 아이가 에로스가 맞는지 해답을 찾아봅시다.

에로스는 그리스 신화에 나오는 사랑의 신입니다. 로마 신화에서는 큐피드라고 하는데, 지금도 사랑에 빠졌다는 말을 '큐피드의 화살에 맞았다.'고 에둘러서 말하는 사실에서 알 수 있듯이, 사랑을 맺어주는 역할을 하는 신이며 사랑을 맺어주는 수단은 화살이지요. 에로스는 프시케와 사랑에 빠졌을 때는 청년의 모습으로 표현되지만, 그렇지 않을 경우에는 대개 볼이 통통하여 사랑스러운 아이로 그려집니다. 어머니인 아프로디테와 함께 있는 경우도 있고, 혼자 있는 경우도 있지만 대부분 활과 화살을 몸에 지니고 있는 것을 알 수 있습니다.

그런데 기독교 성화聖畵를 보면 에로스 또래의 꼬마아이들이 등에 날개를 달고 있는 걸 볼 수 있습니다. 위 그림 속의 아이들처럼 말이죠.

이들은 분명히 에로스가 아닙니다. 그러면 누구일까요. 바로 케룹입니다. 케룹 중에서도 푸티 케룹Putti cherubs이라고 하는 아기 천사입니다.

천사 중에는 대천사라고 불리는 이들이 있는데, 이들의 위상이 가장 높습니다. 미카엘, 가브리엘, 라파엘 등이 대천사에 속하지요.

케룹은 대천사 아래에 속하는 천사로, 복수로는 케루빔cherubim이라고 합니다. 케룹은 천사이기 때문에 날개는 공통적으로 가지고 있지만, 경우에 따라 얼굴은 인간의 형상을 하고 있지만 하반신은 그렇지 않은 경우도 있고, 어린 케룹은 머리와 날개만 그려지는 경우도 많습니다. 그런 경우엔 사람의 얼굴을 한 새처럼 보이기도 하지요. 아카데미아 미술관 콜로수스 홀에 있는 피에트로 페루지노Pietro Perugino의 '성모의 승천'을 보면, 성모 마리아의 주변에 머리와 날개만 그려진 어린 케룹들이 보이고, 날개를 달고 악기를 연주하는

피에트로 페루지노, '성모의 승천'

성인 케룹들도 보입니다. 그림의 아래 오른쪽에 서 있는 천사는 전사의 이미지인 것으로 보아 미카엘이며, 그는 케룹보다는 위상이 높은 대천사입니다.

자, 그렇다면 처음의 질문으로 다시 돌아가 봅시다. 아카데미아 미술관의 조각품 전시실에 있는 부조 속의 아기는 누구일까요? 아마도 그 부조는 네모난 물건을 양쪽에서 날개 달린 꼬마 아이들이 마주 들고 있

는 것으로 보입니다. 현재는 절반이 떨어져 나간 상태인 것이지요. 그렇다면 이것을 에로스로 보기는 어렵습니다. 케룹으로 보는 것이 옳을 것입니다.

성서에 의하면 케룹은 성스러운 장소를 지키는 역할을 맡아 언약의 궤(모세가 하느님으로부터 받은 십계명을 넣어둔 상자)를 지켰다고 합니다. 샤를 르 브룅Charles Le Brun의 '언약의 궤를 가져다주는 천사Ange emportant l'Arche d'alliance'를 보면, 앞에서 보았던 부조와 비슷한 점이 엿보입니다. 어쩌면 앞의 부조는 두 푸티 케룹이 계명이 쓰인 판을 들고 있는 모습을 표현한 것이 아닐까 하는 생각이 듭니다.

샤를 르 브룅, '언약의 궤를 가져다주는 천사'

헤로데스를 비난하는 세례자 요한
19th CENTURY HALL

　19th CENTURY HALL의 입구 맞은편 벽에는 헤로데스Herodes 왕을 찾아가 헤로디아Hérodias와의 결혼을 비난하는 요한의 모습을 포착한 작품이 걸려 있습니다.

　이 그림 속의 인물들을 한 명씩 파악해 봅시다. 맨 왼쪽에 서 있는 이가 세례자 요한입니다. 그는 광야에서 수행하던 사람으로, 주로 짐승 가죽을 걸친 거친 차림새에 십자가 지팡이를 든 모습으로 표현됩니다.

'헤로데스를 비난하는 세례자 요한'

앉아 있는 이가 헤롯 왕의 아들 헤로데스 안티파스Herodes Antipas입니다. 헤로데스는 본처와 이혼하고 이복동생의 부인이었던 헤로디아와 결혼했는데, 이 그림에서는 헤로데스 옆에 서 있는 여자가 바로 헤로디아입니다. 그리고 헤로디아는 전 남편과의 사이에서 낳은 살로메Salome라는 딸을 데리고 왔는데, 푸른색 옷을 입은 여자가 살로메입니다.

세례자 요한은 헤로데스가 헤로디아와 결혼하자, 간음이라며 강하게 비난했습니다. 지금 이 그림이 그 장면을 묘사한 것입니다.

산 조반니 세례당에서 설명한 바 있듯이 이 일로 인해 미움을 받은 요한은 헤로디아와 살로메의 계략(연회에서 살로메가 매혹적인 춤을 추고 소원으로 요한의 머리를 달라고 한 것)으로 죽음을 맞게 되지요.

그런데 다른 예술 장르에서는 좀 다르게 나옵니다. 오스카 와일드Oscar Wilde는 그의 희곡 〈살로메〉에서 살로메가 세례자 요한의 목을 요구하는 이유가, 요한을 보고 한눈에 반한 살로메가 사랑을 요구하다가 거절당하자 증오심을 느껴서였다고 풀어냅니다. 헤로데스가 의붓딸 살로메에게 음심淫心을 품었다는 상상도 바탕에 깔고 있지요.

그런가 하면 살로메가 자신에게 끈끈한 눈길을 보내는 의붓아버지 헤로데스를 현혹시키기 위해 추었다는 '일곱 겹의 베일을 벗어내며 추는 춤Dance of the Seven Veils'은 도발적이고 뇌쇄적인 내용으로 현대 무용에서 자주 다루어지고 있습니다.

가스통 뷔시에르, '일곱 베일의 춤'

다섯 폭 제단화 속의 네 명의 성인
ROOM OF GIOTTO AND HIS SCHOOL

아카데미아 미술관에는 다양한 제단화가 소장되어 있습니다. 한 폭 짜리도 있지만, 특히 세 폭 제단화와 다섯 폭 제단화가 우리의 눈길을 사로잡습니다.

세 폭 제단화triptych는 말 그대로 그림판이 세 쪽으로 이루어진 그림

제단화 전시실

을 말하며, 두 폭 제단화diptych가 발전된 형태입니다. 로마 시대에 사용되던 두 쪽짜리 서책을 기독교 신자들이 응용하여 이동식 성구聖具로 만든 것이 두 폭 제단화의 기원이며, 그들이 자신의 신앙심을 지키기 위해 기독교 교리를 담은 글과 그림을 책의 형태로 만들어 들고 다녔던 것이 나중에 제단화로 발전한 것이지요.

　세 폭 제단화의 내용은 주로 성모 마리아와 아기 예수가 함께 있는 장면, 예수가 십자가에서 죽은 장면, 성모 마리아가 하늘나라에서 왕관을 받는 장면 등이 중앙에 자리 잡고, 양쪽에는 성인과 성녀들이 배치된 형태가 많습니다. 즉, 중앙 그림판의 양쪽에 폭이 좁은 그림판을 덧붙이는 방식으로 만들어졌지요.

세 폭 제단화의 예

상아 등의 귀한 소재를 이용해 작게 만든 세 쪽짜리 그림은 휴대용으로 사용되었지만, 커다란 작품의 경우는 교회의 제단 뒤쪽에 세워두거나 걸어두었습니다. 그래서 제단화라는 이름을 붙인 것입니다. 제단화는 장식을 위해서도 설치했지만, 문자를 몰라서 성서를 읽을 수 없는 신자들이 그림이나 조각을 보면서 내용을 이해할 수 있도록 하는 용도로 제작되었습니다. 그러므로 제단화는 성서의 내용을 그림으로 표현한 것이 대부분입니다.

다섯 폭 제단화polyptych는 세 폭 제단화에서 한 걸음 더 나아간 형태로 보면 됩니다. 세 폭 제단화의 날개 부분에는 두 명, 혹은 그 이상의 성인 성녀들이 자리 잡고 있는데 다섯 폭 제단화는 한 폭에 한 명씩 그려진 경우가 많습니다.

다섯 폭 제단화. 좌우에 위치한 성인들은 왼쪽부터 마리아 막달레나, 대천사 미카엘, 성 줄리안, 성녀 마르타

이곳에 있는 다섯 폭 제단화 중 하나를 자세히 살펴봅시다. 중앙의 십자가에 매달린 예수를 중심으로 좌우에 네 명의 성인 성녀가 서 있네요.

이들은 누구일까요.

맨 왼쪽에 있는 여인의 이름은 '이집트의 마리아St. Mary of Egypt'로, 알렉산드리아의 창부娼婦였습니다. 마리아 막달레나Maria Magdalena라고도 하며, 온몸을 감싸고 있는 머리카락이 그녀의 상징물이지요. 예수가 십자가에서 죽을 때 곁을 지키고 부활한 다음에 가장 먼저 만난 마리아 막달레나와는 다른 인물입니다.

그녀가 예루살렘을 여행할 때의 일입니다. 다른 사람들과 함께 성 분묘Holy Sepulchre(예수가 십자가에 매달려 죽은 뒤 묻혔다가 부활한 곳)에 들어가려고 하는데 누가 뒤에서 잡아당기는 바람에 들어가지 못했다고 합니다. 그 일을 겪은 뒤 그녀는 자신의 행실이 깨끗하지 못하여 성 분묘 참례를 거부당했다고 생각하고 참회의 생활을 시작합니다. 그녀는 하늘에서 들려오는 "요르단 강 건너편의 광야로 가서 고행하며 속죄하도록 하라."는 말을 듣고 광야로 가서 47년간 3개의 빵으로 연명하며 수행했다는 것입니다. 그렇게 사는 동안 입고 간 옷이 다 삭아서 몸을 가릴 수 없었지만, 머리카락이 자라나 몸을 감싸주었다고 합니다. 그래서 긴 머리카락이 그녀의 상징물이 된 것입니다.

젊은 여인의 모습으로 나타나건 늙은 노파의 모습으로 나타나건, 온몸을 머리카락이 감싼 여인을 보면 마리아 막달레나라고 보면 됩니다.

마리아 막달레나 옆에 있는 이는 대천사 미카엘입니다. 날개가 있으니 천사이고, 칼과 방패를 든 전사의 모습이니 미카엘이 분명합니다. 그는 천상군대의 우두머리로, 악천사를 무찌르는 용맹하고 단호한 성격의 천사입니다. 그가 밟고 있는 용이 악천사를 상징하는데, 요한 묵시록의 이 구절을 떠올리면 그 의미를 이해할 수 있습니다.

"그때에 하늘에서 전쟁이 벌어졌습니다. 미카엘과 그의 천사들이 용과 싸운 것입니다. 용과 그의 부하들도 맞서 싸웠지만 당해 내지 못하여, 하늘에는 더 이상 그들을 위한 자리가 없습니다."

중앙 패널 오른쪽으로는 성 줄리안St. Julian이 있습니다. 성 줄리안은 '브리우드의 성 율리아노St. Julianus'라고도 합니다. 프랑스에서 순교한 그는 군인이었으며 자신의 상관인 크리스피누스Crispinus가 기독교를 박해하자 끝까지 항거했다고 합니다. 화가 난 크리스피누스가 그를 고문하자 "나는 이 나쁜 세상에서 너무 오래 살았다. 이제 나는 하느님 곁으로 가고 싶다."고 말한 다음 순교했다고 전해집니다.

그의 유해를 브리우드에 매장한 후부터 순례자들이 모여들기 시작했고, 많은 기적이 일어났다고 합니다.

그림에서는 군인이었기 때문에 칼을 들고 있는 모습으로 표현되었습니다.

마지막으로 살펴볼 인물은 성녀 마르타St. Martha(오른쪽 끝)입니다. 마르타는 예수가 살아있을 때 그녀의 집을 방문한 예수를 대접한 일이 있습니다. 그에 관한 이야기가 성서에도 기록되었지요.

마르타에게는 마리아란 동생이 있었습니다. 그런데 예수가 방문한 날, 마르타는 예수를 잘 대접하기 위해 동분서주하는데, 동생인 마리아는 예수의 이야기를 듣느라 일을 거들지 않았다고 합니다. 그래서 마리아를 불러 일을 시키려 하자 예수가 "너는 너무 많은 것을 위해 애쓰지 마라. 마리아는 옳은 것을 선택했다."고 합니다. 예수로서는 음식을 대접하려고 애쓰는 마르타보다는 자신의 이야기에 귀 기울여주는 마리아가 더 기특했었나 봅니다.

그런데 마르타를 그린 제단화를 보니 그녀의 발아래에 용이 그려져 있군요. 용을 상서로운 동물로 여기는 동양과는 달리, 서양의 용은 사악하고 불길한 존재입니다. 마르타가 용을 밟고 있다는 것은 뭔가 사악한 것을 무찔렀다는 뜻이지요. 어떤 사연이 있는지 알아봅시다.

마르타가 어떤 마을을 지날 때의 일입니다. 그 마을에는 타라스쿠스라는 용이 있어 사람들을 해치고 있었습니다. 마르타가 하느님을 믿는다는 사실을 알게 된 사람들은 그녀에게 제발 용을 처치해 달라고 애원합니다. 마음씨 착한 마르타는 불쌍한 사람들을 돕고 싶은 마음에 한번 해보겠다고 약속하고 용이 나온다는 곳으로 갔지요.

가서 보니 과연 포악하게 생긴 용이 사람을 잡아먹고 있었습니다. 마르타는 겁이 났지만, 준비해 간 성수聖水를 뿌리고 십자가를 들이댄 다음 하느님께 용을 물리쳐달라고 간절히 기도했습니다. 그러자 신기하게도 용은 힘을 잃고 순한 양처럼 마르타 앞에 엎드리는 것이었습니다. 마르타는 가져간 끈으로 용을 꽁꽁 묶었습니다. 그러자 마르타를 따라왔던 동네 사람들이 몰려들어 용을 죽였고, 그 이후로는 평화로운 마을이 되었다고 합니다.

제단화의 마르타 관련 그림은 그런 설화를 바탕으로 그린 것입니다.

어느 경우든지 제단화는 교회의 중심인 제단에 놓이는 성스러운 물건이기 때문에 많은 정성을 들여서 제작했을 것입니다. 아카데미아 미술관에서 볼 수 있는 제단화들이 대부분 황금을 많이 사용하여 찬란하게 보인다든지, 황금 이상으로 비싼 물질이었던 청금석靑金石을 사용하여 고귀한 분위기를 연출한다든지 하는 것을 보면 그런 사실을 짐작할 수 있습니다.

성배와 성창 전설
13th AND EARLY 14th CENTURIES ROOM

아카데미아 미술관에 소장된 성화 한 점을 눈여겨봅시다. 십자가에 못 박힌 예수의 좌우에서 슬퍼하는 두 여인이 그의 손을 어루만지는 내용입니다. 왼쪽의 검은 옷을 입은 여인은 성모 마리아이고, 오른쪽의 금발 여인은 마리아 막달레나로 보입니다.

이 그림 가운데 예수의 오른쪽 옆구리 부분을 조금 더 가까이 다가가

성배와 성창이 그려진 종교화

서 봅시다. 예수의 상처에서 솟구치는 피를 잔에 받아내는 장면이 보입니다.

예수가 죽던 날 그의 몸에서 나온 피를 받아낸 이 잔을 기독교에서는 성배Holy Grail라고 합니다. '성스러운 잔'이라는 뜻이지요. 기독교에서는 무척 중요하게 생각할 수밖에 없는 유물입니다.

그런데 예루살렘에서 죽은 예수와 관련이 있는 이 물건이 엉뚱하게 도 영국의 국민 전설이라고 할 수 있는 '아서 왕 이야기'에 나옵니다. 아 서 왕의 기사들이 성배를 찾기 위해 모험을 하는 줄거리로 말입니다. 여기에는 어떤 사연이 숨어 있는 것일까요.

예수의 피를 받아낸 잔은, 예수가 제자들과 마지막으로 저녁 식사를 할 때 사용한 잔이라고 합니다. 예수는 제자들에게 그 잔에 포도주를 따라 주면서 이렇게 말합니다.

"이것은 내 피로 맺는 새로운 계약이다."

자신이 피를 흘림으로써 인류를 구원하겠다는 뜻이 담긴 말이었지요.

바로 그 잔으로 죽어가는 예수가 흘리는 피를 받아낸 것입니다. 그 렇다면 그 잔은 누가 보관하였을까요. 얼핏 생각하면 예수의 가족이 나 제자들이 보관했을 것 같은데, 실제로는 아리마테아의 요셉Joseph of Arimathea이라는 사람이 가져갑니다. 그는 십자가에서 죽은 죄인의 시신 은 정식으로 수습할 수 없다는 당시의 형법에도 불구하고 총독 빌라도 를 찾아가, 자신이 예수의 장례를 치를 수 있도록 해달라고 요청한 사 람입니다. 명망 높은 지역 유지였던 그의 말을 무시하기 어려웠던지, 빌라도는 관례를 깨고 예수의 장례를 허락합니다. 그러자 아리마테아 의 요셉은 자신이 묻히려고 미리 만들어놓은 무덤에 예수를 안치했다 는 것입니다. 그런 일이 있었으니 성배가 그의 손에 들어갔다고 해도 이상한 일은 아닙니다.

그렇다면 아리마테아의 요셉이 가져간 성배는 그 후 어떻게 되었을까요.

그는 예수가 죽은 후, 영국으로 건너가서 수도원을 세우고 예수의 가르침을 널리 알렸다고 전해집니다. 물론 이때 성배도 가지고 갔겠지요. 예루살렘에 있어야 할 성배가 영국의 전설에 등장하는 까닭이 그것입니다. 그런데 그가 죽은 후 성배의 행방이 묘연해진 것입니다.

그러자 그것을 찾고자 하는 기사들의 모험담이 나옵니다. 가장 대표적인 작품이 앞에서 잠깐 언급한 '아서 왕 이야기'입니다. 아서 왕과 원탁의 기사들은 신비한 힘을 가졌다고 믿어지는, 그러나 그 행방을 알 수 없는 성배를 찾아 모험을 떠납니다. 그것은 그들에게 최대의 시련이자 명예로운 여정이며, 또한 궁극적인 삶의 목표였지요. 그 과정에서 그들이 겪는 수많은 모험담은 사람들의 호기심을 자극하며 지금껏 전승되고 있으며, 퇴색되지 않는 매력적인 스토리는 다양한 장르로 끊임없이 재생산되고 있습니다.

성배 전설과 연관되는 성창 전설도 있습니다. 앞의 그림을 다시 한번 봅시다. 그림의 맨 왼쪽을 보면 창 한 자루가 보입니다.

이 창은 십자가에 매달린 예수가 죽었는지를 확인하기 위해 로마군의 백부장(군대 내의 계급으로 백 명을 지휘하는 지휘관)이었던 롱기누스가 예수의 옆구리를 찌른 창입니다. 이 창에는 예수의 피가 묻었기 때문에 성스러운 힘이 있다고 믿어져 '성창聖槍/Holy Spear'이라고 불렸습니다. 예수를 찌른 사람의 이름을 따서 '롱기누스의 창'이라고도 하는 이 창 역시 성배와 함께 아리마테아의 요셉 손에 들어갔는데, 그 뒤의 행방에 대해서는 두 가지로 이야기가 나뉩니다. 하나는 성배와 함께 영국으로 건너간 뒤 행방을 알 수 없게 되었다는 것이며, 다른 하나는 그의 후손에게 전해진 뒤 콘스탄티누스 대제에게 넘어갔다는 것입니다.

그 가운데 콘스탄티누스 대제의 소유가 된 성창은 대대로 세상을 제패한 위대한 영웅들에게 전해지면서 신비한 능력을 발휘했다는 이야기가 사람들의 입을 통해 전해지고 있습니다.

세례자 요한과 성 마태 사이에 서 있는 성녀 바르바라
HALL OF THE COLOSSUS

HALL OF THE COLOSSUS에서 'COLOSSUS'는 '거대한 조각상'이란 뜻입니다. 이 방에 이런 이름이 붙은 까닭은 아마도 '사비니 여인의 납치' 조각상 원본이 전시되어 있기 때문으로 보입니다. 우리는 이미 로자 데이 란치에서 그 작품에 담긴 이야기를 알아보았지요.

이 방에는 그 밖에도 기독교 관련 작품들이 다수 전시되고 있으므로 잊지 말고 둘러보기를 권하는 바입니다.

이 방에 전시된 코시모 로셀리Cosimo Rosselli의 '세례자 요한과 성 마태 사이에 서 있는 성녀 바르바라'를 한번 봅시다.

그림 속의 여인은 성녀 바르바라St. Barbara입니다. 그녀의 신분을 짐작할 수 있는 단서는 바로 그녀가

코시모 로셀리, '세례자 요한과 성 마태 사이에 서 있는 성녀 바르바라'

손에 들고 있는 탑 모양의 건물입니다. 성화에서 탑을 들고 있는 여인이 있으면 바르바라라고 생각하면 됩니다. 그러면 탑이 성녀 바르바라의 상징이 된 까닭은 무엇일까요? 그녀의 일생을 알면 그에 대한 답을 찾을 수 있습니다.

바르바라는 기독교를 박해하던 로마의 막시미아누스Maximianus 황제 때 순교한 것으로 믿어집니다. 그때가 4세기 무렵이지요.

니코메디아의 왕 디오스코루스는 아름답고 총명한 자신의 딸 바르바라를 무척 사랑했다고 합니다. 너무나 사랑한 나머지 세상의 악으로부터 보호하고자 탑 안에 가두어 키웠다고 하지요. 탑이 그녀의 상징이 되는 것은 이 때문입니다.

바티칸 보르지아 아파트먼트 Sala dei Santi의 벽화

그런데 바르바라는 우연한 기회에 기독교의 복음을 듣게 되었고, 기독교 신자가 됩니다. 그 사실을 나중에 알게 된 그녀의 아버지는 불같이 화를 내며 바르바라를 탑에 가두고 더욱 철저하게 감시를 하였습니다. 그러나 바르바라는 자신의 신앙을 지키기 위해 몰래 탑을 탈출했다고 하는데, 바티칸의 보르지아 아파트먼트Appartamento Borgia 벽화에 그때의 상황이 표현되어 있습니다. 아버지의 눈을 피해 달아

나는 바르바라의 모습이 탑을 배경으로 긴박하게 그려져 있습니다.

딸을 찾아낸 디오스코루스는 회유와 협박이 통하지 않자 바르바라를 법정으로 끌고 가 고변했습니다. 당시는 기독교 신자들이 극심한 박해를 받던 때라서 바르바라 역시 모진 고문을 당했습니다. 그래도 바르바라가 기독교를 버리지 않겠다고 하자 화가 난 디오스코루스가 직접 딸의 목을 베었다고 합니다. 바르바라는 그렇게 순교하는 것이지요.

딸을 죽이고 집으로 돌아가던 디오스코루스는 천벌을 받았는지 하늘에서 내린 벼락을 맞고 그 자리에서 목숨을 잃었다고 합니다.

바르바라의 상징물은 앞서 얘기한 탑 이외에도 참수당할 때 사용된 칼과 그녀의 승리를 상징하는 종려나무 가지, 왕관이 있으며, 성작calix/聖爵(가톨릭 미사에서 사용되는 포도주잔)은 그녀의 행복한 죽음을 상징합니다. 작자 미상의 다음 그림에는 바르바라의 상징물이 잘 나타나 있습니다.

성녀 바르바라는 건축가의 수호성인으로 여겨졌는데 이는 그녀가 탑에 갇혀 있었던 것과 관련이 있으며, 번개나 포탄을 맞아 죽은 이들의 수호성인으로 여겨진 것은 그녀의 아버지가 번개에 맞아 죽은 것과 관련이 있습니다.

익명의 화가가 그린 성녀 바르바라

결혼 상자 카소네
HALL OF THE COLOSSUS

같은 방Hall of colossus에 가로로 길쭉한 형태의 결혼 행렬을 그린 미술품이 있습니다. 그림의 제목도 내용에서 그대로 따 와서 '결혼 행렬 Wedding procession'인데, 조반니 디 세르 조반니 귀디Giovanni di Ser Giovanni Guidi의 작품으로 알려져 있습니다.

그런데 이 그림은 감상을 위한 목적에서 그린 것이 아니라, 결혼 상자를 장식하기 위한 것이었다고 합니다. 결혼 상자를 이탈리아어로 '카소네cassone'라고 하지요.

카소네는 결혼할 때 신부가 가져가는 장식장wedding chests을 말합니다. 우리나라에서도 신부가 장롱 등을 장만해 가듯이, 이탈리아에도 그런

조반니 디 세르 조반니 귀디, '결혼 행렬'

풍습이 있었던 것이지요. 주로 신부의 옷과 생활용품을 넣어두는 용도로 쓰였던 카소네는 뚜껑 달린 상자 형태의 수납가구로, 생김새에 따라서는 의자의 기능을 겸하는 경우도 있었습니다. 높이와 길이는 대략 1~2m 정도 되고 대부분 그림을 그려 아름답게 장식했는데, 그림의 소재는 결혼식의 피로연이나 신화, 역사, 성서 등에서 가져온 것이 많았습니다. 여기서 살펴보는 카소네는 그중에서 결혼 행렬을 소재로 한 것이지요.

15세기 르네상스 시대의 피렌체와 시에나 등지에서 특히 훌륭한 카소네가 많이 만들어졌습니다. 당시의 경제적 번영이 가구 제작에도 영향을 미쳤던 것 같습니다. 우리가 여러 차례 이름을 들어본 바르톨로메오 디 조반니나 보티첼리 등이 결혼 상자의 그림으로 명성을 얻은 화가

카소네

산드로 보티첼리, '비너스와 마르스'

들입니다. 부호 가문의 주문을 받아 결혼 상자에 그림을 그리다가 실력을 인정받아 더 크고 중요한 작품 제작에 참여하게 되는 경우가 많았던 것입니다.

카소네에 그려졌을 것으로 보이는 그림 중 가장 유명한 작품은 산드로 보티첼리가 베스푸치 가문의 신혼부부를 위해 제작한 것으로 알려진 '비너스와 마르스'(내셔널 갤러리 소장)로, 전쟁마저도 이기는 사랑을 주제로 한 것입니다.

'결혼 행렬'이라는 그림을 본 김에 그것이 그려졌던 카소네란 가구의 용도에 대해 알아보았습니다.

도마의 의심
2층 ROOM 3 FLORENCE

조반니 디 세르 조반니 귀디의 그림 '예언자 예레미아와 이사야와 함께 있는 성 도마의 의심Incredulity of Saint Thomas with Prophets Jeremiah and Isaiah'는 예수의 부활을 믿지 못하고 그의 상처(롱기누스의 창에 찔린 곳)를 만져 확인하는 도마의 모습을 그린 것입니다.

그림 상단에는 두 명의 예언자가 보이는데, 제목에 이름이 나오는 예레미아와 이사야입니다. 이사야는 '처녀가 잉태하여 아들을 낳을 것', '그 사람이 신에게 완전히 복종하고 고통을 받음으로써 다른 사람들의 죄를 속죄할 것'(이사야서) 등의 예언을 통해 예수의 등장을 미리 사람들에게 알렸고, 예레미아는 죄악에 물든 유대의 멸망을 예언하고 슬퍼한 선지자인데, 그들이 도마와 관련 있다기보다는 예수 부활의 의미를 강조하기 위해 그린 것이 아닐까 합니다.

예수의 열두 제자 중 하나인 도마Thomas는 제자들 앞에 부활한 예수가 나타났을 때 그 자리에 있지 않았습니다. 그래서 다른 제자들이 예수의 부활을 확인하고 믿게 되었을 때, 오로지

조반니 디 세르 조반니 귀디, '예언자 예레미아와 이사야와 함께 있는 성 도마의 의심'

그만은 부활 사실을 의심하고 있었지요. 그는 이렇게 말했다고 합니다.

"내가 그의 손에 난 못 자국을 보고, 그의 옆구리에 난 상처를 만져보기 전에는 믿지 못하겠다."

예수의 부활이 있은 후 8일째 되는 날, 예수가 제자들을 다시 찾아왔습니다. 그 자리에는 도마도 있었지요. 도마가 자신의 부활을 의심한다는 사실을 알고 있는 예수는 그에게 상처를 확인해 보라고 합니다. 그제야 비로소 도마는 예수가 부활했음이 사실임을 믿을 수 있었지요. 그런 그를 향해 예수는 이렇게 말했다고 합니다.

"너는 나를 보았기 때문에 믿을 수 있는 것이냐? 보지 않고도 믿는 자들에게 복이 있을지어다."

'도마의 의심'에 관한 그림은 많습니다. 산타 크로체 성당에도 같은 주제의 작품이 있답니다. 여기서는 카라바조의 그림을 하나 더 감상해 보겠습니다.

예수의 부활을 믿지 못하고, 자신의 눈으로 그 존재를 확인한 다음에야 믿었던 도마를 '회의론의 원조'라고 하는 사람들이 있습니다. 보지 않고도 믿는 것이 진정한 믿음인지는 모르겠지만, 보통 사람들이 보지 않고도 믿는다는 것은 어려운 일이지요. 그런 점에서 믿기 위해서 예수의 상처를 확인하는 도마가 더 인간적으로 보입니다.

카라바조, '성 도마의 의심(The Incredulity of Saint Thomas)'

뱃사람들의 수호성인 성 니콜라스
2층 ROOM 3 FLORENCE

크리스마스이브에 착한 어린이들에게 선물을 가져다준다는 산타클로스Santa Claus는 기독교 신자가 아니라도 친숙하게 여기는 인물입니다. 전 세계 어린이들에게 산타클로스만큼 환영받는 존재도 드물 것입니다. 그 산타클로스가 기독교 성인인 성 니콜라스St. Nicholas에 기원을 둔 인물이라는 사실은 널리 알려져 있습니다.

270년에 소아시아 리키아Lycia 지방의 부유한 가정에서 태어난 니콜라스는 사람들에게 선행을 베푸는 걸 좋아했다고 합니다. 부모로부터 상속받은 유산으로 가난한 사람을 즐겨 도왔는데, 특히 지참금이 없어 결혼하지 못하는 세 처녀의 딱한 사정을 알고 돈주머니를 몰래 집 안으로 던져주었다는 이야기는 유명합니다. 또한 그는 어린이들을 좋아하여 해마다 12월이 되면 작은 선물이라도 만들어 아이들에게 나누어주곤 했는데, 그래서 그를 '어린이들의 수호성인'이라고 하는 것입니다.

그는 실존 인물임에도 불구하고 전설적인 이야기가 많이 전하는데, 대주교가 된 까닭을 알려주는 이야기에도 전설적인 요소가 강합니다. 신의 뜻에 따라 선하게 살기로 마음먹은 니콜라스가 사제가 된 지 얼마 안 되었을 때 미라Myra의 대주교가 세상을 떠났습니다. 사람들은 새로운 대주교를 보내달라며 신에게 열심히 기도했는데, 이런 말이 하늘로부터 들려왔다고 합니다.

"내일 아침 기도하기 위해 제일 먼저 성당으로 들어오는 니콜라스라는 사람이 새로운 대주교가 될 것이다."

다음 날 새벽에 니콜라스가 기도하기 위해 성당으로 들어가자 기다리고 있던 사람들이 그의 이름을 물은 다음, 그를 향해 대주교가 될 사람으로 하늘이 점지했다고 말했습니다. 니콜라스는 사제가 된 지 얼마 안 된 자신이 대주교가 되는 것은 말이 안 된다며 여러 차례 사양했지만, 신의 뜻이라고 강권하는 사람들 때문에 결국 대주교 자리에 올랐다는 것입니다.

대주교가 된 후에도 그의 선행은 계속되었으며, 그러한 그의 행적은 많은 사람들에게 감동을 주었습니다. 그래서 죽은 후에 성인으로 추앙받게 된 것이지요. 시성된 후 그는 성 니콜라스Saint Nicolas로 불리게 되며, 그의 축일은 12월 6일입니다. 죽은 뒤 그의 유해를 바리Bari(이탈리아 남동부 해안에 위치한 도시)에 안치한 까닭에 '바리의 성 니콜라스'라고 하기도 합니다.

그의 아름다운 선행은 노르만 족의 이동과 십자군 전쟁을 통해 전 유럽으로 퍼졌습니다. 그에 대한 이야기를 들은 네덜란드 사람들은 그를 Sint Klaes 또는 Sinterklaas라고 부르며 자선을 베푸는 인물의 대표 사례로 여겼습니다.

미국으로 건너간 네덜란드계 이민자들로부터 어린이들에게 선물을 주는 성인에 대해 들은 기독교도들은 크리스마스에 선물을 주고받는 자신들의 풍습과 결합시켜 '산타클로스Santa Claus'라는 인물을 만들어냈습니다. 성 니콜라스의 네덜란드식 이름을 다시 영어로 바꾼 것이지요.

그런데 성 니콜라스가 뱃사람들의 수호성인이기도 했다는 사실은 잘 알려지지 않았습니다. 지금은 그를 어린이들의 수호성인으로 먼저 떠

'난파선을 구하는 성 니콜라스(St. Nicholas Saving shipwreck)'

올리지만, 중세 시대에는 뱃사람들을 보호하는 선한 인물로 더 널리 알려졌습니다. 그가 뱃사람들의 수호성인이 된 것은, 리키아 연안에서 난파된 배의 선원들을 적극적으로 구조한 일이 많았기 때문이라고 합니다. 그가 난파 위기에 놓인 배를 보호하는 그림들이 여러 점 남아 있는데, 아카데미아 미술관에도 한 점 소장되어 있습니다.

위 그림을 보면 바람에 잔뜩 부풀어 오른 하얀 돛을 단 배가 거센 파도에 휩쓸리고 있습니다. 폭풍을 만났다는 뜻이지요. 그런데 돛 위를 보면 성 니콜라스가 나타나 배를 육지 쪽으로 이끌고 있는 것이 보입니다. 난파 위기에 처한 배를 구하는 존재로서의 성 니콜라스의 역할을 알게 해주는 그림입니다.

참고로, 그림의 왼쪽에는 몸의 다섯 군데에 상흔을 받는 프란체스코가 보입니다. 산타 크로체 성당에서 보았던 조토의 그림과 매우 흡사하므로 쉽게 알아볼 수 있습니다.

일러두기

이 책에 등장하는 인명, 지명 등 외래어 표기는 해당 국가(지역)의 발음을 기준으로 하되, 〈표준국어대사전〉에 따랐습니다. 단, 이미 널리 사용되고 있는 표기가 있는 경우 더 일반적인 것을 따랐습니다.